GALIA
Pompaelo
Iberus
Caesaraugusta
Ilerda
Bilbilis
Barcino
Tarraco
Dertosa
gobriga
Saguntum
Valentia
Lucentum
Ilici
Carthago Nova

Ian Gibson (Dublín, 1939) es un hispanista internacionalmente reconocido y, desde 1984, ciudadano español. Entre sus libros más destacados figuran *La represión nacionalista de Granada en 1936 y la muerte de Federico García Lorca* (Ruedo Ibérico, París, 1971), la magna biografía *Federico García Lorca* (1985-1987, dos tomos; reeditado en un solo volumen en 2011), *La vida desaforada de Salvador Dalí* (1998) y *Ligero de equipaje. La vida de Antonio Machado* (2006). Ediciones B ha publicado recientemente sus ensayos *Poeta en Granada* (2015) y *Lorca y el mundo gay* y *Yo, Rubén Darío* (ambos en 2016). Actualmente vive en Madrid.

Aventuras ibéricas

Recorridos, reflexiones e irreverencias

Aventuras ibéricas

Recorridos, reflexiones e irreverencias

Ian Gibson

GRUPO ZETA

Barcelona • Madrid • Bogotá • Buenos Aires • Caracas • México D.F. • Miami • Montevideo • Santiago de Chile

1.ª edición: marzo 2017

Consell de Cent, 425-427 - 08009 Barcelona (España)
www.edicionesb.com

Printed in Spain
ISBN: 978-84-666-6014-3
B 1006-2017

Impreso por QP PRINT

Dedico este libro al Museo Arqueológico Nacional de España (MAN), donde, durante su redacción, he pasado tantas horas de felicidad y de gozoso descubrimiento. Hago extensiva mi gratitud a todos los museos del ramo que, desparramados a lo largo y a lo ancho de la Península Ibérica —no olvidemos a Portugal—, ofrecen a jóvenes y mayores la posibilidad de iniciarse en el mejor conocimiento de un minicontinente único en el mundo.

Agradecimientos

Si tuviera que agradecer a todos los que han contribuido a este libro la lista sería interminable, pues tendría que remontarme a mis inicios en el hispanismo, hace ya sesenta años, y a todas las décadas siguientes. Me limito —pidiendo disculpas si he olvidado a alguien— a nombrar a quienes, ya en tiempos más recientes, me han aportado apoyos, datos, consejos, orientaciones y comentarios especialmente útiles para mis pesquisas: Margarita Algaba, Silvia Bastos, Rosa Burgos, Paloma Cabrero, Juan Caño, José Caraballo, Marcelo Castro, Sonia y William Chislett, Víctor Fernández (la fotografía de los masones de Víznar), Fernando Luis Fontes Blanco, Inmaculada Hernández, Pedro Ángel Jiménez Carretón, Guillermo Kurz, Enrique y Mercedes Linaza, Juan Carlos Mantilla, César Antonio Molina, Carlos Muñoz, José Antonio Navarro, Pedro Padilla, Alicia Rodero, Ángel y Luisa Rodríguez, Ginés Ruiz, Antonio Ruiz Lucas, Pilar Serrano de Menchen, Sergio Vidal Álvarez y Jesús Vigorra. Mi mujer, Carole Elliott, ha sido, una vez más, mi mejor crítico (¿crítica?). Y Carmen Romero, una editora siempre atenta, paciente y práctica.

Tornaron a su comenzado camino del Puerto Lápice, y a obra de las tres del día le descubrieron.

—Aquí —dijo en viéndole don Quijote— podemos, hermano Sancho Panza, meter las manos hasta los codos en esto que llaman aventuras.

MIGUEL DE CERVANTES,
Don Quijote de la Mancha,
primera parte, cap. 8

Hay que interpretar siempre escanciando nuestra alma sobre las cosas, viendo un algo espiritual donde no existe, dando a las formas el encanto de nuestros sentimientos, es necesario ver por las plazas solitarias a las almas antiguas que pasaron por ellas, es imprescindible ser uno y ser mil para sentir las cosas en todos sus matices. Hay que ser religioso y profano. Reunir el misticismo de una severa catedral gótica con la maravilla de la Grecia pagana. Verlo todo, sentirlo todo. En la eternidad tendremos el premio de no haber tenido horizontes.

FEDERICO GARCÍA LORCA,
Prólogo de *Impresiones y paisajes* (1918)

PRÓLOGO

> *Zaratustra*: Nuestro sol es la envidia de los extranjeros.
>
> *Max Estrella*: ¿Qué sería de este corral nublado? ¿Qué seríamos los españoles? Acaso más tristes y menos coléricos... Quizás un poco más tontos...
>
> RAMÓN DEL VALLE-INCLÁN,
> *Luces de bohemia*

Corría el mes de julio de 1957 y yo bajaba por la Francia central, en tren, hacia España, país para mí todavía desconocido. Tenía dieciocho años.

El verano anterior, en Tours, se había producido en mi vida un milagro cuando, en medio de una conferencia sobre música, me di cuenta, repentinamente, de que *pensaba en francés*, idioma que llevaba bastante tiempo estudiando pero que nunca había hablado.

Yo ya era otro, tenía dos idiomas. Sentado ahora en mi despacho del madrileño barrio de Lavapiés, mientras escribo esto y escucho los chillidos de los vencejos que pasan raudos delante de mi ventana, vuelvo a revivir aquella experiencia trascendental. Es como si ocurriera ayer. Y eso que han transcurrido casi seis décadas desde entonces.

Llegado aquel otoño, tras la estancia en Tours, ingresé en la Facultad de Letras del Trinity College de Dublín. Si hubiera sido posible combinar Lengua y Literatura Francesas con Literatura Inglesa o, mejor, Literatura Angloirlandesa, lo habría hecho. ¿Qué aventura más alentadora, para un joven dublinés con sensibilidad literaria, que tener la oportunidad de compaginar la lectura de Joyce, Beckett, Wilde o Shaw con la de Molière, Baudelaire y Proust? Pero no existía tal opción. No había más remedio, pues, que elegir un segundo idioma románico, que me permitiría empezar desde cero, pero, ¡ojo!, con la obligación de adquirir durante el año un nivel adecuado para poder emprender el curso siguiente. En la práctica se trataba de una disyuntiva: o italiano o español. Yo, en mi ignorancia, no sabía apenas nada ni del uno ni del otro, tampoco de sus países de origen correspondientes. Y no había nadie en mi entorno familiar que me pudiera aconsejar al respecto.

Fue entonces cuando intervino el que llamo «Factor Doñana».

Me explico rápidamente. Si bien yo tenía cierta proclividad deportista y jugaba bastante bien al rugby, al hockey y, sobre todo, al cricket, mi pasión, gracias a mi padre, era la ornitología, y, en primer lugar, los *wild geese.* O sea, los ánsares (o gansos) salvajes, esos grandes y huraños pájaros nómadas que, nacidos en las tundras primaverales de Escandinavia, ya desheladas, pasan el invierno, reunidos en grandes bandadas, en Europa antes de volver en marzo o abril a sus lares nórdicos para repetir el ciclo. Iba a verlos en las marismas cerca de Dublín y me fascinaban. Cuando me enteré por un conocido naturalista, Michael Rowan, de que casi 100.000 ánsares comunes invernaban en el Coto de Doñana, en la desembocadura del Guadalquivir a dos pasos de África, apenas me lo podía creer. ¿Tan al sur iban? Rowan había estado allí recientemente y presenciado el vuelo, al amanecer, de miles y miles de ellos a las dunas, donde, me aseguró, comían arena para ayudarse a digerir las castañuelas que formaban su alimentación básica. No había visto nunca un espectáculo comparable. Me mostró un plano del Coto, algo arrugado, y me dio la dirección en Madrid del ornitólogo español entonces de más renombre, Francisco Bernís. Un día, insistió, tenía yo también que conocer Doñana. Apenas necesitaba que me lo dijera. Ya estaba convencido.

Gracias a aquel tipo rubicundo y entusiasta, a quien nunca volvería a ver, la balanza de mi vida se acababa de inclinar a favor de la Península Ibérica y me enrolé en el Departamento de Español, en vez del de Italiano, de la que iba a ser mi *alma mater*. Departamento regido en aquel momento por un eminente hispanista inglés, Edward Riley, reconocido por sus estudios sobre Cervantes y a quien luego debería mucho.

Aquel primer curso consistió en siete meses de gramática, clases de conversación con una encantadora dama de Teruel, de apellido Doporto, la lectura (diccionario en mano) de algunos cuentos, no recuerdo de qué autores, y, al final, con el objeto de estar mejor preparado para el nuevo año académico, un curso de verano sobre el terreno. Concretamente, en Madrid.

Rumbo a España el tren paró en Tours, trayéndome recuerdos del «milagro» lingüístico del año anterior y del cementerio donde yace Pierre Ronsard, el poeta de la fugacidad de las rosas tan admirado por Antonio Machado. Dos décadas después Luis Buñuel haría bajar en la misma estación, en su película *La Vía Láctea*, a sus dos simpáticos peregrinos franceses empeñados en llegar a Santiago de Compostela. La escena del restaurante chic, con la inverosímil y acalorada discusión sobre cuestiones teológicas que mantiene el *maître* (un impecable Julien Bertheau) con camareros y clientes, me sigue pareciendo una de las más divertidas y geniales del cineasta de Calanda.

Solo conservo recuerdos borrosos de Hendaya, del cambio de

trenes, de la aduana, del ruido. Pero nítidos los de las verdes montañas del norte, de barrancos, torrentes caudalosos y bosques y, allí arriba, girando pausadamente, mis primeros buitres.

A mediodía llegamos al desfiladero de Pancorbo, tan caro a los pintores románticos del siglo XIX, que disfrutaban exagerando la altitud de sus riscos y no eran ajenos a añadir, para más emoción, la presencia de unos bandoleros al acecho de viajeros adinerados, como en el popular grabado francés que había visto en la vitrina de un anticuario londinense.

Caía sobre Pancorbo, donde paramos media hora, un sol de justicia, un sol como jamás había conocido. Otra vez en marcha el tren penetramos en la Meseta. No estaba preparado para el *shock*. Sabía, desde luego, que los franceses opinaban que África empezaba en España, y que el centro de la península era una alta e inmensa planicie, pero jamás me había imaginado una llanura tan despiadada. «Ancha es Castilla»: años después tropezaría con el dicho. Y, al poco de mi arribada a Madrid, con lo de «nueve meses de invierno y tres de infierno». Ancha es, desde luego, Castilla, y, durante la canícula, infernal y calcinada, como otras muchas regiones del país. Habituado como estaba al clima húmedo de Irlanda, donde nada más terminar de llover ya empieza otra vez, donde ni en pleno agosto es posible hacer planes de fin de semana porque el tiempo es siempre imprevisible, Castilla me atrajo poderosamente desde el primer instante por su calor veraniego inmisericorde, sus gigantescas cordilleras, tan hermosas al ir declinando la tarde, y lo descarnado de su suelo, que me imaginaba, con razón, brevemente mitigada en primavera por alfombras de flores multicolores.

Esto no era, ni mucho menos, *la douce France*.

Ya en Madrid me instalé con una pequeña familia —viuda e hijo— en su piso de la calle de Altamirano, en el barrio de Argüelles, todo organizado desde Dublín por no me acuerdo qué asociación. Él se llamaba Sixto Olmedo, frisaría los cuarenta, trabajaba en una agencia de viajes y los fines de semana solía acudir al modesto chalet que tenía en Pozuelo de Alarcón. No recuerdo el nombre de su madre, tal vez nunca lo supe. Iba siempre vestida de negro riguroso. A veces, yo acompañaba a Sixto a Pozuelo. Allí, en el cementerio, tropecé un día con un monumento con una lista de caídos en la Guerra Civil por Dios y la Patria. ¿Guerra Civil? Yo casi nada sabía al respecto. Noté que cuando le preguntaba a Sixto por el asunto, se ponía tenso, inquieto. Una vez me dijo algo acerca de cómo hasta las paredes oyen y vuelvo a ver su expresión de nerviosismo. Tenía un amigo, un tal Gonzalo, que había sido «piloto en la guerra», suponía yo que con Franco. Sixto nos presentó, pero nunca pude sacar nada en claro.

El miedo flotaba en el ambiente. La gente temía a los «grises» y se hablaba mucho de «policía secreta», de delaciones. De vez en cuando no llegaba el *Times* o el *Guardian.* Ante mi extrañeza, Sixto me explicó a que a lo mejor habían criticado algún aspecto del régimen y había intervenido la censura. Poco a poco me fui dando cuenta de lo que era una dictadura.

No es mi propósito evocar aquí todo lo que me ocurrió aquel verano, ni muchísimo menos. Esto no es una autobiografía y antes de entrar en materia solo quería contextualizar un poco mi apego, hoy ya longevo, a las cosas de España. El curso para extranjeros en la Complutense —no logro recuperar el nombre de ninguno de mis profesores— resultó beneficioso. Ya para septiembre había avanzado bastante en mi aprendizaje del idioma, aunque, por razones obvias, sin una experiencia comparable a la del año anterior con el francés. Visitaba con frecuencia la Casa del Libro en la Gran Vía, no lejos de mi casa, y allí descubrí la Colección Austral y los hermosísimos tomitos, encuadernados en piel, de la Editorial Aguilar. No estaba mal de dinero, gracias a la generosidad de mi padre, el cambio me favorecía y pude empezar a formar una pequeña biblioteca. Conservo todavía algunos de aquellos libros iniciáticos (con la fecha de adquisición cuidadosamente apuntada), entre ellos Baroja, *Los pilotos de altura*; Bécquer, *Obras completas* (Aguilar); Góngora, *Obras completas* (Aguilar); Laín Entralgo, *La Generación del Noventa y Ocho*; Pérez Galdós, *Trafalgar*; Unamuno, *La tía Tula*; Rubén Darío, *Poesías completas*; Maeztu, *España y Europa*; y Ganivet, *Idearium español* y *El porvenir de España*.

Ya estaba vagamente al tanto —la lista de libros lo demuestra— del «tema» de España como problema, como paciente sobre el diván del sicoanalista. Sin duda, los compré pensando en el nuevo curso que me esperaba en Dublín, que iba a poner el énfasis sobre la llamada Generación del 98. De Maeztu no entendía entonces nada, y menos de Ganivet. No sé si los entendería un poco mejor si los releyera hoy, algo que no pienso hacer. Todavía faltaban dos años para que me creara aún más perplejidad Ortega con su *España invertebrada*. Sé ahora, tantos años después, que España siempre ha sido un problema para los españoles. Cuando Mariano Rajoy cae con frecuencia en lo de que «España es una gran nación», sospecho que pensando en los Reyes Católicos y el Descubrimiento, creo que la gran España todavía no ha cuajado: la España civilizada, orgullosa de ser un país de mestizaje cultural, de tener una mescolanza de sangres en las venas, la España que podría ser pero que todavía no es, debido en gran medida a la Guerra Civil y la larga dictadura que le siguió y muchos de cuyos *tics* perviven.

Aquel verano visité brevemente con mi clase Salamanca y Toledo. Me impactaron. Sobre todo Toledo, por su fabuloso emplazamiento, sus calles tortuosas y la lectura nocturna a orillas del Tajo, por uno de nuestros profesores, de una leyenda de Bécquer. No sabía entonces nada del ya mencionado Luis Buñuel y su luego célebre Orden de Toledo, grupo de amigos, entre ellos Dalí y Lorca, devotos de la ciudad. En 1957, exiliado en México, todavía no había «reaparecido» el aragonés: sería dentro de dos años, con el escándalo de *Viridiana* en Cannes.

Ya intuía, terminado aquel curso de verano, que en España, más que en Francia, iba a encontrar mi vocación.

Ello se iría ratificando durante mis cuatro años en el Trinity College, gracias a la excelencia y al entusiasmo de mis maestros, máxime de Donald Shaw, que me abrió las puertas de la poesía en español con un brillante curso sobre Rubén Darío, a Daniel Rogers —especialista en el teatro de la Edad de Oro, muerto mucho antes de tiempo—, a Keith Whinnom (tan ornitólogo como yo) y al mencionado Edward Riley, cuyos libros sobre Cervantes ahora releo con sumo goce. Todos ellos tienen la culpa de que yo sea hispanista y de que un día, sin poder aguantar más serlo a distancia, decidiera trasladarme aquí a vivir con mi familia.

¿Cuánto tiempo me queda para seguir investigando, descubriendo y disfrutando por esta Península Ibérica que tanto amo? Nunca será el que quisiera, de todas maneras. Mientras, antes de que sea demasiado tarde, he querido ensartar estas impresiones, incitaciones, reflexiones o como se las quiera llamar, imbuidas todas ellas, aunque quizás no siempre se note, de gratitud por lo que me ha dado este fabuloso y no siempre fácil territorio situado entre Europa y África. Territorio que, si supiera organizarse mejor, podría ser, a mi modesto juicio, casi casi un paraíso.

1

CURIOSOS IMPERTINENTES

Oh lovely Spain, renown'd, romantic land!

BYRON, *Childe Harold*,
Canto I (1812)*

EL «DESCUBRIMIENTO» DEL SUR

Durante el siglo XVIII España era apenas visitada por los extranjeros. Justo cuando se acababa el setecientos, y la situación empezaba a cambiar, lo comentó sucintamente un alemán, Christian August Fischer, en el libro titulado, en su versión inglesa, *Travels in Spain in 1797 and 1798* (1802).[1] «Hace treinta años —apuntó— un viaje a España era considerado como un viaje al fin del mundo.» Fischer no tenía dudas acerca de las razones por tal desidia: el país, con «la barbarie de sus costumbres», y desacreditado por el oscurantismo de una Iglesia inquisitorial que se metía en todo e impe-

* «¡Oh, hermosa España, tierra renombrada y romántica!»

día cualquier innovación tecnológica, comercial o científica, no ofrecía al foráneo «compensación alguna por los peligros y contrariedades de todo tipo que debía afrontar».[2]

Quizá la más importante excepción a tal escasez de turistas fue el inglés Henry Swinburne, autor de *Travels Through Spain in 1775 and 1776* (1797), que incluía trece hermosos grabados de monumentos árabes y romanos. Swinburne había llegado al país con la intención de investigar «el suelo, cultivos, administración, comercio y costumbres» de los españoles y de estudiar los vestigios de tiempos pasados. Le fascinó, ante todo, la Alhambra, «el lugar más curioso que existe en España y quizás en Europa», y, de hecho, fue casi el primero en revelar a los ingleses las maravillas del recinto árabe.[3] Uno de los grabados más bellos del libro era del Patio de los Leones, tan celebrado por los viajeros posteriores:

Entre sus pertinaces observaciones sobre los españoles, Swinburne descubre que no les gustan para nada las visitas de los extranjeros, a quienes atribuyen siempre un motivo encubierto, siniestro. En cuanto a su alegada pereza, no está de acuerdo: es que no hay trabajo, la administración es pésima y la enseñanza, a todos los niveles, un desastre. Se fija en un puente roto y observa: «No es este el país de las reconstrucciones rápidas.» Le apena constatar que desde hace mucho tiempo el genio español se encuentra cubierto de «herrumbre».[4]

Para finales del siglo XVIII comenzaba a circular por los salones europeos la noción de que aquella España tan poco visitada, y tan inhóspita, era muy *romantique,* muy *romantic,* muy *romantische.* El adjetivo, que se «españolizó» en seguida, aludía, en los inicios de su andadura, a fenómenos naturales y cualidades paisajísticas: nubes, puestas de sol, tormentas, noches de luna llena... y era casi intercambiable con «pintoresco». En 1783 Francis Carter apunta, en quizá la primera aparición del epíteto en un libro inglés sobre España, que el pueblo andaluz de Ojén, no lejos de Marbella, está «emplazado en un lugar en alto grado romántico y encantador».[5] En 1785 su compatriota Christopher Hervey informa al lector que las viejas murallas de Sevilla tienen «un aspecto sumamente romántico».[6] Alexander Jardine, asimismo británico, reflexiona, en 1788, que «el mismo nombre de España despierta en la mente ideas de algo romántico y poco habitual [...] los tristes restos de una grandeza anterior».[7] No nos puede sorprender, por ello, que entre las montañas asturianas haya tropezado con «pobres aldeas desperdigadas en un marco romántico».[8]

La utilización del término para designar una nueva tendencia literaria y artística empezó en Alemania, donde por aquellas fechas ya se hablaba de una «*romantische Poesie*» opuesta al anterior, la «*klassiche*» («clásica»). Hay un interesante comentario sobre ello, en 1800, de Friedrich Schlegel. «Busco y encuentro lo romántico entre los escritores actuales de mayor edad —escribió en *Diálogo con la poesía*—, en Shakespeare, en Cervantes, en la lírica italiana, en aquella edad de maneras caballerescas, de amor y de fabulación de la cual derivan el fenómeno y la palabra misma.» Al mentar a Cervantes, Schlegel pensaba, sin duda, en don Quijote, ¿pues no era el Caballero de la Triste Figura el romanticismo personificado?

La derivación de la palabra «romántico» propuesta por el alemán parece atinada. Ahí están, para apoyarla, el francés *roman* (narración en verso o prosa, luego novela) y los *romances* españoles.

Merecen estos un pequeño comentario aquí, pues empezaron a gozar del favor de los lectores europeos en las fechas que nos ocupan. La más famosa compilación inglesa, publicada en Edimburgo en 1823, se debía a J. G. Lockhart y se titulaba *Ancient Spanish Ballads: Historical and Romantic.* Su introducción, donde el adjetivo «romántico» prolifera, así como en las notas a los poemas —unos sesenta—, es muy interesante. Los romances expresan, según la óptica bastante ingenua de Lockhart, el espíritu de una edad en la que, antes de su presente decadencia, España era un lugar civilizado y sus habitantes admirables. Y no solo los cristianos sino los musulmanes, entonces, le asegura al lector, cultos, valientes y nobles.

Para Lockhart el gran héroe del romancero es el legendario Bernardo del Carpio, vencedor de Carlomagno en Roncesvalles, alabado tanto por los seguidores españoles de Cristo como por los de Mahoma. «De toda su romántica vida —escribe—, los incidentes más románticos pertenecían igualmente a ambos.» Hoy, en comparación, todo en España es ruina y desmoronamiento, y solo los campesinos son «los genuinos e incorruptos descendientes de sus varoniles antecesores». En el resto de la población, el progreso degenerativo ha sido tan profundo como rápido, notablemente entre las capas más altas de la sociedad. «Nos hemos acostumbrado a considerar a los españoles actuales como los más intolerantes, esclavizados e ignorantes de Europa —sigue Lockhart—, pero no debemos de olvidar que los de hace tres siglos eran, en todos sus aspectos, muy diferentes.» Está pensando de manera especial en las imaginadas virtudes castellanas, virtudes, cree, que denotan su origen... ¡visigodo! Considera que el «espíritu antiguo» de los españoles había sobrevivido hasta la llegada de Carlos V. ¿Y ahora? Solo se encuentra «una extremada y servil sujeción a la autoridad del Papa».[9]

Para mentalidades, y prejuicios, así, España —una España tristemente venida a menos— encajaba cabalmente dentro del flamante esquema romántico, con su predilección por las ruinas, el abandono y la decadencia. Máxime al producirse el «redescubrimiento» de la Alhambra, la mezquita de Córdoba y los Reales Alcázares sevillanos. O sea al sobrevenir la realización de que, en el sur de la Península Ibérica, a dos pasos de África, había testimonios maravillosos de una época de esplendor desaparecida para siempre en 1492 con la «Toma» de Granada por los Reyes Católicos. Si antes el «Grand Tour» cultural de los británicos se encaminaba de preferencia hacia Italia, con sus espectaculares restos romanos y sus tesoros renacentistas, a partir de entonces empezó a incluir también la «romántica» y semioriental España y, en primer lugar, Andalucía.

Se trataba, claro, de un turismo todavía minoritario, de élite, reservado a la aristocracia y la clase media alta.

No hay que olvidar la enorme contribución hecha al creciente interés por España en el resto de Europa por la Guerra de la Independencia, llamada por la historiografía británica Guerra Peninsular (1807-1813). Participaron en ella 300.000 soldados de Napoleón, y, al lado de las fuerzas españolas, 60.000 ingleses al mando de Arthur Wellesley, luego primer duque de Wellington. A los sobrevivientes (muchísimos quedaron atrás) no les faltaban historias que contar en casa. Se ha dicho que la contienda dio lugar a más de 200 libros de memorias militares (amén de abundantes diarios y cartas publicados con posterioridad).

Hay otro factor a tener en cuenta. Y es que aquella guerra supuso el robo de una ingente cantidad de obras de arte españolas, con los generales Soult y Sebastiani a la cabeza de los depredadores. Hay una anécdota en relación con el primero. Mostrando a un posible comprador uno de sus Murillos, *Nacimiento de la Virgen*, le dijo: «Amo intensamente este lienzo porque les salvó la vida a dos personas.» Un ayudante le susurró al oído del interesado: «Amenazó con fusilarles si no se lo *regalaban* inmediatamente.»[10]

En concreto, entre 1808 y 1810, se produjo el expolio de unos setecientos cuadros, la mayoría de ellos de artistas del Siglo de Oro, encabezados por Murillo. El saqueo tuvo, irónicamente, un aspecto positivo. Se apreció cuando, a principios de 1838, se inauguró en el Louvre la muestra más completa de pintura española jamás vista fuera de su país de origen: 446 obras, con sendas salas monográficas dedicadas a Ribera, Zurbarán, Velázquez y Murillo. Uno de los críticos se fijó en los elementos sombríos, místicos y a veces brutales de los cuadros expuestos: expresaban, a su juicio, el epítome del alma de España. Alma, cómo no, «romántica».[11]

CHATEAUBRIAND

La chispa que incendió el furor alhambreño internacional fue la publicación, en 1826, del cuento *Le dernier Abencérage* (*El último abencerraje*) de François-René de Chateaubriand, escrito en 1809 tras una breve visita a Granada de dos años antes (con reencuentro amoroso, según parece, incluido). Su éxito fue tremendo. Chateaubriand, que conocía la descripción del enclave árabe publicado por Henry Swinburne, se había quedado extasiado ante su inaudita belleza. La Alhambra era «un palacio de hadas» único en el mundo, «uno de esos ámbitos de *Las mil y una noches*, que se ve menos en la realidad que entre sueños». A lo largo del siglo, los viajeros, de la nacionalidad que fuesen, recurrirían a la misma equivalencia: la Alhambra y el Generalife eran la plasmación, sin tener que salir de Europa, del escenario en que se desarrollan las historias de aquel fabuloso libro de narraciones orientales.

El asunto de *El último abencerraje* gira en torno a la nostalgia de quienes se vieran forzados a abandonar su paraíso granadino en 1492 y emprender el camino del exilio africano, donde no hay momento en que no lloren la pérdida de su patria. Chateaubriand tuvo el acierto de darle la forma de una historia de amor imposible entre una bella cristiana de familia noble, Blanca, y un joven musulmán, Aben-Hamet —el último abencerraje—, que vuelve a Granada desde el destierro sin revelar hasta el final su identidad.

Vale la pena con creces leer el librito, cuya primera traducción española se publicó en 1827, al año de su aparición en francés. Muy bien escrito, mantiene con maestría el *suspense* y desarrolla todos los temas alhambreños que se irían repitiendo hasta nuestros días. Entre ellos el gitano (Blanca, pese a ser paya, baila la zambra con la pasión de cualquier moradora de las cuevas del Sacromonte).

El cuento demuestra que Chateaubriand ha buceado a gusto en los romances moriscos y fronterizos y que, además, ha leído con provecho el muy difundido libro de Ginés Pérez de Hita, *Las guerras civiles de Granada* (1595), con su famosa descripción de la masacre de los abencerrajes por Boabdil, el postrer rey moro, en el Patio de los Leones.

El éxito de la *nouvelle*, como he indicado, fue arrollador. Impactó tanto a Victor Hugo que le inspiró un poema, «Grenade», incluido en *Les Orientales* (1829), cuyo título era ya de por sí una indicación de la creciente popularidad literaria del Este. El gran escritor, paladín de la nueva sensibilidad «romántica», quien al año siguiente libraría en París la luego mítica batalla de *Hernani*, no había puesto los pies en España, pero su padre militar sí, durante la Guerra de la Independencia. Quizás estuvo incluso entre los franceses acuartelados en la Alhambra y que casi lograron volarla al irse. Sea como fuera, el poema de Hugo *junior* se hizo célebre, en particular su primera estrofa en la cual no faltaba el reglamentario embrujo de la luna (añado abajo una traducción literal):

L'Alhambra! L'Alhambra! palais que les Génies
Ont doré comme un rêve et rempli d'harmonies,
Forteresse aux créneaux festonnés et croulants,
Où l'on entend la nuit de magiques syllabes,
Quand la lune, à travers les mille arceaux arabes,
*Sème les murs de trèfles blancs!...**

La publicación de *Les Orientales*, tres años después de la *nouvelle* de Chateaubriand, coincidió con la llegada a Granada de quien iba a escribir la exaltación definitiva del recinto árabe, digno de verdad, aun dentro de su abandono, de *Las mil y una noches.*

WASHINGTON IRVING

En una hermosa mañana de mayo de 1829 sale de Sevilla, rumbo a la Alhambra, el escritor y diplomático estadounidense Washington Irving, acompañado de un amigo ruso. Tiene 46 años. Es casi seguro que conoce *El último abencerraje*, aunque no me consta que lo admitiera nunca. Ya le fascina Granada, de todas maneras. Lleva soñando con la Colina Roja y sus palacios desde su infancia a orillas del Hudson; ha leído muy joven, embelesado, el mencionado libro de Ginés Pérez de Hita, *Las guerras civiles de Granada*; y dentro de unos meses verá la luz en Londres su propia *Una crónica de la conquista de Granada.* No podría ir mejor

* «¡La Alhambra! ¡La Alhambra!, palacio que los Genios / han dorado como un sueño y llenado de armonías, / Fortaleza de almenas festoneadas y ruinosas / Donde se escuchan por la noche sílabas mágicas, / Cuando la luna, a través de mil arcos árabes, / ¡siembra las paredes de tréboles blancos!»

preparado para disfrutar *in situ* —y no solo con la fantasía— los encantos del famoso enclave moruno.

La breve estancia granadina de Irving iba a dar lugar a un *best-seller* internacional aún más contundente que el cuento de Chateaubriand. Titulado *The Alhambra: A Series of Tales and Sketches of the Moors and Spaniards,* se editó en Londres en 1831 y, al año siguiente, en Filadelfia. Luego, reimpreso una y otra vez, sería, sencillamente, *Tales of the Alhambra* (*Cuentos de la Alhambra*).

Acabo de releer el estupendo primer capítulo del libro, que el autor se disculpa de haber hecho demasiado extenso pero que, por la enjundia de sus contenidos, así como por la amenidad de su estilo, a mí me parece corto.

Irving nos asegura que España no es ni mucho menos la «apacible región meridional» que se cree fuera, «engalanada con los lozanos encantos de Italia». De Italia, nada. Al contrario, si se exceptúan algunas de sus provincias marítimas, se trata de «un áspero y melancólico país, de montes escabrosos y amplias llanuras desprovistas de árboles; y un silencio y soledad indescriptibles que tienen muchos puntos de contacto con el aspecto agreste y solitario de África». Incluso encuentra una «carencia de pájaros canoros, natural por falta de setos y arboledas...». Al decirlo está pensando particularmente en las interminables llanuras desnudas de las dos Castillas y de la Mancha, «que se extienden hasta donde abarca la vista, llaman la atención por su auténtica aridez e inmensidad y poseen, en sumo grado, la solemne grandeza del océano».

La presencia de bandidos, nos explica, ha favorecido la creación de un sistema de viajar por España semejante al de las caravanas orientales, y los arrieros, agrupados en convoyes, «emprenden la marcha en largas y bien armadas filas». Son una mina de información para el viajero, con la ventaja añadida de poseer un amplio repertorio de coplas y canciones, entre ellas romances de moros y contrabandistas, con los cuales entretienen a la compañía durante el trayecto.

Irving alude con frecuencia a las excursiones de don Quijote por los caminos de la vieja España, como harán casi todos los viajeros que le siguen, y toma nota de que las ventas escalonadas a lo largo de las actuales vías dan la impresión de no haber cambiado nada desde aquellos tiempos. Los dos vigorosos caballos alquilados en Sevilla para el viaje a Granada vienen al cuidado de un «escudero» que le recuerda en seguida al del manchego... y que recibe en consecuencia el apodo de Sancho Panza. Acertadamente, además, pues resulta ser tan glotón como este y conocer bien las peripecias del «ingenioso hidalgo». Incluso cree que estas ocurrieron realmente, «como la mayor parte de la gente sencilla de España».

El escritor ha decidido aceptar con buen humor todo lo que le pase durante el trayecto, lo bueno, lo menos bueno, lo que haya; hablar con cada quisque («los andaluces están siempre dispuestos a charlar»); y compartir con liberalidad cigarros puros, la clave del éxito social. Disfrutar a tope, en fin, el recorrido. «¡Con un estado de ánimo así —exclama—, qué país este para el viajero, en el que la más mísera posada está llena de aventuras, como un castillo encantado!» Infiero que está pensando, al decirlo, en el famoso episodio de la venta de Puerto Lápice donde, según le dice don Quijote a Sancho, van a «meter las manos hasta los codos en esto que llaman aventuras».

Nada más empezar Irving y el ruso su viaje hacia Granada ya hace acto de presencia en su narrativa el adjetivo «romántico», como apenas podía ser de otra manera. Va a reaparecer a lo largo del libro. «La casualidad nos había reunido desde regiones muy distantes —escribe—, y la semejanza de aficiones nos despertó el deseo de peregrinar juntos por las románticas montañas de Andalucía.»

Paisajes y paisanajes, pueblos «pintorescos», llanos y montes, flores silvestres, costumbres, bandoleros, bailes con guitarra —fandangos y boleros—, trabucos, *majos* y *majas*, todo lo cuenta con amenidad... y con un cuidadosamente orquestado *crescendo* al irse aproximando a la meta suprema de «la romántica Alhambra».

Alcanzada por la noche Loja, la «llave de Granada», resulta que hay en marcha una fiesta de tronío con aspecto de «una tradicional estampa morisca». Hasta se presenta, para que no falte nada, un contrabandista de verdad.

A la mañana siguiente es, casi, el éxtasis: «Ante nosotros se extendía, magnífica, la Vega. Allá a lo lejos, la romántica Granada, coronada por las rojizas torres de la Alhambra.» Irving y su compañero no tardan en llegar al Soto de Roma, la extensa finca regalada a Arthur Wellesley por su contribución decisiva a la derrota de los invasores franceses. Irving sabe que, según la tradición, vivió allí, encerrada en una torre, Florinda la Cava, la hija del traidor conde don Julián, culpable de haber abierto las puertas de España a los musulmanes en 711.

Una vez en Granada se instalan los amigos en unas dependencias situadas en el mismo corazón de los palacios árabes. Irving apenas puede creer su suerte: aquel sueño juvenil al lado del Hudson, mientras leía a Pérez de Hita, se ha convertido en realidad. «Piso un lugar poblado de fantasmas —apunta jubiloso— y estoy rodeado por asociaciones románticas.» Luego añade, afinando la puntería: «Para el viajero imbuido de lo histórico y lo poético, la Alhambra de Granada es un objeto de tanta veneración como la Kaaba o Casa Sagrada de La Meca para los devotos peregrinos musulmanes. ¡Cuántas leyendas y tradiciones verídicas y fabulosas, cuántos cantares y romances amorosos, españoles y árabes; y qué de guerras y hechos caballerescos hay referentes a estos románticos torreones!»

No voy a comentar el resto del libro. El intento de Irving, plenamente logrado, es compartir con el lector los «mágicos encantos» de los patios, fuentes, estanques y jardines de la Colina Roja, las increíbles puestas de sol que se disfrutan desde sus almenas («con la Vega tendida a lo lejos como un lago de oro»), sus noches embrujadas y, por supuesto, sus infinitas leyendas, muchas de ellas transmitidas por su pegajoso lazarillo, Mateo Ximénez.

Universalmente traducido, *Cuentos de la Alhambra* sigue atrayendo cada año a Granada a miles de turistas de todos los rincones del mundo. Si el lector no lo conoce ya, se lo recomiendo, como se suele decir, «encarecidamente».

RICHARD FORD, EL MÁS GRANDE

En noviembre de 1830, casi pisándole los talones a Washington Irving —cuyo libro inspirado por la Alhambra no le va a gustar nada—, desembarca en Cádiz con su mujer Harriet, tres hijos pequeños y tres criados quien va a ser el autor de la mejor guía de España de todos los tiempos. Richard Ford tiene 34 años —trece menos que Irving—, es hijo de un alto oficial del Ministerio del Interior británico y ha recibido una formación intelectual esmerada, primero en el famoso internado de Winchester y luego en el Trinity College de Oxford. Se trata de un *gentleman* inglés acomodado, culto, enérgico, amante de las letras y excelente dibujante y acuarelista que todavía no ha encontrado su vocación.

En España la va a encontrar, ¡y tanto!

La elección de Andalucía y, concretamente, Sevilla, había sido tomada más que nada por su clima. Harriet era de salud delicada y los médicos le habían recomendado el sol que tanto escaseaba en Londres. La proximidad de Gibraltar, por si acaso surgiera algún problema, contribuyó con toda probabilidad a inclinar la balanza a favor del mediodía español en vez de, por ejemplo, Provenza. No consta, de todos modos, que Ford hubiera mostrado antes un interés especial por un territorio que, según escribiría después, mediaba «entre Europa y África, entre la civilización y la barbarie».

Le fascinó en seguida y se quedaría tres años —hasta finales de 1833—, pasando los inviernos en Sevilla y los veranos en plena Alhambra (de la cual tanto él como Harriet ejecutaron numerosos dibujos de gran calidad). Tres años durante los cuales aprendió bien la lengua —tenía don de idiomas— y anduvo a lomos de su jaca cordobesa por gran parte del país, cuaderno de notas siempre listo, apuntando, observando, dibujando, pintando, preguntando y, como Irving, compartiendo puros con gentes de todas las condiciones (se encontró con que los españoles eran empedernidos fumadores y que pedían lumbre a cualquiera sin el menor recato).

En 2014 se expusieron en la Real Academia de San Fernando de Madrid cientos de dibujos y acuarelas de Ford, con un magnífico catálogo. Un conjunto de inestimable valor, no solo por la pericia en sí del dibujante, sino porque en muchos casos han salvado del olvido detalles arquitectónicos, incluso edificios enteros, desaparecidos antes de la llegada de la fotografía, que estaba a la vuelta de la esquina cuando regresó definitivamente a Inglaterra.

Lector entusiasta del *Quijote*, y recordando el título de una de sus novelas interpoladas más famosas, Ford dio en verse como un «curioso impertinente» intrigado por las «cosas de España». Quería saberlo todo, absolutamente todo, acerca del país y sus habitantes. Su gran héroe era Wellington, y haría especial hincapié en visitar los campos de batalla donde, unos veinte años antes, el «duque de hierro», con la ayuda de sus aliados españoles, les había bajado los humos a los franceses. No duda que Gran Bretaña es la nación más excelsa del mundo, ni que él, Richard Ford, al pertenecer a su élite, es uno de los privilegiados de la Tierra.

Otra vez en Inglaterra, quizás antes, decidió escribir, tomándose su tiempo, un libro sobre España. Levantó en su finca de Heavitree House, cerca de Exeter, un estudio de estilo neomudéjar donde llevar a cabo el proyecto, plantó cipreses y pinos enviados desde Andalucía —que también le iba a surtir de consignas periódicas de jerez—, ordenó los muchos libros y demás materiales acumulados durante su estancia, inició la adquisición de cuantos le faltaban y comenzó a relacionarse con quienes en Londres se interesaban por las «cosas de España». Entre ellos el distinguido arabista Pascual de Gayangos, que entonces clasificaba en el Museo Británico los manuscritos españoles, y el extraño galés George Borrow —amigo de gitanos y casi tan «curioso impertinente» como Ford— que en 1843 iba a publicar *The Bible in Spain*, crónica de sus intentos de promocionar, en un país tan rigurosamente católico, los textos sagrados en versión castellana.

Ford empezó pronto a escribir artículos sobre asuntos españoles para distintas revistas británicas, especialmente la famosa *Quarterly Review*. Uno de ellos le puso en contacto, en 1837, con el editor londinense John Murray, que había inaugurado el año anterior su luego celebérrima serie de *hand-books*: guías turísticas para un mercado cada vez más floreciente. El término —literalmente «libro en mano»— indicaba que eran tomos de formato pequeño idóneos para el viajero. Y así fue. Los *hand-books* de Murray iban a cubrir no solo destinos turísticos en Europa, sino más lejanos. El primero fue, como era lógico —pues se trataba del Grand Tour, tan de moda—, *A Hand-book for Travellers on the Continent*. Tendría tres ediciones antes de que concluyera la década. En 1840 apareció el incitante *A Hand-book for Travellers in the Ionian Islands, Greece, Turkey, Asia Minor, and Constantinople*. El mismo año Murray le encargó a Ford la guía correspondiente a España. Sería publicada, en 1845, entre *A Hand-book for Travellers in Central Italy* (1843) y *A Hand-book for Northern Europe* (1847).

El libro le costó a Ford unos seis años de trabajo durísimo. La portada demuestra la inmensa ambición de la empresa. Se trataba de abarcar cada aspecto de España, desde su historia, sus distintos territorios, su religión, sus moradores, sus costumbres y sus pasatiempos hasta sus refranes, alguna palabrota (el ubicuo«carajo», por ejemplo) y su gastronomía:

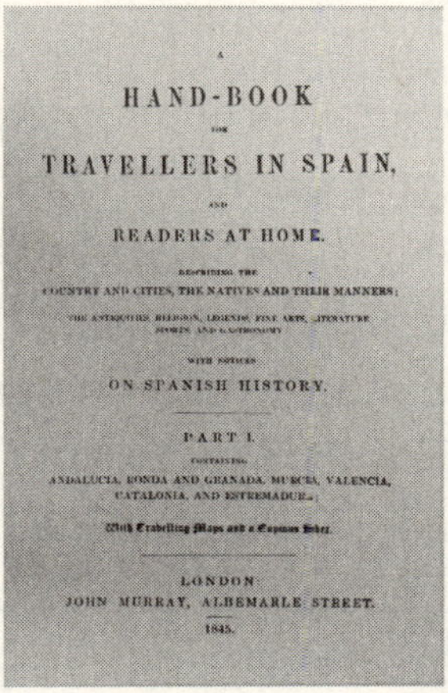

A

HAND-BOOK

FOR

TRAVELLERS IN SPAIN,

AND

READERS AT HOME.

DESCRIBING THE

COUNTRY AND CITIES, THE NATIVES AND THEIR MANNERS;

THE ANTIQUITIES, RELIGION, LEGENDS, FINE ARTS, LITERATURE, SPORTS, AND GASTRONOMY:

WITH NOTICES

ON SPANISH HISTORY.

PART I.

CONTAINING

ANDALUCIA, RONDA AND GRANADA, MURCIA, VALENCIA, CATALONIA, AND ESTREMADURA;

With Travelling Maps and a Copious Index.

LONDON:

JOHN MURRAY, ALBEMARLE STREET.

1845.

Vale la pena fijarse en lo de «*Readers at Home*» («lectores en casa»). Si bien no era difícil llegar entonces hasta la Península Ibérica desde Gran Bretaña (barcos había de sobra si se quería prescindir de Francia), una vez en tierra se amontonaban las inconveniencias para el viajero deseoso de *comfort*, y más si era víctima de achaques o de nerviosismo. Ford y John Murray se habían propuesto, pues, tener también en cuenta a aquellos lectores que a lo mejor nunca se arriesgarían a transitar en persona por los caminos, llanuras, montañas y desfiladeros españoles, con sus ventas poco europeas y sus (exageradas) amenazas de bandoleros, pero que disfrutarían acompañando por ellos, convenientemente distanciados, a un autor fiable. Un autor que diera la impresión de conocer cada rincón, cada retablo, cada castillo y cada receta culinaria del país.

Comprenden los dos tomos del *Hand-book* un total de 1.064 páginas. Tienen un formato cómodo de 11 × 17 centímetros. La letra es microscópica, aunque milagrosamente legible, y para las 140 rutas hay doble columna. La portada indica la inclusión de un «índice copioso»: herramienta imprescindible, entre tantos miles de nombres y datos, para la localización o recuperación de la información requerida (aunque, en la práctica, resulta a menudo defectuosa).

El *Hand-book* empieza con un sucinto prefacio de 5 páginas y un largo y denso ensayo sobre España de casi 150, titulado *Preliminary Remarks* («Observaciones preliminares»). Luego vienen las rutas, provincia por provincia, en cada caso con una introducción pormenorizada y, al final, una bibliografía selecta. El primer tomo cubre Andalucía, Ronda y Granada —el territorio que mejor conoce Ford y donde se encuentra más a gusto—, luego Murcia, Valencia, Cataluña y Extremadura. El segundo tomo se ocupa de León, Galicia, Asturias, las dos Castillas, las Provincias Vascas, Aragón, los Pirineos y Navarra.

En sus «Observaciones preliminares», y después en el cuerpo del libro, Ford se explaya a sus anchas sobre cada aspecto «del país más romántico y peculiar de Europa», sin ocultar en absoluto sus propias fobias y filias al respecto. Considera lamentable la situación actual de la nación, caída de su eminente posición anterior «y casi borrada del mapa de Europa». Opina que tal decadencia se debe, en primer lugar, a una carencia desastrosa de reyes, políticos y líderes competentes.

Ha habido excepciones a la regla. Admira profundamente a Fernando e Isabel, los «Reyes Católicos», cuyo sepulcro ha contemplado con gran atención en la Capilla Real de la catedral de Granada. Isabel le parece «uno de los personajes más dignos de elogio de la historia», la reina más noble que jamás ocupara un trono. Ella y su marido fueron «los auténticos fundadores de la grandeza de su país» y considera que la muerte de su hijo Juan fue una tragedia para España. Hay palabras de elogio también para Carlos V y Felipe II. Y pese al desprecio que le provocan los borbones, estima que Carlos III, «el mejor alcalde de Madrid», fue un monarca en muchos sentidos muy positivo.

Ford entiende que, subyacente, hay otro grave problema: el hecho de que los españoles siempre han sido incapaces de ponerse de acuerdo sobre asuntos de interés nacional. Recuerda, en este sentido, que el geógrafo griego Estrabón, que escribía en el primer siglo de nuestra era, consignó que los romanos habían podido llevar a cabo la conquista de la península precisamente porque los adalides ibéricos nunca lograron unirse para combatir como una piña contra ellos.

El autor del *Hand-book* acude a un gerundio llamativo para describir este defecto o error: dividida por su geografía en distintos territorios casi incomunicados, España, dice una y otra vez, es un país inherentemente *unamalgamating*. O sea que no sabe «amalgamarse» en aras de afrontar los retos ni del presente ni del futuro. En realidad, opina, lo único que de alguna manera «amalgama» el país es la religión católica. Religión que por más señas, como protestante que es, detesta.

La tendencia *no amalgamadora* es, pues, innata. Y las consecuencias, inerrables. «España es hoy —nos asegura—, como siempre ha sido, un manojo de pequeñas entidades atadas con una soga de arena y, al faltarle unidad, también le falta fuerza, con lo cual ha perdido todas las batallas.»

Espera que los ferrocarriles, de los cuales se habla cada vez más tras su vuelta a Inglaterra en 1833 —en especial de la línea que podría conectar Madrid y Barcelona por Zaragoza—, mejorarán esta situación, aunque le parece, con razón, que el proceso llevará su tiempo, dada la incomunicación de las distintas regiones de un territorio tan accidentado.

Ford está obsesionado con la que entiende como pervivencia de la influencia árabe sobre quienes viven actualmente en esta «Berbería cristiana». «España, civilizada primero por los fenicios, y durante largo tiempo poseída por los árabes, ha retenido indeleblemente las impresiones originales —nos asegura, contundente, en su escueto prefacio—. Si la juzgamos, y sus habitantes, por un baremo oriental, ¡cuántas de sus características, que antes parecían extrañas o repugnantes comparadas con las europeas, se nos aparentan análogas!» Los españoles son «un pueblo semioriental, autosatisfecho, orgulloso y decaído», y por doquier, en sus excursiones, tropieza con los que considera vestigios de costumbres morunas. Sobre ellos, alega, se podría escribir un libro entero. Una y otra vez recalca que tal o cual rasgo es «completamente oriental». Y va tan a la búsqueda de palabras españolas de raíz árabe que muy a menudo se equivoca de cabo a rabo. Sí, los españoles son «incuriosos semiorientales» y, como tales, siempre inicialmente suspicaces ante la curiosidad del extranjero. Máxime cuando se le descubre dibujando paisajes o monumentos, algo que no hace ningún nativo (y mucho menos recoger ejemplos de flores silvestres en el *vasculum* de los botanistas). En tales casos no hay duda posible: se trata de un espía «mapeando el país» o «sacando planes». Ante las preguntas demasiado insistentes o «impertinentes» del intruso, la contestación suele ser «¿Quién sabe? No se sabe». Un fatalismo «oriental» lo empapa todo, y cualquier propuesta, por razonable que sea, suele provocar la reacción de que «no se puede». Son «cosas de España», dicen, según Ford, los mismos españoles: la muletilla, repetida a machamartillo, expresa «todo lo que no pueden o se niegan a explicar al extranjero».

Ford observa en sus andanzas muchos edificios sin terminar, muchas obras paradas. Si pregunta por ellos, la respuesta suele ser que «están por acabar» o que «quedan por concluir». Lo cual quiere decir que no se terminarán nunca. También observa (como antes Henry Swinburne) que hay poco mantenimiento de lo ya construido, lacra que achaca otra vez a una innata indolencia oriental. Hombre eminentemente práctico, amigo de la voluntad y el esfuerzo, orgulloso de la Gran Bretaña industriosa y fabril, le irrita la inactividad que encuentra a su alrededor. Nota que en casi toda España, menos Cataluña, el comercio suscita el desprecio. «*Mañana* es la maldición del país», sentencia, y la procrastinación, el peor enemigo de su futuro.

Le asalta incluso la sospecha de que los españoles solo son activos a la hora de destruir lo que tienen. Empezando con la Naturaleza. Los bosques, por ejemplo, arrasados para la construcción de barcos y otros usos, nunca se renuevan, no hay reforestación. Resultado: la progresiva desecación del paisaje. «Quienes así desnudan sus colinas —se queja— condenan a sus hijos a la escasez tanto de madera como de agua, la doble necesidad de la España central.» En otro momento se explaya sobre este asunto en términos ecologistas casi de hoy: «En los castellanos los árboles suscitan antipatía y, como los orientales, casi no los plantan, menos los que producen frutas o proporcionan sombra para sus alamedas. El beneficio utilitario *inmediato* es la habitual medida; para otras naciones plantar pensando en la madera es una cuestión de prevención y planificación y se basa en la confianza en instituciones que garantizarán su disfrute más adelante.» ¿Más adelante? En España no se piensa jamás en el futuro, en España lo único que cuenta es el momento presente. En España, donde faltan instituciones duraderas, todo es inseguridad e improvisación.

El autor del *Hand-book* cree haber descubierto que a los españoles no les interesa nada «que no sea primera persona y tiempo presente». Elogiar a otro les cuesta mucho trabajo, también admitir haberse equivocado o asumir la responsabilidad por un error, ni siquiera cuando su autoría es clarividente.

Los «españoles modernos», alega, se han desentendido siempre de la agricultura. Y eso que tienen ahí, a mano, una tierra fértil en espera de ser otra vez productiva. Han preferido, «como orientales», creer que un día, sin hacer ellos ningún esfuerzo, les tocará la suerte. En España, remacha, «el azar y el impulso del momento son los motores», y ningún español es capaz de ver más allá de «*la situación actual*» —reproduce la frase en castellano— ni de imaginar lo que puede traer el día de mañana: «*Paciencia y barajar* es el lema; y con *paciencia* espera a ver qué le traerán el siguiente *barajeo*, pues su credo y su práctica son 'Resignación', el Islam del oriental.»

Ford mantiene que, al igual que los musulmanes, «el carácter pasivo, refractario a la mecánica y al comercio de los españoles tiende a fomentar la deferencia implícita y el fanatismo ciego». Son «rasgos diametralmente opuestos al sentido *comercial*, que requiere especulación, audacia, seguridad en sí mismo, capacidad de iniciativa y decisión». «De ahí —concluye— el neto contraste entre la Inglaterra protestante y la Andalucía archicatólica y moruna.»

Si España, en fin, es una tierra de contradicciones, es porque les debe más a los árabes que a Europa.

Veamos un poco más de cerca algunos de sus juicios y prejuicios respecto del país que le seguirá fascinando hasta su muerte en 1858, a los 62 años, tres después de la publicación de la tercera edición del *Hand-book*. Quizá le entretendrá al lector preguntarse hasta qué punto pudieran ser de relevancia hoy.

• *La ingratitud española hacia Wellington*

Impregnan el libro la profunda admiración que a Ford le inspira el duque de Wellington y la indignación que le produce la que considera ingratitud española, empezando con los militares, hacia quien, a su entender, impidió que el país se convirtiera en una «provincia francesa», un mero apéndice de la nación vecina. Solo unas dos décadas después del final de la guerra, la tendencia imperante es no mencionar al duque y de atribuir la victoria contra los invasores exclusivamente a los españoles. Y no solo esto, sino que se acusa a Wellington, de manera injusta, de haberse retirado del país por intereses personales contrarios a los de España. Empedernido lector de los partes de guerra de su héroe, Ford visita, fascinado, los campos de batalla —Bailén, Arapiles, Talavera, Badajoz— y se encuentra con que no hay allí monumento alguno recordando el sacrificio de tantos miles de aliados británicos caídos en la lucha, cuyos restos, en vez de recibir digno entierro, han sido alimento de los buitres, «los auténticos enterradores españoles» (cuya población se ha multiplicado debido a la carnicería de la contienda). Estima que a los fallecidos se les tiene, en general, poco respeto en España y apunta en su cuaderno un refrán que oye con frecuencia: «Los muertos e idos no tienen amigos.» Otro, que califica de ubicuo, reza: «Los vivos a la mesa, los muertos a la huesa.»

Los españoles que han hecho una contribución plausible a la patria tampoco se libran del menosprecio habitual. Un caso reciente es el del pensador «ilustrado» Gaspar Melchor de Jovellanos, «uno de los pocos patriotas *auténticos* de España», fallecido en 1811 tres ser miserablemente perseguido por las autoridades de turno. Murió, escribe Ford, «con el corazón roto por la ingratitud de su país, que con demasiada frecuencia trata muy mal a los que lo han servido mejor».

- *La obsesión con la sangre limpia*

Nuestro hombre no puede dejar de comentar la obsesión con la pureza de la sangre que se apoderó de España a raíz de la caída de Granada en 1492, y que en absoluto desapareció después de la expulsión final de los moriscos a principios del siglo XVII. Tal expulsión, y la de los judíos, fue a su juicio un completo desastre, pues estos entendían de dinero, de inversiones, y los otros, con su «ciencia hidráulica», eran los más industriosos y expertos horticultores del país.

La obsesión con la pureza sanguínea ha tenido, a su juicio, consecuencias devastadoras para el bienestar de los españoles. Vale la pena reproducir lo que dice a propósito en las páginas dedicadas a la ciudad de Salamanca: «La fatal *limpieza de sangre* [...], al distinguir entre nuevos y viejos cristianos, fue una maldición para España, ya de por sí sin amalgamar, y trajo una nueva casta y otro germen mortal de desunión.» Lo extraño es que atribuye estas «diferencias religiosas» a los árabes, alegando que estos tildaron de «nuevos musulmanes» a los cristianos peninsulares que se convirtieron masivamente al Islam. No parece, sin embargo, que la obsesión del catolicismo español con la pureza de la sangre tuviera nada que ver con tal precedente, desprovisto, además, de desprecio étnico hacia quienes vivían aquí cuando, en 711, empezaron a llegar desde el otro lado del Estrecho las primeras incursiones musulmanas.

- *Mariolatría*

Richard Ford, ya lo sabemos, es protestante. Encuentra excesivo el fervoroso culto español a la madre de Jesús, que califica de *mariolatría.* La Virgen, está convencido de ello (con razón), procede de diosas anteriores, orientales como ella —nombra a Astarté y a Isis—, traídas a la Península Ibérica por los fenicios. Constata que, en España, es la reina suprema, «emperatriz del cielo y de la tierra, de ángeles y de mortales». Tan es así que casi ha desplazado al propio Dios Padre y al Hijo y ocupa su imagen, en infinidad de templos, el lugar central detrás del altar mayor. María administra la gracia, la equidad y la remisión de los pecados. Su asunción, ironiza Ford, es la *asunción* sobre la cual se basa la *mariolatría*. Su visita a Zaragoza le brinda la oportunidad de desahogarse profusamente al respecto. Y sus estancias sevillanas, la de estudiar con detenimiento, sobre el terreno, el fenómeno que denomina *concepcioninmaculadamanía*, provocada por el dogma, impulsado por los franciscanos, que mantiene —por si acaso no lo saben sus lectores ingleses— que la Virgen nació «libre de la mancha del pecado original». «Ave Maria Purissima» entonan los sevillanos pobres y hambrientos al entrar en una casa. «Sin pecado concebida», se les contesta. Ford, que toma nota de que en toda la ciudad, Giralda incluida, proliferan imágenes de la Anunciación, con su imprescindible jarrón de azucenas, descubre incluso que, para conseguir un puesto oficial, hay que jurar creer en la Inmaculada Concepción, que los béticos han hecho tan alma de su alma y carne de su carne como los aragoneses a la del Pilar.

• *Pueblo estupendo, nobleza podrida*

Ford afirma que los mejores españoles son el pueblo llano, que España es una nación donde «todos son nobles menos la nobleza». Descubre que aquí hasta los pobres poseen una dignidad difícil de encontrar en otros lugares. Ha recogido un refrán que le parece expresarlo de manera cabal: «Pobreza no es vileza.» Declara que las «clases bajas» españolas son las de «más calidad y finura» del país y que incluso se adelantan en cortesía y modales a las de cualquier otro, empezando con Gran Bretaña.

Vale la pena señalar que su amigo Borrow, en *The Bible in Spain*, publicada dos años antes, se expresa en los mismos términos.

Hay otra cosa, para Ford, digna de elogio. Y es que el español normal se convierte, en tiempos de conflictos bélicos, en guerrillero fuera de serie, actuando casi por libre y encantado de no tener que acatar órdenes de nadie. La configuración ultramontañosa de gran parte del país ha propiciado tal modalidad combativa. Ford no pone en tela de juicio el arrojo y la valentía de este hombre del pueblo, y añade que Wellington tampoco. Al contrario, ambos lo saben capaz de extraordinarios actos de bravura individual. Pero el combate en campo abierto es harina de otro costal. Allí, según Ford y su admirado duque, a nuestro hombre le suele faltar, no la valentía sino la disciplina necesaria para actuar coordenadamente con sus hermanos en armas.

El problema fundamental, razona el inglés, como ya señalamos, es que los españoles llevan siglos *malgobernados*, con alguna mínima excepción, por funcionarios ineptos y corruptos solo interesados en sacar de su efímera situación de poder los mayores beneficios posibles para sus propios bolsillos y los de sus allegados inmediatos. Insiste que siempre hay que distinguir, como él hace, entre «la noble y valiente Nación en general y esos individuos indignos».

Sí, los mencionados líderes «han sido siempre la maldición del desafortunado pueblo». Cree observar que la nobleza española incluso está degenerada físicamente, con una estatura corpórea excepcionalmente baja y articulaciones enclenques. Su máximo representante es el hidalgo empobrecido y hambriento que, no obstante su condición tan menguada, hace alarde continuo de su alcurnia y antepasados gloriosos, desviviéndose por presentar un disfraz de solvencia a los ojos del mundo. «Boato exterior y colapso interior»: así caracteriza Ford al personaje, que anda siempre a la defensiva, preocupado por el qué dirán, muy atento al pundonor y alerta ante la menor posibilidad de provocación, real o imaginada. Se viste lo mejor posible, por supuesto, aunque en su armario escasean las prendas. Fácil víctima de las lisonjas, no encaja nada bien las críticas, máxime si proceden de un extranjero. Y, entregado al perenne «sueño del oriental y del español», «sueño de la cueva de Aladino», fantasea con una repentina riqueza inesperada que le saque las castañas del fuego sin ningún esfuerzo por su parte.

Ford ha recogido una serie de refranes que reflejan la opinión que al pueblo le merecen los que guían, o malguían, los destinos del país (que por desgracia, reflexiona, apenas tiene todavía una clase media): «Quien el aceite mesura, las manos unta», «Tal recomendación, tal recomendado», «Donde quieren reyes, allá van leyes», «El dinero hace correr el caballo», «La ocasión hace al ladrón» o «Más ablanda dinero que palabra de caballero».

¿Y la Justicia, con mayúscula, que debería de velar por los derechos de los ciudadanos? Estampa una frase que se queda en la memoria: «La mera mención de la Justicia, tan perfecta en teoría, produce en casi cada español una reacción de *delirium tremens*, pues implica dilación, injusticia, ruina y muerte.»

En una sociedad así, casi sin instituciones estables, sin seguridad de nada, ¿cómo pedirle a la gente que no imite a quienes, desde arriba, le están chupando la sangre? La norma es sálvese quien pueda, cada uno por sí mismo. «En su conjunto —sentencia Ford—, el español vive pensando solo en sí mismo y el hoy.»

Está infectando la nación, además, una fiebre bautizada por los españoles *empleomanía.* Se trata de conseguir a toda costa un puesto oficial, pues es la llave que abre la posibilidad de acceder al dinero público. «El objeto de cada empleado —aquí la pluma de nuestro inglés se vuelve afiladísima— es hacer su fortuna con la máxima rapidez posible, y, toda vez que tiene que ir de prisa, no será cuestión de proceder con excesiva honradez, pues la duración del puesto es breve e insegura e innumerables competidores están empeñados en que sea destituido cuanto antes para tomarle el relevo.»

Si en España se vive al día y nadie piensa en el porvenir, es inevitable que se produzcan frecuentes accidentes por falta de «precauciones normales». Fiel a su tesis, Ford achaca tal desidia a un subyacente fatalismo heredado de los musulmanes.

Otra lacra que observa a su alrededor es la ausencia total del concepto de *bien común* para el cual valdría la pena aunar esfuerzos. «La misma idea sería recibida por carcajadas de desdén», nos asegura, utilizando la palabra española (*The very idea would be scouted with carcajadas of derisive laughter*).

- *Contrabando*

Dada la situación de corrupción generalizada que Ford identifica en España, no es sorprendente que haya tropezado a menudo, de manera especial en Andalucía, con el tema candente del contrabando. Todo el mundo es más o menos contrabandista en este país desgraciado, dice, y directamente quizás unas 300.000 personas (no nos proporciona la fuente del cálculo). Ello porque «las regulaciones fiscales son tan ingeniosamente absurdas, complicadas y molestas que el honrado y legítimo mercader resulta tan dañado como el irregular». Se trata de una «plaga fiscal» que corrompe incluso a quienes querrían ser virtuosos, y que incrementa la «nativa falta de respeto que la legalidad les merece a los españoles». El resultado es que cada uno procura conculcar las leyes. De ahí el enorme respeto que inspira el contrabandista, que goza de «la brillante reputación» concedida a quienes arriesgan su vida por un pueblo profundamente admirador del arrojo personal. El contrabandista, es decir, ocupa un rango, en la estimación popular, comparable al del torero. Además, suele vestir casi igual, con su deslumbrante atuendo de majo. Si la Naturaleza le ha dotado por añadidura de buena voz, se le oirá entonar, retaco en mano, la famosa seguidilla «Yo que soy contrabandista». En las aldeas todos le quieren, todos le elogian, todos le jalean (Ford nos quiere convencer de que «jaleo» deriva del árabe, pero se equivoca una vez más). Y, por supuesto, las mujeres beben los vientos por el pintoresco y *romántico* personaje:

«Viste magníficamente, lo cual tiene un encanto especial para todos los ojos moro-ibéricos, cuyo deleite es el *boato* u ostentación.» «Solo los valientes merecen los favores de las mujeres guapas», añade. Y el contrabandista sí que lo es. ¿Cómo logra evadir, por otro lado, las atenciones de la policía y de la aduana, que teóricamente le persiguen? Con sobornos. En este juego, comenta Ford, hay algo para todo el mundo, «autoridades» incluidas.

• *«Don Quijote de la Mancha»*

No sé cuándo Ford leyó por primera vez el *Quijote*, pero es lícito inferir que antes de llegar a España en 1830. Sea como fuera, la admiración que le suscita es explícita en el *Hand-book*, donde alude con frecuencia a distintos episodios de la novela.

Le intriga que Cervantes situara la patria chica de don Quijote y Sancho en la Mancha, llanura que le parece «horrible» por interminable, monótona, árida y casi desprovista de árboles: un desierto separado del Edén andaluz por el desfiladero de Despeñaperros. Es más, considera *inspirada* la elección de la localidad: «No puede haber mayor prueba del poder del genio, que embellece todo lo que toca, que el interés que logra dar Cervantes a esta espantosa comarca.» Dice haberla cruzado seis veces, y le implora al lector que, si se le ocurre visitarla, tras los pasos del Caballero de la Triste Figura, no deje de llevar consigo un ejemplar del libro, cuya lectura sobre el terreno le compensará de todos los sinsabores.

Para Ford, don Quijote representa el prototipo del hidalgo castellano antiguo, digno, generoso y honrado aunque venido a menos, y Sancho Panza el pueblo llano, con su sentido común, su materialismo, su sabiduría, su sinceridad, su hombría de bien, su bondad, sus infinitos refranes y el genuino cariño que profesa a su amo, pese a sus excentricidades. En una comparación asombrosa, nos dice que los diálogos entre ambos son como «un intercambio perpetuo entre nuestra Cámara de los Lores y el Congreso de Washington». ¡Toma ya, demócratas norteamericanos!

- *La Andalucía de Ford*

Se trata de una «Arabia Felix» europea donde viven los españoles más «típicos», más exagerados, más fanfarrones, más satisfechos de sí mismos, más divertidos, más dados al «ojalá» y «veremos», más dotados para el baile y el piropo («derrama canela, es la sal de las sales») y, por supuesto, más dados al «semiorientalismo» y a la pereza. Si en tiempos de los musulmanes Andalucía era una tierra productiva y rica en todos los sentidos (con Córdoba como el Atenas del Oeste), hoy todo es abandono y decadencia. Señala que, con poquísimas excepciones —una de ellas su buen amigo Gayangos, ahora en Madrid—, la cultura hispanoárabe no es estudiada por casi nadie en su país de origen, ¡ni en Andalucía!, lo cual le parece una llamativa aberración solo explicable por el odio y la suspicacia generados por la Inquisición.

Sobre la Inquisición tiene mucho que decir. Y sobre el terror que, en consecuencia, aunque no siempre se perciba, todavía late, a su juicio, en el fondo del alma de los españoles (que parecen sospechar que podría resurgir en cualquier momento). Oye con frecuencia el refrán «con el ojo y la fe, nunca me burlaré», y comenta que, si bien los españoles suelen ser muy irreverentes a la hora de criticar a los clérigos, nunca, pero nunca, cuestionan los artículos de su religión.

Una nota positiva son las corridas de toros, cuya modalidad actual Ford no duda en proclamar de origen preponderantemente árabe. Les dedica ocho densas páginas. Pese a compadecer el sufrimiento de los caballos, que le produce náuseas, aprecia y ha estudiado, ayudado por profesionales del gremio —como cien años después Ernest Hemingway—, el arte de la tauromaquia, con su caudaloso vocabulario técnico y su pintoresca fraseología. Recuerda que el poderoso astado fue animal sagrado en la Península Ibérica durante milenios —ha encontrado constancia de ello en Estrabón—, y considera que la lidia expresa elementos profundos del alma nacional. ¿No es una lucha en la que prima el valor individual? El pueblo que ha creado al guerrillero, y que tanto estima la valentía personal, ha elaborado una magnífica fiesta hecha a su imagen, «el espectáculo español *par excellence*», uno de cuyos componentes esenciales, opina, es el ya mencionado *boato*, o sea el exhibicionismo desinhibido tanto del torero y su cuadrilla, brillantemente ataviados, cuanto del público que acude, vestido con sus mejores galas, para asistir a la sangrienta ceremonia. Lo resume en uno de sus mejores renglones: «¡Qué extraño el encanto de este insólito espectáculo al aire libre, *à l'antique*, bajo el palio del cielo azul! Es cierto que apartamos nuestros ojos cuando se producen momentos especialmente desagradables, pero estos se disipan en la ferocidad poética del conjunto. El interés de la terrible tragedia es innegable, irresistible y arrollador. La exhibición de bravura varonil, de nervio, de agilidad —todo al borde mismo de la muerte— es excitante a más no poder.

Ford conoció en Sevilla al pintor José Domínguez Bécquer, que le pintó vestido de *majo* en la feria de Mairena.

No se conoce su opinión acerca de la acuarela, pero la comparación con algunos de sus autorretratos de la misma época nos lleva a la conclusión de que el parecido está bastante logrado.

Contemplando el cuadro a nadie se le ocurriría pensar que se trata de un aristócrata inglés.

• *La Alhambra*

Las estancias de Ford en la Alhambra le marcaron indeleblemente. Consciente de que, debido sobre todo a Irving, el enclave ya va camino de ser un tópico romántico, procura contener su entusiasmo, de limitarse a ofrecer al lector una descripción objetiva y detallada de su historia, estancias, patios, torres y jardines. Pero el ambiente le supera, la ensoñación —máxime en las noches de luna llena— es imposible de resistir, así como inevitable la reflexión sobre la tragedia de una civilización tan refinada perdida para siempre en 1492.

Ford no puede olvidar las promesas a la población musulmana plasmadas con toda exactitud en las Capitulaciones con Fernando e Isabel y rotas «apenas seca la tinta», debido más que a los monarcas, entiende, a las maquinaciones del confesor de la reina, el cardenal Francisco Jiménez de Cisneros (conocido, por su influencia, como «el tercer rey de España»). Tampoco puede, ni quiere, olvidar las conversiones forzosas de los moriscos (inmortalizadas en el retablo que ha examinado en la Capilla Real), ni la quema de quizás 80.000 libros de la Universidad Árabe, ¡con la excusa de que eran todos coranes! «En ningún país han tenido tan mala suerte las bibliotecas como en España», se queja, recordando la barbaridad afín cometida en Sevilla por Torquemada (y, cabe pensarlo, la purga de los libros de caballerías de don Quijote). Granada, que albergaba en su época de máximo esplendor, con muchos huidos ante el avance cristiano, quizá medio millón de habitantes, ha quedado reducido ya para 1830 a menos de 100.000, y su famosa Vega, antes un paraíso, apenas es productiva. Se le ocurre a Ford comparar la caída de la ciudad en 1492 con la conquista de Constantinopla por los turcos cuarenta años antes. Pero teniendo en cuenta una diferencia radical. Y es que, mientras la pérdida de Constantinopla, aunque supuso el fin del Imperio bizantino, resultó beneficiosa a la humanidad al provocar la dispersión de los conocimientos clásicos, la de Granada conllevó, en su opinión, la ruina de España y el inicio de una decadencia moral e intelectual cuyas secuelas están todavía presentes.

Ford tropieza con bastantes españoles que, naturalmente, no lo ven así. Descubre que, si bien los granadinos, en general, apenas suben a la Alhambra y se limitan a verla desde abajo «con la indiferencia con la cual el beduino contempla las ruinas de Palmira», el odio al árabe y sus reliquias subsiste tenazmente entre no pocos. Y no solo esto sino que ha notado que, cuando un extranjero elogia la Alhambra en vez de alabar el macizo palacio renacentista de Carlos V, elevado en su seno y símbolo del poderío católico, la reacción puede ser muy hostil. Incluso ha tropezado con indicios de un afán por «desfigurar lo que el moro luchó por embellecer».

Pese al lamentable abandono y desolación de la Alhambra, reducida al «esqueleto de lo que era cuando la vivificaba un alma humana», el autor del *Hand-book* declara que sigue siendo uno de los pocos lugares del mundo que corroboran todas las nociones que se tenían de él previamente. De manera especial por la noche, cuando, desde el Salón de Embajadores de la torre de Comares, las luces del Albaicín semejan, allí abajo al otro lado del pequeño río Darro, estrellas de un firmamento vuelto al revés. Es el llamado «Cielo Bajo» que casi cien años después provocará el asombro de Federico García Lorca.

• *Cádiz (con Byron al fondo)*

Cuando Ford desembarca en Cádiz en 1830, ya lleva seis años muerto —luchando contra los turcos por la libertad de Grecia— el poeta inglés más renombrado y mítico de la época, Lord Byron, que había estado brevemente en España en 1809 durante la Guerra de la Independencia. Fruto de su visita fueron varias interesantes estrofas del primer canto de su largo poema *Childe Harold's Pilgrimage (El peregrinaje del joven Harold)*, otro gran *best-seller* de aquellos años. Ford conocía bien el libro, admiraba a Byron, «el amigo de Don Juan», y en su *Hand-book* se refiere varias veces a la impresión que al poeta le produjera Cádiz. En primer lugar, la belleza y el desenfado de sus bailarinas, cuya fama de lúbricas se remontaba, como bien sabía Ford, al tiempo de los romanos.

Childe Harold contiene una descripción tan vívida de una corrida de toros celebrada en la ciudad que hay que deducir que Byron realmente estuvo presente entonces en la plaza. Me imagino que Ford aprobaba el comentario del poeta según el cual la Virgen, muy visitada por la población aquella mañana, era la única «inmaculada» de toda la ciudad.

Las páginas dedicadas en el *Hand-book* a los bailes españoles, en general, y a los de Cádiz, en particular, son fascinantes y muy pormenorizadas. Revelan que Ford había frecuentado en persona los establecimientos donde se podían apreciar; y, entre líneas (Inglaterra ya se estaba volviendo puritana), que le encandilaba el *meneo* —apunta la palabra española— de caderas y nalgas femeninas allí explayado. Le ha recordado, confiesa, una estatua de la Venus Callipigia («del culo hermoso») que le llamara la atención en Nápoles y que, a su juicio, era «la exacta representación de una bailarina gaditana».

En cuanto a la música que anima los alocados bailes del Sur, se fija en las castañuelas. «Ningún pueblo las toca mejor que los andaluces», afirma. ¡Si hasta los niños más pobres empiezan desde su nacimiento a mover los dedos rítmicamente y a menudo cogen un par de conchas y las empiezan a sacudir! Nos asegura que dichos bailes son de origen oriental y que proceden de Tartessos, cuando se acompañaban, según el poeta latino Silius Italicus, de cantos *ululantes*. Aunque no aparece en estas páginas el término *flamenco*, todavía no en boga, es evidente que Ford ha tenido el privilegio de asistir a sesiones de cante primitivo y que la experiencia en absoluto le ha dejado indiferente.

Añado que tampoco le dejaría indiferente a otro *curioso impertinente* inglés, esta vez desconocido como tal del público lector de entonces (o después): Henry Spencer Ashbee, quizás el nunca identificado autor anónimo del libro erótico más perseguido del siglo XIX victoriano, *My Secret Life (Mi vida secreta)*.

Después miembro correspondiente de la Real Academia Española por su contribución al estudio del *Quijote*, Ashbee estuvo en Cádiz en 1858. «Creo que se pueden ver aquí en una semana más mujeres hermosas que en un mes en otras ciudades —consignó en su diario inédito—. Hay en ellas algo excepcional. Sus ojos, su pelo, su manera de andar, de vestir, todo en ellas es *per se*, todo es encantador.» En Sevilla ve luego, por primera vez, una zambra gitana. Apenas encuentra palabras para expresar su asombro: es el baile más lascivo que ha presenciado en su vida, máxime cuando la gitana de turno evoluciona sobre una mesa, lo que permite «captar cada movimiento, analizar cada postura, evaluar cada expresión».

El bueno de Henry Spencer jamás iba a olvidar a las bailarinas andaluzas, a quienes también había visto actuar en Gibraltar. A su juicio eran la suprema expresión del atractivo sexual femenino, y fantaseó acerca de la posibilidad de pasar «entre tantas bellezas» el resto de su vida. Pero no podría ser.[12]

• *Portugal*

«Desafortunadamente para España —escribe Ford en sus "Observaciones preliminares"—, el Duero y el Tajo desembocan en Portugal y pertenecen, precisamente allí donde tienen su máxima importancia comercial, a un país extranjero.» Recuerda al lector que Felipe II, consciente de la necesidad de hacerse con un territorio que «completaba y consolidaba» su corona, lo había anexionado en 1580 y que de Lisboa había salido hacia Inglaterra, en 1588, la Armada Invencible. En su opinión, el rey, obsesionado con El Escorial, cometió un error fatal al no convertir entonces Lisboa, pudiendo hacerlo, en la capital de España, con lo cual, amén de las ventajas comerciales, habría hecho casi imposible que más adelante los portugueses recobrasen su independencia. Vinculado a España, sigue, Portugal dio al trono «más poder que el dominio de continentes enteros al otro lado del Atlántico». Más poder, añade en otro momento, que ser dueño de Italia y Flandes juntos. Su pérdida bajo Felipe IV fue un magno desastre desde todos los puntos de vista. Un síntoma añadido de la imparable decadencia del imperio.

• *Cataluña*

Ford se queda perplejo ante el caso de los catalanes. ¡A diferencia de los demás habitantes del país son extremadamente activos e industriosos! El Principado es el Lancashire de la Península Ibérica. Y Barcelona —«una de las mejores ciudades de España y con seguridad la más mercantil»—, su Manchester.

Descubre que los catalanes siempre se están quejando de Madrid y se desviven por ser independientes, por «descentralizarse». «Ninguna provincia del manojo sin amalgamar que forma la monarquía de España —escribe— se adhiere más débilmente a la corona. El clásico país de la rebelión siempre está preparado para separarse.» Cataluña «es la perpetua espina en el costado español», la «maldición» de la Nación. Ford no puede ocultar el respeto que le merece su laboriosidad. A los catalanes, a diferencia de los demás españoles, no les produce ninguna vergüenza tener que trabajar. Al contrario, las ricas cofradías de Barcelona «ostentan los emblemas de sus oficios como el orgulloso castellano empobrecido sus blasones heráldicos».

Manresa, «una de las ciudades más pintorescas de Cataluña», le llama mucho la atención. Allí 13.000 almas se afanan en la producción de telas y, cuando no están trabajando, las mujeres se dedican, como en otras comarcas del Principado, a coser sin parar. «Esta colmena fabril contrasta totalmente con las silenciosas y antivitales Castillas y provincias centrales», apunta sin apenas poder creer lo que está viendo. Y añade: «Podríamos estar en otro planeta.»

EL *HAND-BOOK* A LA VENTA

Ian Robertson, biógrafo de Ford, ha escrito que con la publicación, en 1845, del *Hand-book*, que tuvo un éxito de crítica y ventas inmediato, «España dejó de ser la gran desconocida». Por lo visto el mismo Ford se jactaba de ello, no sin razón. Pese a sus comentarios a veces bastante acerbos, como hemos constatado, la fascinación que le suscitaban el país y sus habitantes —en primer lugar el pueblo llano— es patente en cada página del libro, así como, para las rutas propuestas, la esmerada atención acordada a una infinidad de pormenores tanto artísticos e históricos cuanto prácticos. Se notan en seguida la inmensa erudición del autor, el titánico trabajo invertido... y la pluma ágil y amena sin la cual de poco habría servido tanto esfuerzo.

La fama de Ford como el experto inglés más cualificado en todo lo relacionado con España se confirmó en 1846, al año siguiente, con un tomo rápidamente ensamblado titulado *Gatherings from Spain* (*Retazos de España*), igualmente editado por John Murray y hay que presumir sugerido por este con vistas a los casi garantizados beneficios económicos de la iniciativa.

En su prefacio a *Gatherings*, Ford explica que el *Hand-book* ha sido cuestionado por su tipografía demasiado pequeña y su superabundancia de datos. Lo que ofrece ahora en un solo tomo —ante todo para el público lector femenino— es un compendio de aquellos copiosos materiales, con la supresión de las rutas y la adición de información nueva y, así lo espera, interesante. El concepto funcionó y las ventas del libro superaron con diferencia las del *Hand-book*, mucho más caro. Ford, para los británicos, era ya Mister Spain, y a partir de entonces la relación del mundo anglosajón con España nunca podría ser la misma.

Todas las guías posteriores de la España del siglo XIX, y aun después, estarían en profunda deuda con la de Ford, aunque no siempre lo reconocían. La más famosa era la de Baedeker, cuya primera edición se publicó en 1898, cuando la expansión de los ferrocarriles, y la mejora de las carreteras, ya habían revolucionado las comunicaciones del país «no amalgamante» del autor del *Hand-book*.

He procurado ofrecer al lector un resumen conciso de aquellos contenidos del libro que me parecen especialmente dignos de consideración hoy en día. Apenas me he fijado en los pormenores de las rutas propuestas, en las insuperables descripciones de monumentos, ruinas, campos de batalla, iglesias y otros sitios y escenarios que Ford cree de interés para sus lectores en casa o sobre el terreno. Más que nada he querido compendiar lo que dice de los españoles de entonces, con la esperanza de que nos ayude a conocer mejor a los de hoy.

Cada vez que abro una página del *Hand-book* —y como he dicho son enjundiosas—, encuentro algún dato o pormenor que no conocía o que había olvidado. Y vuelvo a comprobar lo bien que escribe Ford, además de proporcionar una auténtica mina de información y reflexiones sobre el país y sus habitantes. Menos mal que, gracias a la Editorial Turner, de Madrid, existe una traducción española completa de esta obra maestra, dividida en siete tomos asequibles, bellamente impresos e ilustrados con grabados de la época. Espero que lo anteriormente expuesto incite a más de un lector a adentrarse en sus páginas. Allí, con toda seguridad, encontrará sugerencias para insospechadas aventuras en las cuales, como don Quijote y Sancho, meter las manos hasta los codos.

ARTISTAS ROMÁNTICOS Y LUEGO... FOTÓGRAFOS

En 1832 Ford había conocido en Sevilla al artista inglés John Frederick Lewis (1805-1876), con quien hizo buenas migas. Los libros de este, *Sketches and Drawings of the Alhambra* (1835), con 26 litografías, y *Sketches of Spain and Spanish Character* (1836), tuvieron un éxito sonoro. También *Picturesque Sketches in Spain, 1832-1833* (1837) de otro amigo de Ford, el escocés David Roberts, a quien no consta que tratara en España. Lewis llenaba sus obras de «románticas damas andaluzas junto a estanques y arquerías, y, en el caso del Patio de los Leones, de moros vestidos con albornoces».[13] También se especializaba en boleros, gitanos, contrabandistas, bandoleros (entre ellos José María *el Tempranillo*) y toreros. En cuanto a Roberts, se quedó extasiado ante los monumentos árabes granadinos, y sorprendido, muy sorprendido, cuando las autoridades militares le prohibieron seguir elaborando una vista panorámica de la ciudad desde la Colina Roja.[14] Un dibujo suyo de las Torres Bermejas, exagerando escandalosamente su altura, se haría celebérrimo, casi un icono de la Granada moruna tan cara al romanticismo:

Los tres libros mencionados, admirablemente ilustrados, ayudaron a abonar el terreno para el turismo de élite británico que ya empezaba a dirigirse hacia España, sobre todo a la Andalucía «moruna», y que tendría el mejor vademecum posible con el *Handbook* de Ford y sus ediciones sucesivas.

Andalucía se iba convirtiendo, gracias a los pintores románticos británicos y alguno francés, así como a un alud de nuevos libros y *Carmen* (1842), el cuento de Mérimée, en una especie de Suiza «coronada de castillos morunos».[15] Además, no solo empezaban a imitar a los artistas extranjeros toda una grey de españoles, sino que, pisándoles los talones a todos, comenzaba a penetrar en el país una tecnología revolucionaria para la captación de imágenes, el daguerrotipo (del francés Daguerre), antecesor inmediato de la fotografía.

El primero realizado en España, al parecer perdido, se efectuó el 10 de noviembre de 1839 en Barcelona (La Lonja y Casa Xifré). El segundo, unos días después, en Madrid (Palacio de Oriente).[16]

La epifanía del nuevo invento produjo consternación entre los pintores, máxime cuando sus aficionados empezaron a criticar las exageraciones de los artistas y la licencia que se tomaban para modificar la realidad circundante, introduciendo en sus obras elementos que no figuraban en las escenas que tenían delante.

Cada daguerrotipo era una pieza única, irrepetible. Lo que ya pedía el mercado —porque de mercado se trataba, y en plena expansión— era la reproducción *ad infinitum* de las nuevas imágenes. Pero habría que esperar hasta finales de los años cuarenta para la llegada de la solución: el calotipo, con la introducción de un negativo que permitía sacar todas las copias que se quisiesen.[17]

Por lo que le tocaba a Granada, la vista de la Alhambra desde el Albaicín, con el imponente telón de fondo de Sierra Nevada, no tardó en ser mundialmente famosa gracias a los daguerrotipos, el primero de los cuales se sacó en la ciudad en 1841.[18] El Albaicín tenía la ventaja añadida de la cercanía de las cuevas gitanas del Sacromonte, que satisfacían, con sus zambras, todas las aspiraciones de los turistas ávidos de captar imágenes costumbristas, con los *calés* como sucedáneos de los árabes desterrados siglos atrás.

Hicieron pronto su aparición en España dos fotógrafos extraordinarios que iban a protagonizar la proliferación comercial de imágenes de los monumentos y habitantes de cada rincón del país: el inglés Charles Clifford y el francés Jean Laurent.

Clifford, que llega en 1852 y recorre España entera, sigue al principio dentro de la óptica romántica y luego reacciona para buscar la objetividad sin aditamentos de cualquier índole. Se convierte en fotógrafo oficial de Isabel II y expone su obra en París en 1854, 1856 y 1859.[19]

Jean Laurent visitó el país por primera vez en 1843 y, hasta establecerse definitivamente aquí en 1857, vendió en París «imágenes de la exótica y romántica España: tauromaquia, monumentos islámicos, parajes pintorescos...». Fue el fotógrafo de mayor éxito comercial en la España de su tiempo y «el creador del primer gran archivo del patrimonio artístico español», luego continuado por sus sucesores. Según un muy interesante ensayo de Ángel Miguel

Gamonal Torres, de quien tomo estos datos, «un total de entre cuarenta y cincuenta mil placas, de las que unas veinte mil son del propio Laurent, dan idea de la dimensión de su trabajo».[20]

La invención, a finales del siglo XIX, de la tarjeta postal supuso la culminación del proceso de difusión masiva de imágenes de la Andalucía árabe. Y, en consecuencia, la arribada a España de cada vez más turistas ávidos de conocer la mezquita de Córdoba, la Giralda sevillana y la Alhambra.

Sin Ford y a quienes le siguieron, en primer lugar Gerald Brenan, creo que yo nunca hubiera decidido emprender mis propias aventuras por esta fabulosa y multifacética península. Es decir, modestamente me atrevo a incluirme, en la tradición de los «curiosos impertinentes» fascinados por las «cosas de España».

Y si a veces mi *impertinencia* parece demasiado evidente, le ruego al lector que lo achaque al hecho de que desde 1984 tengo la nacionalidad española, pago aquí mis impuestos... y, a diferencia de algunos, no he tenido ni tengo cuenta alguna en Suiza, Andorra u otro paraíso fiscal. Considero que ello me da cierta libertad para opinar sobre mi país de adopción e incluso, cuando me parece necesario, esbozar alguna pequeña irreverencia.

2

ATISBOS DE IBERÍA

El tamaño de Ibería, llamada ahora Hispania en lugar de Ibería por algunos, es grande e increíble para tratarse de un solo país, cuya extensión es de diez mil estadios y su longitud es igual a su anchura. La habitan numerosos pueblos y de nombres diversos y por ella fluyen numerosos ríos navegables.

APIANO ALEJANDRINO, primer siglo d. C.*

ESTRABÓN

Hace 2.500 años la hoy denominada Península Ibérica constituía el punto más occidental del mundo conocido por los comerciantes y geógrafos griegos. La llamaban Ibería. Y a sus habitantes, de modo genérico, iberoí, aunque, en realidad, solo tenían noticias fehacientes de los asentados en o cerca de las costas mediterráneas.

La relación semántica de Ibería e iberoí con el Íber (Ebro) sal-

* Apiano, *Sobre Iberia y Aníbal* (véase bibliografía), pp. 43-44.

ta a la vista. El geógrafo romano Plinio *el Viejo* consideraba que no cabía duda: por dicho larguísimo río «los griegos apellidaron *Hiberia* a toda la *Hispania* en total».[1] Pero quizá se trataba de otra corriente así designada, el hoy río Tinto, que desembocaba en Huelva y en cuyas proximidades había un pueblo de nombre *Ibero*.[2]

De los autores griegos, quien mejor recogió y sintetizó todo lo sabido entonces acerca de Iberia —que no había visitado en persona— fue Estrabón. Natural de Asia Menor, vivió en la Roma del emperador Augusto y murió allí en torno al año 20 de nuestra era. Sus escritos sobre la península aparecen en el Libro III de su monumental obra *Geografiká,* punto de partida imprescindible para quien quiera aventurarse por los fascinantes caminos de la antigua historia española.

Si empecé a interesarme por Estrabón leyendo el *Hand-book* de Richard Ford, que lo cita a menudo, el responsable de mi pasión por el geógrafo ha sido el filólogo Antonio García Bellido. Hace muchos años tropecé, en la Colección Austral de Espasa-Calpe (número 515), con su traducción de dicho Libro III de la *Geografiká*, enriquecida con notas que, además de eruditas, me resultaban (y me siguen resultando) en extremo sabrosas. Se titula *España y los españoles hace dos mil años. Según la «Geografía» de Strabón*. Desde entonces el tomito nunca ha dejado de acompañarme en mis viajes y pesquisas por el país. Tampoco el que le siguió, *La España del siglo primero de nuestra era (según P. Mela y C. Plinio)*, editada en la misma colección (núm. 744).

Estrabón señala que los iberoí —llamémoslos a partir de ahora iberos— habitaban las zonas meridional, levante y noreste de la península. Y que la segunda población más importante del territorio, los *keltoí* (celtas), llegados en distintas migraciones desde el otro lado de los Pirineos y trayendo consigo influencias centroeuropeas y atlánticas, se habían establecido mayormente en el norte, oeste y centro del país. El geógrafo está al tanto de que los celtas, divididos como los iberos en una multiplicidad de tribus, se han fusionado en muchos casos con estos, dando lugar a la denominación de *celtíberos.* Y aporta información acerca de la presencia, sobre todo en el litoral mediterráneo, de fenicios, cartagineses y griegos.

Los romanos, que habían iniciado su anexión de la península en 218 a. C., unos 130 años antes del nacimiento de Estrabón, prefirieron adoptar, para designarla, el término Hispania, el habitual entre sus enemigos mortales los cartagineses, oriundos de la ciudad de Cartago —de ahí su nombre—, ubicada en la costa africana a unos dieciocho kilómetros de Túnez. Procedían de los fenicios, habitantes de Tiro y Sidón —florecientes puertos del hoy Líbano—, a quienes los romanos llamaban *poeni.* Ello explica el hecho, un tanto desconcertante, de que el adjetivo *púnico* se utiliza a menudo como sinónimo de *cartaginés.*

En opinión de no pocos expertos, Hispania significaba, en el idioma de Cartago, «Tierra Rica en Conejos», roedor desconocido para los griegos y, a lo que parece, los romanos. Queda descartada, así, la etimología, debidamente surrealista, propuesta en su momento por Salvador Dalí, según el cual el nombre de España procedería del latín *spina*, espina. Demostración, a su juicio, de que en las hondonadas de la psique nacional latía una incurable herida atávica.

Me divierte reflexionar que cuando alguien pronuncia la palabra «España», a veces con gran énfasis, está diciendo, *en cartaginés,* «Tierra Rica en Conejos». Da otra perspectiva al asunto de la Patria, ¿verdad, amigo lector?

Estrabón ha leído todo lo publicado en griego y latín sobre Iberia y sus diversos pueblos. En la gran mayoría de los casos no han sobrevivido los textos consultados por el erudito, cuyo contenido solo nos es conocido, siquiera parcialmente, gracias a él (con la excepción notable de la *Naturalis Historia*, algo posterior, de Plinio *el Viejo*). De dichos textos los más destacados se debían a Polibio, Posidonio de Rodas y Artemidoro de Éfeso, autor, este, de una obra sobre las poblaciones del mediodía ibérico a quien Estrabón conocía personalmente.

Hay que subrayar que toda nuestra información sobre la «protohistoria» de la Península Ibérica nos llega de fuentes griegas y latinas. Se desconocen las cartaginesas, fenicias y celtas. Los filólogos siguen intentando descifrar las inscripciones dejadas atrás por los iberos —los únicos testimonios escritos suyos que tenemos—, pero para ayudarles en su tarea no ha aparecido todavía un hallazgo comparable al de la «Piedra Rosetta», la cual, con su yuxtaposición de una inscripción egipcia y la traducción griega correspondiente, permitió empezar a desentrañar los jeroglíficos de los templos del Nilo. La dura y lamentable realidad es que todavía se sabe poquísimo acerca del idioma que hablaban los iberos. Lo único seguro parece ser que no era de origen indoeuropeo, a diferencia del celta. Es muy interesante en este sentido la indicación de Estrabón según la cual también había iberos en la zona del Cáucaso, entre algunas de cuyas lenguas y el euskera varios filólogos han encontrado un parentesco.

Estrabón no ha estado en Iberia pero, además de las lecturas correspondientes, ha recibido noticias puntuales de personas que sí la han visitado, como el mencionado Artemidoro, e que incluso han participado en campañas romanas. Tiene acceso, por otro lado, a un primitivo mapa de la península, la cual, nos dice, se parece «a una piel tendida en el sentido de su longitud de Occidente a Oriente». He aquí el origen de la tan trillada comparación de España con una piel de toro.

Desde los Pirineos hasta el Estrecho, guardado por las legendarias *Stélae Herakléous* o *Columnas de Hércules* (Calpe —luego Gibraltar— y, al otro lado, Abyla); desde el norte de la costa atlántica, poco conocido entonces por griegos y romanos, hasta, tras un largo periplo por el litoral mediterráneo y sus islas, la frontera con el actual Rosellón... no hay rincón, río, monte o llanura de Iberia, con los nombres de sus ciudades y pueblos, que deja en el tintero el geógrafo.

Le intrigan sobre todo las noticias que le han llegado del sur peninsular, o sea de la Baetica de la administración romana (nombrada así por el río Baetis, rebautizado por los árabes, siglos después, Guadalquivir, «Río Grande»). A diferencia del resto del territorio, poco habitable en general al estar casi todo cubierto de «montes, bosques y llanuras de suelo pobre y desigualmente regado», Baetica destaca por su exuberante fertilidad y la superabundancia de sus minerales valiosos, máxime en la zona ocupada por los *turdenanoí* (turdetanos). Estos, nos asegura Estrabón, «han adquirido enteramente la manera de vivir de los rhomaíoi [romanos], hasta olvidar su idioma propio; además, la mayoría de ellos se han hecho latínoi, han tomado colonos rhomaíoi, y falta poco para que todos se hagan rhomaíoi». No hay palabras capaces de alabar adecuadamente, dice, el territorio de los turdetanos, su combinación, en una región de reducido tamaño, de tanta feracidad y tanta riqueza. «Hasta ahora —nos dice—, ni el oro, ni la plata, ni el cobre, ni el hierro nativo se han hallado en ninguna parte de la tierra tan abundantes y excelentes.»

García Bellido explica que el nombre de los turdetanos contiene, aunque bastante transformada, la raíz *tart,* la misma del topónimo Tartessos. ¡El mítico Tartessos, situado en algún punto del triángulo formado por las actuales provincias de Huelva, Sevilla y Cádiz!

Todavía queda mucho por saber acerca de Tartessos, buscado infructuosamente por el arqueólogo alemán Adolf Schulten bajo las marismas del Coto de Doñana, en la desembocadura del Guadalquivir, y aún sin localizar. Pero ¿era realmente una ciudad o más bien un territorio compuesto de distintos y quizá numerosos núcleos de población? Quizás un día se aclare el que sigue siendo un enigma.

Parece que el primer autor griego en aludir a Tartessos fue el historiador Heródoto (del siglo V a. C.), que nombra a su último y famoso rey, Argantonio, personaje de proverbiales riqueza, generosidad y sabiduría, quien, según se alegaba, vivió 120 años.

Federico García Lorca, a quien le fascinaban las antiguas civilizaciones de su Andalucía natal, no pudo resistir la tentación de referirse en una conferencia al famoso rey tarteso. Se trataba de una anécdota relacionada con el cantaor gitano Ignacio Espeleta, a quien le preguntaron una vez por qué ya no actuaba. «Con una sonrisa digna de Argantonio —asegura el poeta en "Juego y teoría del duende"— contestó: "¿Cómo voy a trabajar, si soy de Cádiz?"»

García Bellido, que preparó su versión de Estrabón durante la etapa inicial del franquismo, la dedicó, cargando las tintas, «a la memoria del rey de Tartessós Arganthónios... el primer español de nombre conocido que supo admirar a Grecia». Llamar «español» a Argantonio fue excesivo. Pero se entiende el entusiasmo del filólogo.

Lorca tenía noticias de otro mítico rey de Tartessos, Gerión, matado por Hércules, que le robó sus vacas y toros y se los llevó consigo a Grecia. Evocando en la misma conferencia una actuación en Cádiz de la cantaora Pastora Pavón, *la Niña de los Peines*, dijo que entre el público había unos aficionados, de nombre Florida, «que la gente cree carniceros, pero que en realidad son sacerdotes milenarios que siguen sacrificando toros a Gerión».

Tampoco nos puede asombrar que, consciente como era de ser un poeta «telúrico», situara la acción de su romance «Preciosa y el aire» en una playa tartesa, donde el viento cálido de África se metamorfosea en un sátiro libidinoso que persigue con «su espada caliente» a la gitanilla, quien, presa de un pánico mortal, tira su pandero y huye corriendo pavorida por la orilla del mar.

Los turdetanos, insiste Estrabón, tienen fama de ser «los más cultos de los iberos» y conservan «escritos de antigua memoria, poemas y leyes en verso, que ellos dicen de seis mil años». Se estima, dice, que cuentan con más de doscientas ciudades —parece una exageración—, las más importantes de las cuales, por su tráfico comercial, se sitúan junto a los ríos, los esteros o el mar. Entre ellas destacan Kórdyba (Córdoba) y, sobre todo, «por su gloria y poderío», Gádeira (en griego), Gádir (en cartaginés) o Gades (en latín). O sea Cádiz, entonces un archipiélago —fundada por los fenicios unos mil años antes de Cristo—, que sobresale «por sus empresas marítimas y su adhesión a la alianza con los romanos».

La extraordinaria navegabilidad del mediodía peninsular, gracias sobre todo al Baetis, facilita en grado sumo, apunta Estrabón con razón, su comercio interior y exterior.

Y aquí una puntualización. A mí me ha intrigado saber que en aquellos tiempos el río no desembocaba donde lo hace ahora, en Sanlúcar de Barrameda, sino mucho más arriba, muy cerca de Hispal (Sevilla). Y ello porque entonces cubría toda la zona un mar interior, designado por los romanos Lacus Ligustinum, que tenía en su ribera norte la ciudad de Caura (la actual Coria del Río).

Además de los minerales, sigue Estrabón, los turdetanos exportaban, entre otros productos, trigo, mucho vino, cera, cochinilla, salmuera y aceite, este «no solo en cantidad sino en calidad insuperable».

Parece que fueron los griegos quienes habían traído el olivo a Iberia (no era corriente entre los cartagineses), aunque en la península ya se conocía el acebuche u olivo silvestre.

En cuanto a las minas, atraían por su riqueza y variedad, desde hacía siglos, a mercaderes y codiciosos de todo el Mediterráneo.

La comparación con las minas de Potosí, o el *goldrush* del Oeste lejano de Estados Unidos, es inevitable. Era la zona hoy conocida como «Faja Pirítica Ibérica»: un amplio pasillo arqueado que, con una anchura aproximada de 50 kilómetros y una longitud de 250, se extiende desde Aznalcóllar (en la provincia de Sevilla) hasta la localidad de Alcaçer do Sal (la *Salacia* romana), a orillas del Atlántico en Portugal.

Llegó el momento en que me era imprescindible ver este territorio con mis propios ojos.

THARSIS Y RIOTINTO

El epicentro de la Faja Pirítica Ibérica está en la provincia de Huelva, en las minas a cielo abierto de Riotinto y de Tharsis, explotadas durante milenios y todavía funcionando en parte.

Tharsis es, en realidad, un complejo de varias cortas distintas. El espectáculo de la conocida como Filón Centro, cuyo fondo ocupa hoy un lago de aguas rojizas, es impresionante, así como el del paisaje circundante devastado por la minería. Mide unos 450 metros por 200 y causa asombro pensar que aquí hubo antes, con toda probabilidad, un cerro atiborrado de metales preciosos que poco a poco, a lo largo de muchísmos años, serían extraídos por gentes de diversa procedencia étnica y geográfica hasta alcanzar el suelo y empezar a excavar debajo.

No me resisto a reproducir dos párrafos del panel colocado por la Junta de Andalucía en uno de los miradores de la zona para poner en antecedentes al curioso:

> Bajo sus pies usted tiene un preciado mineral, la pirita; un compuesto de hierro, azufre y cobre, que diversas civilizaciones, tartesios, fenicios, romanos... y más recientemente franceses e ingleses, han codiciado hasta nuestros días.
>
> La visita a las cortas de Tharsis le da la oportunidad de

apreciar la diversa gama de colores, olores y del silencio en ocasiones roto por pajarillos que se han adaptado a las condiciones de esta mina. Le aconsejamos que visite las cortas a primeras horas de la mañana o al atardecer para apreciar mejor su belleza...

Llegué al Filón Centro una mañana de mayo bajo una lluvia torrencial, cuando una neblina fantasmagórica enfatizaba el dramatismo del entorno y envolvía, como el ectoplasma de una sesión espiritista, los brazos de los enormes molinos de viento que coronan un altozano colindante. «¿Cómo ha podido el hombre hacer esto, qué inmenso esfuerzo ha sido necesario?», pregunta el cartel de otro mirador cercano, el de Cerro Colorado. Y es cierto. Aquí el hombre ha sido capaz de llevar a cabo una obra digna de titanes. También es verdad que, contemplando la inmensa concavidad, uno se ve forzado a reflexionar sobre el factor económico que lo motiva todo.

Llama la atención del visitante, cómo no, el topónimo Tharsis, cuya relación con Tartessos parece evidente. A unos pocos kilómetros de las cortas se encuentra el pueblo así llamado. La «h», tan inesperada, es una aportación de los ingleses, dueños de las minas durante el siglo XIX, quienes, impresionados por las referencias a la zona en la Biblia, se empeñaron en imponer la ortografía del lugar consagrada en la versión anglicana oficial de la misma. De modo que Tarsis se cambió a Tharsis.

¡Cómo son —o eran— los ingleses!

Se comprende su entusiasmo. Quizá sobre todo por el tercer versículo del primer capítulo de Jonás: «Se levantó Jonás para huir a Tarsis, lejos del Señor; bajó a Jafa y encontró un barco que zarpaba para Tarsis; pagó el precio y embarcó para navegar con ellos a Tarsis, lejos del Señor» (sigo la traducción de *La Biblia de Nuestro Pueblo*). Pero Jonás, como se sabe, no llegó a su destino: Yahvé, el Dios judío, se encargó de impedirlo levantando una tremebunda tormenta, el naufragio era inmanente y solo se calmó la mar cuando la tripulación le echó al gafe Jonás a su seno (donde le esperaba la ballena).

Tarsis —según el diccionario que tengo a mano— significa en hebreo, entre otras cosas, «piedra preciosa». Ello encaja. Ezequiel (27, 12) recoge una diatriba de Yahvé contra la ciudad fenicia de Tiro en la cual despotrica: «Tarsis comerciaba contigo, por tu opulento comercio: plata, hierro, estaño y plomo te daba a cambio.» Jeremías (10, 9) señala, por su parte, que de Tarsis se importa «plata laminada».

Hoy, con su «h» inglesa para extrañeza del visitante, Tharsis, que alberga a unos 4.000 habitantes, apenas tiene más pretensiones que el orgullo de su nombre antiquísimo. Hay un pequeño museo, es cierto, establecido en el antiguo hospital minero, pero estaba en obras cuando llegué y no lo pude visitar. Una decepción porque, según una pancarta, ofrece «todos los detalles de las minas de Tharsis y los modos y condiciones de trabajo de los mineros».

Fuera, en medio de una pequeña plaza, se expone uno de los trenes utilizados antaño en las cercanas cortas. Delante otro cartel anuncia un proyecto estupendo que consistirá en disponer de un futuro ferrocarril turístico y una vía verde que permita unir Tharsis con «la maravillosa costa de Huelva» (distante unos cuarenta kilómetros en línea recta). Es difícil imaginar un recorrido más apasionante. Esperemos que se haga realidad.

Si las míticas minas de Tharsis son ya apenas productivas, las de Riotinto, situadas a unos cincuenta kilómetros tierra más adentro, dan señales de actividad. La localidad tiene la singularidad de conservar, casi intacto, el placentero barrio residencial de Bella Vista, construido a tres kilómetros del pueblo por los ingleses unos años después de comprar las minas en 1873 y constituir el Rio Tinto Company Ltd. No querían, claro, tener que seguir mezclándose socialmente en el pueblo con quienes trabajaban para ellos y donde había el problema añadido de posibles disturbios laborales. Decidieron, pues, edificar su propio barrio, rodeado de un muro de piedra con guardias armados en los accesos. Daba literalmente la espalda a sus vecinos, pues todas las fachadas de las casas —semiadosadas o alineadas según el esquema victoriano de *terraced houses*— se orientaban hacia un amplio espacio interior, con jardinillos privados y un área recreativa común con pistas de tenis y demás facilidades para el uso exclusivo de los moradores.

En medio del barrio hay una iglesia presbiteriana de estilo neogótico, levantada en 1891, que hoy sirve para actividades culturales. Un rótulo colocado delante expresa, no sin sorna, los sentimientos de los ribereños actuales hacia quienes aquí mandaban y cortaban antaño:

> Trajisteis de vuestra tierra vuestra cultura y costumbres, pero también vuestras creencias. Hicisteis, ingleses, de Huelva vuestro hogar pero no le abristeis las puertas al onubense ni apenas compartisteis con él vuestra fortuna...

Toma ya. Era un pequeño enclave del Imperio británico, ubicado en el corazón del que había sido el territorio milenario y mítico de Tartessos.

Por otro lado, habría que ser comprensivos y entender que, según las luces de aquellas gentes, llevaron a la zona una riqueza y un bienestar muy por encima de lo que habría sido el caso sin ellos. Un ejemplo era el estupendo hospital, que hoy alberga el Museo Minero del lugar (dedicado a la memoria del político socialista Ernest Lluch, asesinado por ETA en 2000). Está repleto de interés, destacándose la estupenda reconstrucción de la galería de una mina romana en la cual uno tiene casi la sensación de haber penetrado, incautamente, en un laberinto de complicada salida.

Por lo que toca a los iberos, la Sala 4 del museo, dedicada al «Bronce Final y Período Orientalizante (1000 a. C.-500 a. C.)», aporta testimonios de los avances producidos durante aquel medio milenio en la tecnología minera y metalúrgica, debido sobre todo a los contactos de los tartesos con los fenicios, avances que permitieron la extracción de plata a partir del mineral de jarosita. ¿Jarosita? Nos explica el guía que es un sulfato de potasio y hierro hidratado básico de color amarillo ocre.

Lo más espectacular de Riotinto es el viaje turístico por la zona en un trenecillo. Sigue el curso serpenteante, entre espesos bosques de pinos, del río, que nace cerca en la mina de Peña de Hierro y, teñido de un intenso bermellón, no desmerece en absoluto de su nombre.

No por nada la NASA ha realizado por estos parajes, horadados por el hombre a lo largo de siglos y siglos, investigaciones para el proyecto Marte. Pues, de verdad, el visitante tiene la sensación de haber sido transportado mágicamente al planeta rojo.

La construcción del ferrocarril de vía estrecha a la costa onubense, que empezó nada más apoderarse de la comarca los ingleses, revolucionó la economía y la vida social de la misma. Previamente el transporte de los minerales hacia el mar se había efectuado mediante diligencias, carros de bueyes o a lomos de mulas hasta unos pocos kilómetros antes de llegar a Valverde del Camino. Allí eran subidos al ferrocarril, que los trasladaba a San Juan del Puerto, desde donde, tras bajar en barcazas el tramo final del río Tinto, llegaban a las naves que los esperaban en Huelva. La compañía tenía, por supuesto, su propio muelle, con una longitud de 1.165 metros, que permitía a los trenes cargar y descargar directamente. Fue una hazaña de ingeniería extraordinaria (más de trescientos kilómetros de vía, con distintos ramales), digna de la pujanza del imperio. En 1975 bajó el último tren desde Riotinto hasta el muelle y se acabaron cien años de presencia británica en la zona. Todo llega y todo pasa.

Y una posdata. A la entrada del pueblo de Minas de Riotinto sorprende al visitante una pancarta colocada por el Ayuntamiento:

Y es que, ya lo sabemos, los ingleses han sido grandes deportistas. No contentos con sus exclusivas pistas de tenis en el barrio de Bella Vista también trajeron, para su entretenimiento, una pelota redonda jamás vista por aquellos pagos, o cualesquiera otros españoles. Pelota que hoy es una obsesión mundial.

ASTARTÉ Y EL TREN DE CÁDIZ

—Pero usted, que ama los ánsares salvajes y ha estado en el Coto de Doñana, ¿no conoce el Bronce de Carriazo?

—Ni me suena, lo siento, no sé lo que es.

—Pues la próxima vez que se encuentre en Sevilla no se lo pierda. Está en el Museo Arqueológico, en el parque María Luisa. Y a usted, como buen ornitólogo, le va a fascinar.

Estamos en el tren, camino de Cádiz, y este hombre, que me ha reconocido por no sé qué programa televisivo y ha leído algún libro mío, me lleva media hora hablando de celtas y celtíberos y sus divinidades, de los turdetanos... y de la búsqueda infructuosa de Tartessos por el pobre Schulten. Está convencido, como yo, de que es por la vía celta por la que los españoles y los irlandeses compartimos rasgos fundamentales. Apasionado de dólmenes, druidas y castros, me asegura que los celtas que poblaron Irlanda, los *milesios,* procedían de Galicia. Ha estado en Irlanda y me pregunta si sé gaélico, o sea celta.

Le explico que, en mi juventud, era obligatorio para todos su estudio, en un vano esfuerzo de la República por recuperarlo, vano porque los ingleses lo suprimieron, casi nadie lo hablaba, menos en alguna localidad del oeste, y era de difícil aprendizaje. Le digo que recuerdo todavía varios poemas célticos aprendidos de memoria, algunas frases hechas, algunos refranes... y poco más. Que tan coercitivo era el empeño gubernamental por imponer el idioma perdido, además, que había creado una feroz resistencia en contra.

—Lo conservamos parcialmente a un nivel subyacente, de todas maneras —le añado—, se filtra en el inglés que hablamos. En el acento, en el metal de voz e incluso, a veces, en la sintaxis. Creo que el intento por resucitarlo, que sigue, es fútil. Somos plenamente irlandeses hablando el inglés que hablamos. Claro, los «esencialistas», que también los tenemos nosotros, no están de acuerdo. Piensan que solo se puede ser plenamente irlandés hablando celta.

—Y qué extraño el caso del País de Gales —me comenta—. Con su nombre y todo. Tengo entendido que más de medio millón de galeses siguen hablando celta, ¡como si fuesen los mismos galos de Galia!

—Sí, son especiales los galeses —le contesto—. Son las gentes más enigmáticas de las islas británicas. Supieron llegar hace siglos a una especie de *entente cordiale* con los ingleses. En Inglaterra nadie sabe mucho de ellos, solo que juegan estupendamente al rugby, cantan como serafines, tienen mujeres a veces guapísimas —ahí está Catherine Zeta-Jones— y un festival literario en celta, el Eistedfodd, del cual el resto del país no entiende ni pío porque desconoce el idioma.

Pienso para mis adentros que no he venido a Andalucía para que alguien me pregunte sobre Irlanda. Decido reconducir la conversación y le pido a este hombre extraño que tengo enfrente que me explique qué es el dichoso Bronce de Carriazo y por qué diablos considera que me va a fascinar.

Me dice que fue encontrado en los años cincuenta del pasado siglo por un arqueólogo, Juan de Mata Carriazo, en un mercadillo de antigüedades de Sevilla. Que es una pieza pequeña, de unos 10 centímetros de largo, incompleta, que pertenecía a un bocado de caballo y que representa a la diosa Astarté.

—Diosa fenicia, ¿no?—le digo.

—Sí, la diosa fenicia de la fertilidad. La equivalente de la Astarot de los israelitas, la Hathor egipcia. También es la diosa del cielo y del mar. ¡Y del mundo subterráneo! Tenía un templo famoso en Cádiz, dicen que es la ciudad más antigua de Europa, fundada por los fenicios. Lleva a veces un vestido de estrellas. Es la antecesora directa de la Virgen María en su advocación de Stella Maris, la Estrella del Mar, guía de marineros. ¿Se da cuenta? Su culto se extendió por toda la península, pero especialmente por el sur. ¡Por algo los andaluces somos muy devotos de María!

Este señor me está asombrando. He sacado mi librito de apuntes.

Me explica a continuación que en el Bronce de Carriazo la diosa lleva un peinado egipcio y, en ambas manos, un sistro, que eleva hacia el cielo.

—¿Sistro?

—Es un pequeño instrumento metálico de percusión utilizado

por los antiguos griegos y egipcios en sus danzas y ceremonias sagradas. Vamos, un sonajero ritual. Tenía un aro y unas varillas, y cuando se agitaba producía un tintineo. En el Louvre hay uno muy hermoso con una imagen de la diosa Hathor. Era su atributo. Pero ahora viene lo más grande.

Escucho, suspenso, mientras me explica que, en el Bronce de Carriazo, la diosa está acompañada por dos pájaros: un pato real y, con el pico algo desgastado, un ánsar.

—Nadie se ha fijado en que es un ánsar —me declara, exultante—. Pero yo, que como usted soy ornitólogo, me di cuenta nada más ver el bronce por vez primera. El hecho de que acompaña a la diosa no solo un pato sino un ganso me convence de que la pieza se hizo aquí y no en África o algún lugar de Oriente Próximo. Es decir, Astarté es la diosa de la zona hoy cubierta por las marismas de Doñana, la antecesora de la Virgen del Rocío, la «Paloma Blanca». Y el bronce demuestra que las bandadas de ánsares que pasan cada invierno en el Coto, antes de volver a Islandia y Spitzbergen para la reproducción, llevan por lo menos 2.500 años repitiendo el ciclo. Me parece fabuloso.

—Y a mí. Usted me ha dejado atónito. La semana que viene iré a ver a la diosa.

El hombre se baja del tren en la siguiente estación. Me doy cuenta, casi con espanto, de que no le he pedido su nombre, su dirección, su teléfono. ¿Por qué no? ¿Quizá porque me ha confiado que tiene una finca en Hinojos, muy cerca de las marismas, donde cada otoño espera la vuelta de los ánsares y nos podríamos volver a ver? No me lo explico.

Ya en Cádiz, recojo en el Museo Arqueológico, con sus dos maravillosos sarcófagos fenicios, más información sobre el desaparecido templo de Astarté, situado, parece, en la Punta de la Nao. Y percibo que me están royendo las ganas de volver cuanto antes a Sevilla y conocer el bronce de marras.

Lo consigo unos días después.

No me decepciona, todo lo contrario. ¿Cómo me iba a decepcionar?

La pieza es una preciosidad. No me cabe la más mínima duda de que el ave de la izquierda, pese a su pico dañado, es un ánsar, aunque aparenta el mismo tamaño que el pato, en realidad más pequeño. El hombre del tren tenía razón: he aquí a la diosa fenicia Astarté en su advocación de protectora de la pululante vida natural de Doñana. Me fijo en las alas de los pájaros, menos «realistas» que el cuerpo y la cabeza de estos, y de evidente filiación egipcia o fenicia. Me recuerdan en seguida las esfinges y otros animales alados conservados en el Museo Británico, animales que, como los querubines bíblicos, van y vienen entre el más allá y el mundo de los vivos.

Si el magnífico peinado egipcio de la diosa llama la atención, así como su aspecto muy joven, no menos su hermoso collar. ¿Se compone de pétalos de loto, flor sagrada en todo el Oriente? Parece ser que sí.

Salgo del museo dando las gracias a Astarté por el encuentro, ¿quién sabe si fortuito?, con el sabio de Hinojos. Y con la determinación de seguir la pista de la diosa por tierras españolas.

LOS IBEROS EN MADRID

El Museo Arqueológico Nacional (MAN) da a la madrileña calle de Serrano y ocupa la parte trasera del magnífico edificio cuadrangular que alberga también la Biblioteca Nacional, cuya fachada mira hacia el paseo de Recoletos. Creado por la reina Isabel II en 1867 —un año antes de ser expulsada—, e inaugurado en su actual sede en 1893, el MAN, tras una profunda e inspirada reforma de seis años —debida al arquitecto Juan Pablo Rodríguez de Frades—, volvió a reabrir sus puertas en 2013.

Flanquean la monumental entrada original del edificio dos enormes esfinges confrontadas delante de las cuales les encanta a los turistas fotografiarse. No hay placa que indique su autoría. ¿Son acaso originales, quizá regaladas por Egipto, en algún momento, a la Nación Española? No, fueron ejecutadas a finales del siglo XIX por el escultor Felipe Moratilla, que se inspiró en un pequeño aplique fenicio del siglo VII a. C., ejecutado en bronce, aparecido entre las ruinas de la ciudad de Cástulo, cerca de Linares (Jaén).

Entre las magníficas colecciones del MAN, cuidadosamente presentadas para el máximo disfrute del visitante, hay extraordinarios espacios ibéricos e hispanorromanos.

Llevo un año visitándolos asiduamente. Son de lo mejor que tiene este país. Una maravilla.

La Sala 10 —que los abre— es una cueva de Aladino repleta de tesoros. En la entrada un panel reza

LAS NOVEDADES DEL NUEVO MILENIO
(SIGLOS IX-I a. C.)

y un estupendo vídeo de unos cinco minutos de duración, *PROTOHISTORIA (850-19 a. C.),* explica sucintamente, en una pantalla grande, cómo era entonces la Península Ibérica, «territorio de contactos culturales con los pueblos de la cuenca mediterránea y con otras culturas del continente europeo».

El vídeo empieza contando la llegada de los fenicios en busca de metales preciosos, y las importantes innovaciones que supuso su presencia, máxime en la zona tartésica: el hierro, el torno de alfarero, los sistemas de pesos y medidas, el policultivo mediterráneo —cereal, olivo y vid—, la escritura y las nuevas creencias con sus ritos funerarios.

Ya para el siglo VI a. C. —sigue explicando el vídeo— se configuraban dos grandes áreas peninsulares: la de los iberos —en contacto con griegos y cartagineses (herederos estos de los antiguos fenicios)— y la de los celtas, procedentes del otro lado de los Pirineos. Es lo que cuenta Estrabón. Tres siglos después el territorio en su totalidad era un puzle de pueblos diversos —unos cuarenta— que se las tenían que ver, según las circunstancias del momento, con los dos principales contendientes por el control del espacio, Roma y Cartago. Máxime a raíz del inicio de la Segunda Guerra Púnica (218-202 a. C.), que va a convertir el país en campo de batalla.

Mosaico cultural: toda la Sala 10 confirma lo acertado de la metáfora, propuesta por el MAN, para definir la Península Ibérica. También, me parece, cabría la figura *crisol de culturas*. Crisol donde se entremezclaban, o amalgamaban, las orientales y las occidentales.

El rey Felipe de Borbón —o, quizá mejor, quien le escribe sus discursos— tuvo la excelente idea, en septiembre de 2016, de acudir a otro útil concepto de España. Hablando en Nueva York ante las Naciones Unidas en la cumbre sobre los refugiados, el monarca indicó que su país quería ser un actor relevante a la hora de aportar soluciones al terrible problema «por su condición de encrucijada geográfica e histórica».[3]

Mosaico cultural, crisol de culturas, encrucijada de pueblos de múltiple procedencia: nada más opuesto a la ortodoxia católica que, a lo largo de siglos, ha sido aquí la norma, obsesionada —como señala Richard Ford— con una pretendida sangre cristiana «no contaminada».

Otro vídeo de la Sala 10, *Divinidades que llegan de Oriente*, explica cómo, en la ribera norte del mencionado mar interior denominado por los romanos Lacus Ligustinum —que llegaba casi hasta Hispal (Sevilla) y en el cual se vertía entonces el río Tartessos (luego Baetis)—, los fenicios levantaron, en un promontorio, dos templos: uno consagrado a Astarté, el otro a Melkart (Baal), «señor de la guerra y de la navegación, identificado con el sol y el toro», en cuya estancia principal había un altar en forma de piel extendida de dicho animal, altar característico del mismo dios, considerado supremo.

Es el lugar, descubierto en 1958, que se conoce como El Carambolo. Las maravillosas piezas de oro que aparecieron allí, expuestas en una vitrina adyacente, así como en otra las de Aliseda (Cáceres), evidencian elocuentemente —con el granulado, la soladura y la filigrana— el altísimo nivel alcanzado en los talleres fenicios.

El vídeo *La navegación fenicia hacia Occidente* añade más detalles sobre aquellas gentes marineras y emprendedoras que no dudaron en darle la vuelta al cabo de San Vicente (el *Hieron Akrotérion* de los griegos) y, en busca, ante todo, del estaño de buena calidad que faltaba en el sur, explorar la costa atlántica de la península hasta el río Mondego. Fundaron colonias más o menos importantes a lo largo del recorrido, entre ellas, en la desembocadura del Sado —al sur de la hoy Lisboa— Setúbal y Abul.[4]

El vídeo explica que, además de las aportaciones ya indicadas, los fenicios trajeron consigo a Ibería el gato doméstico, el asno y la gallina. ¡Menuda contribución la suya a la cultura de la futura España!

EL MONUMENTO DE POZO MORO

Si bien la mayor atracción popular de estos espacios del MAN son las famosas y ricamente ataviadas «damas» de Elche y Baza, el curioso se quedará quizá tentado, antes de visitarlas, por la Sala 12, amplio patio, iluminado por la luz natural que entra desde un alto techo transparente, que protagoniza el macizo monumento de Pozo Moro.

Se trata de una torre funeraria ibérica encontrada en 1970, totalmente derruida, en medio de una necrópolis situada en la localidad de Chinchilla de Montearagón, cerca de Albacete.

Construida hacia finales del siglo VI a. C. con pesados sillares de piedra arenisca, la torre fue levantada encima de los restos incinerados de un personaje muy destacado, quizás un rey, y en su origen tendría unos diez metros de altura.

Un letrero indica que sus aspectos técnicos, arquitectónicos y estilísticos proceden de Oriente Próximo mediante la presencia fenicia en la península.

El monumento, que tiene una base escalonada, se divide en dos cuerpos en las cuatro esquinas de cuyo arranque se sitúan sendos leones amenazantes con las fauces abiertas, «símbolos intemporales —según el letrero— de la realeza, el poder y la protección de la divinidad que disfrutaba el difunto».

Se ha propuesto la existencia de un tercer cuerpo coronado por una escultura o quizás una pirámide.

Rodeaba el monumento un friso de relieves finamente esculpidos de los cuales solo quedan, por desgracia, unos fragmentos. Los rótulos correspondientes dan cuenta de la historia que narran, por lo visto relacionada con el difunto.

A mí lo que más me interesa del friso es la presencia en él de Astarté, quien, sentada en su cara oeste sobre un taburete plegable, sostiene en la mano el tallo de un loto, flor sagrada siempre asociada con ella. Dicha presencia demuestra que su culto ya ha subido desde Tartessos hasta la altiplanicie de la Meseta.

La prueba decisiva, para mí, de que es Astarté y no otra divinidad la encontré un día cuando, navegando por Internet, di con una página sobre el llamado «Mosaico de Cerro Gil», conservado en el Museo Arqueológico de Iniesta (Cuenca). Resulta que dicho cerro se ubica a unos cincuenta kilómetros de Chinchilla de Montearagón, o sea de la necrópolis donde se encontró el monumento de Pozo Moro. El mosaico, contemporáneo de este y conservado intacto, es bellísimo y representa, sin que quepa la menor duda, a Astarté. Al parecer es uno de los mosaicos figurados del Mediterráneo más antiguos que se conocen. En él la diosa está sentada, como en la torre de Pozo Moro, sobre una silla de tijeras, con las piernas abiertas. Lleva un peinado como la de la Astarté del Bronce de Carriazo, y, así como en la torre del MAN, sostiene en las manos dos flores de loto. Además, cuenta con un disco solar en el pectoral, dos pájaros —quizá palomas— y dos alas para ayudar a los vivos en su tránsito hacia el más allá.

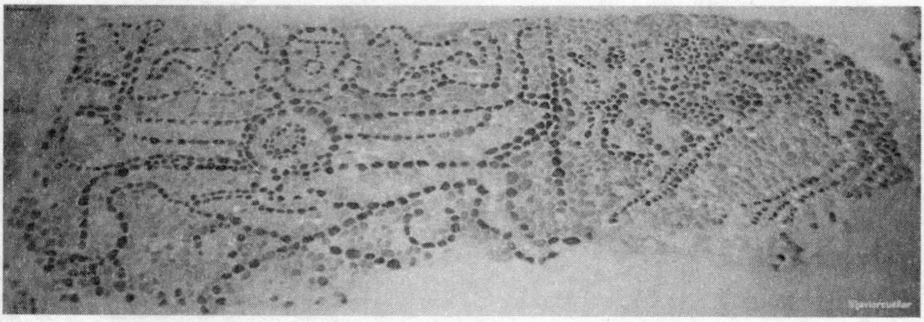

En el monumento de Pozo Moro, las alas asociadas a Astarté son tres y se parecen a las que figuran en el Bronce de Carriazo:

En la cara sur del monumento hay una sorpresa: la representación de una escena explícitamente erótica en la cual el varón ostenta un enorme falo en erección, con los testículos bien dibujados. Para el iberista Ricardo Olmos no cabe la menor duda de que la mujer es, otra vez, Astarté.[5] La hipótesis de que estamos ante un «matrimonio sagrado» (*hierogamia*), o sea de prostitución ritual, celebrado en un templo de la diosa, se refuerza, según el cartel correspondiente, por la presencia en la escena de una columna estriada (que no logro situar):

En el rito funerario ibérico las ofrendas se rompían y arrojaban a la pira de cremación. Una vitrina cercana contiene el ajuar encontrado debajo del monumento entre los restos de la incineración del difunto «rey» o quien fuera. Incluye una copa ática de figuras rojas donde se representa un joven desnudo, que salta o danza ante un báculo, y un vaso griego con una escena en que dos sátiros, lascivos según su costumbre, corren delante y detrás de una mujer.

¡Quién lo diría, un ajuar ibérico con elementos griegos y fenicios bajo una torre funeraria situada en el corazón de la Península Ibérica seis siglos antes de Jesucristo! Es otra prueba contundente de que el territorio entonces más occidental del mundo conocido, descrito por Estrabón en su *Geografiká,* estuvo desde tiempos inmemoriales en contacto con diversas culturas del Mediterráneo, sobre todo de Oriente Próximo.

LA «DAMA» DE GALERA

En las Salas 11 y 12, a dos pasos del monumento de Pozo Moro, las estrellas incuestionables son las llamadas «damas» ibéricas de Elche y Baza: dos extraordinarias urnas funerarias —que es lo que son— de finales del siglo V o comienzos del IV a. C.

La primera representa el busto de una hermosa y espléndidamente tocada joven de aspecto dolorido. Quizás es el retrato de la difunta, cuyas cenizas cobijaba la escultura. Descubierta en 1898, esta fue adquirida por el Louvre, que la devolvió a España en 1942, o sea a la España de Franco, con, literalmente, los colores perdidos, entre ellos ocres, azul egipcio y bermellón obtenido del cinabrio. «Hoy, para el gran público —escribe el mencionado Ricardo Olmos—, la Dama de Elche representa mucho más que cualquier otra obra de arte de época ibérica.»[6] Es imposible discrepar. La imagen, con razón, es celebérrima, decenas de miles de veces reproducida alrededor del globo terrestre. Los turistas que acuden al MAN confirman su popularidad día tras día.

La cercana Dama de Baza —hierática figura sentada en un trono alado y rodeada de un ajuar que integran ocho urnas y una colección de armas guerreras— conserva su policromía original e impresiona por la serenidad majestuosa de sus facciones.

Ambas figuras son extraordinarias, pero la Sala 11 alberga a otra que a mí me fascina más que ellas. Ocupa el ángulo izquierdo de la vitrina 11.15. Y es tan pequeña —apenas alcanza los 18 centímetros de altura—, y tan pobremente expuesta, que la gran mayoría de quienes vienen por aquí (por lo menos estando yo) no se enteran de su presencia. Y es una lástima.

Se la conoce incorrectamente, y por contagio, como «Dama de Galera». En realidad, es una representación de Astarté —¡una vez más!— olvidada durante 2.500 años en la necrópolis ibérica de Tútugi, localizada en 1916 al lado del pueblo de Galera en el norte de la provincia de Granada.

Los arqueólogos nos aseguran que fue venerada durante doscientos años en la cámara sepulcral del yacimiento hasta que esta se hundió, bajo el peso del enorme túmulo que tenía encima, y desapareció de vista.

La diosa es de alabastro —de un alabastro muy fino y brillante— y ocupa un trono flanqueado por dos esfinges vigilantes. Tiene los pies desnudos plantados en el suelo, como estas, subrayándose así la relación íntima que las une. La base de la figurilla revela que fue concebida para ocupar un pedestal. Y por unos restos mínimos de un color granate muy intenso hallado en el intersticio del ala de una de sus acompañantes sabemos que, como las «damas» de Elche y Baza, estaba brillantemente policromada.

Tiene orejas grandes y las facciones de su cara son muy orientales (como las de las esfinges). Ello no nos puede sorprender, dada su procedencia fenicia. «La comisura de los párpados se estira hacia las sienes, como en la tradición oriental y, sobre todo, egipcia», señala Ricardo Olmos en su erudito y ameno trabajo sobre la diosa.[7] Encima de las rodillas lleva un gran cuenco redondo. Lo aprieta con las manos contra su cuerpo, justo debajo de los senos desnudos, facilitando así que sus pezones, que han sido perforados —la escultura es hueca—, puedan verter en el receptáculo (cuyas asas faltan) un líquido introducido por el agujero abierto en su cabeza. Sobre la composición del líquido discrepan los especialistas, quienes postulando leche, quienes una mezcla de leche y miel, quienes un perfume espeso y oloroso, de carácter sacro, y otros hasta un componente alucinógeno, apto para ritos y ceremonias relacionados con el más allá:

Según el arqueólogo británico Donald Harden, autor de un importante estudio sobre los fenicios citado por Olmos, los pezones agujereados de la diosa estarían tapados con cera u otra clase de sustancia fusible al calor hasta el momento de la ceremonia en que empezara a caer «milagrosamente» en el cuenco, sobre el que se inclina levemente, el sagrado líquido albergado en su cuerpo. Si Harden tiene razón, estamos ante una manipulación —efectuada por un sacerdote o una sacerdotisa— diseñada con la finalidad de producir entre quienes participan en el rito mortuorio una impresión hondísima. Para decirlo con las contundentes palabras al respecto de Olmos, dichos adeptos poseían, generación tras generación, «el inmenso poder de manejar la estatuilla, de conseguir que los pechos de la diosa manaran a su antojo ante los ojos de los hombres...».[8]

¿A qué uso se dedicaba el sagrado líquido producido por la diosa? Según el texto de la vitrina, el ungir al difunto para asegurar su divinización en el otro mundo.

¡Ay de los seres humanos, que no dudan en entregarse a magos, druidas y sacerdotes de todo orden para que los liberen del terror que les produce la inevitabilidad de la muerte y les garanticen, de alguna manera —a ellos y a sus seres queridos—, una vida más allá de la tumba! A veces pienso que René Descartes se equivocó con su famosa formulación del «pienso, luego soy». Quizá sería más acertada la variante: «Tengo miedo a la muerte, luego existo.»

Me he ido enterando en el MAN de que los iberos tomaban muy en serio los equinoccios. La cámara funeraria que presidía la Astarté de Galera tenía una orientación matemática calculada con precisión. Permitía que dos veces al año el sol penetrara en el recinto por un corredor y bañara con sus rayos la pequeña figurilla de la diosa. Durante el resto del año la cámara se mantenía en la más absoluta oscuridad.

Lo cuenta un entretenido documental, *El misterio de las Damas. Dama de Baza*, *Elche*, *Galera...*, preparado para el longevo y benemérito programa *La aventura del saber* (Cadena 2 de RTVE) por Fermín Galán, y colgado en la red. Vale la pena verlo.

Entre los objetos del ajuar encontrados en la tumba de la diosa de Galera hay dos minúsculas y exquisitas anforitas policromadas, o ungüentarios, hechas de pasta vítrea. Son de producción griega. Tienen 7 centímetros de altura y se supone que contenían el precioso líquido, fuera el que fuese, que, mezclado con otros componentes, se utilizaba en los ritos funerarios protagonizados por la «dama». Su presencia en la sepultura, añadida a los artefactos orientales, es un indicio más, por si hacía falta, de los intensos contactos mercantiles, religiosos y culturales existentes entre los iberos y el resto de pueblos del Mediterráneo.

La mayor de las cuatro urnas que acompañan a la diosa llama la atención por su tapadera:

¿Qué representa? Según Ricardo Olmos no hay duda: es una granada, «motivo sagrado mediterráneo y femenino, de remota antigüedad». Y sigue: «Preñada de granos del color de la sangre, similar al granate que un día mostró la estatuilla [de la Dama] y al enlucido rojo de las cámaras de Galera [...], la granada es fruto mágico, anuncio de vida indestructible que guía al reino de la muerte...» El especialista considera su presencia en la sepultura como «un eco, un guiño apropiado a la diosa», pues deidades griegas como Hera y Afrodita (la Venus romana) la sostienen con frecuencia entre las manos. «Tampoco la diosa de Galera hubo de ser ajena a esta urna —concluye— que sobresale mostrando su fruto en la misma tumba. Ambos signos, diosa y fruto, dialogan. Ambos hablan de pervivencia, de vida fecunda en el más allá.»[9] Está muy bien el comentario. Pero hay un problema: la tapadera no ostenta una granada, sino, según indica el rótulo del MAN..., ¡una adormidera! O sea la planta de cuyas cápsulas se extrae el opio, y cuyo nombre español alude directamente a su propiedad narcótica, muy apta en un espacio dedicado a la comunión con los ya idos. Traigo a colación la discrepancia interpretativa para demostrar que los investigadores no siempre somos de fiar —«cada loco con su tema»—, pese al intento de no torcer nunca las evidencias para que encajen con nuestras hipótesis.

Entre las otras maravillas ibéricas que atesora el MAN es obligatorio mencionar las vitrinas donde se exponen los exvotos procedentes de dos importantes santuarios de Sierra Morena, localizados en cavernas naturales asociadas a manantiales: uno en el Collado de los Jardines (Santa Elena), otro en la Cueva de la Lobera (Castellar). El bronce, abundante en la zona minera colindante, es la materia prima de estas ofrendas, muchas de las cuales representan a guerreros a pie o a caballo, o bien desnudos o llevando el característico escudo redondo ibérico, distintos tipos de casco, lanzas y espadas entre las cuales predomina la falcata. Tal proliferación de imágenes habla del apego de los iberos a sus ritos religiosos, a sus armas. De un pueblo en constante alerta.

Otra magnífica colección de exvotos exhibidos en la Sala 11, esta vez trabajados en piedra, provienen del santuario del Cerro de los Santos, cerca de Montealegre del Castillo en Albacete. Entre ellas hay una llamativa cabeza de facciones negroides.

Y, para terminar, que el visitante no se pierda, en la misma sala (vitrina 11.11), la escultura ibérica conocida como «El beso», encontrado en Osuna (Sevilla). El rótulo dice que es de los siglos III-II a. C. y añade que «se ha interpretado como una escena de despedida influida por modelos griegos helenísticos». Otra fuente la data antes, en el siglo IV, y comenta que «es una de las pocas piezas de la cultura ibérica en las que se representa una escena amorosa».[10] Yo no sé si es una despedida, pero me parece de una ternura infinita. Siempre la vuelvo a contemplar en mis visitas a la cercana diosa de Tútugi.

CÁSTULO

En mi deseo de descubrir más sobre los iberos iba tropezando a menudo con el nombre de *Kastoulón* o *Castulo* (a veces transcrito Cástulo, con acento), citado con frecuencia por Estrabón y otros historiadores, entre ellos Plinio *el Viejo* y Tito Livio. Sabía por el primero, y las notas de García Bellido, que la afamada ciudad ibérica y luego romana se encontraba a orillas de un afluente del Alto Guadalquivir, el Guadalimar, a cinco kilómetros de Linares (Jaén), cerca de la zona minera de La Carolina. Y que hasta ella, en la Antigüedad, se subía desde Kórdyba (Córdoba), no ya en barcos de comercio sino, por la mengua de la corriente, en gabarras. Había subrayado en rojo, en mi edición de Estrabón, un pasaje que me entusiasmaba: «Más arriba de Kastoulón el río deja de ser ya navegable. Varias cadenas montañosas y llenas de metales siguen la orilla septentrional del río, aproximándose a él unas veces más, otras menos...»

¿Cómo no tener ganas de visitar el yacimiento? También sabía, por el maravilloso catálogo de la exposición «Fragor Hannibalis. Aníbal en Hispania» (Alcalá de Henares, Museo Arqueológico Regional, 2012-2013), que la localidad había conocido una temprana y marcada presencia fenicia. El libro reproducía fotografías en color de monedas castulenses con claras influencias próximo-orientales. Y, procedentes de una necrópolis colindante, una estatuilla de Astarté, en bronce, y una pequeña esfinge del siglo VII a. C., también de bronce (quizá la inspiradora de las que «protegen» el acceso al MAN).

Sí, yo me desvivía por conocer Cástulo y también el Museo Arqueológico de Linares. Llegado mayo de 2016 ya no era capaz de aplazar más la visita. Hacia allí fui con mi mujer.

Como suele ser el caso, no había hecho los deberes y llamado primero al museo para solicitar una entrevista con el director. Tampoco, torpemente, había adquirido un mapa puesto al día de la zona. Hay en mí una resistencia tozuda, tal vez patética, a no preparar bien mis excursiones, a querer improvisarlo todo, a ver qué pasa, sin pedir la necesaria información previa a nadie. Y así me va, con las quejas de rigor y comprensibles de mi pareja..., pero también con pequeñas aventuras, encuentros y hallazgos no previstos.

Mientras damos vueltas y más vueltas por los alrededores de Linares tratando de localizar el yacimiento, no señalado por ningún lado, pienso en el Evangelio. Específicamente en la extremada dificultad que, según Mateo, tienen los ricos para ser admitidos en el reino de Dios, más complicada que para un camello pasar por el ojo de una aguja. Podían haber dicho las Sagradas Escrituras *más complicada que encontrar Cástulo*. Linares está rodeado de nuevas glorietas que no figuran en mi plano desfasado. Glorietas casi huérfanas de indicaciones, capaces de volver loco al visitante más sosegado. Cuando entramos, derrotados, en una gasolinera para pedir ayuda, el empleado me asegura que no soy el primer desesperado, ni mucho menos, en hacerlo. Pasa casi todos los días, ¡incluso ayer mismo! Pero que no me preocupe, el yacimiento no está lejos. Me orientará.

Cumple con creces su promesa, elabora un dibujo salpicado

con flechas, y respiramos con alivio, veinte minutos después, cuando aparece, por fin, una modesta pancarta diciendo que el caminito a nuestra izquierda conduce al destino anhelado, aunque sin precisar a qué distancia.

Vamos cruzando lentamente por suaves pendientes verdecidas por las recientes lluvias y amenizadas, entre la hierba, por grandes manchas de amapolas. Reflexiono que dentro de dos meses, cuando empiece a arreciar el sol de la canícula andaluza, estos campos ahora tan bellos serán sequedales.

En el horizonte asoman las faldas de Sierra Morena, sierra sin pretensiones de altura, cuya riqueza mineral ensalzan tantos escritores griegos y romanos. El Guadalimar no se ha asomado todavía pero debe de estar cerca. Noto en mis entrañas la vieja excitación que experimenté por vez primera al leer, cuando tenía diecisiete años, *El toro de Minos*, de Leonard Cottrell, que me inyectó la pasión por las investigaciones arqueológicas pioneras del siglo XIX, con las de Heinrich Schliemann, el descubridor de Troya, a la cabeza.

Unos minutos después llegamos al centro de acogida. Detrás se extiende una gran extensión plana. Nos imaginamos —y no nos equivocamos— que forma la cumbre de un cerro. Penetramos en el modesto edificio. No hay nadie más que nosotros y el encargado de recibir a los turistas. Nos explica que muy pronto tienen que cerrar, que reabrirán a las cuatro y que hay justo el tiempo para ver los vídeos.

Me confirman que mi «vieja excitación» ha sido justificada. Los arqueólogos solo han excavado menos del tres por ciento del recinto, que cubría unas 50 hectáreas y tenía un perímetro amurallado de más de cuatro kilómetros. Situada en el límite de la Baetica romana, Cástulo era una de las ciudades más florecientes de la península: por la proximidad de los codiciados minerales de Sierra Morena, la fertilidad de su vega, su desembarcadero —de donde salían río abajo la plata y el cobre— y la estratégica posición geográfica que ocupaba entre el valle del Guadalquivir y la Meseta. Tan importante era que cuando los cartagineses, tras su derrota por Roma en la Primera Guerra Púnica, emprendieron la conquista de Iberia en busca de nuevos recursos para continuar la lucha, se fijaron especialmente en él. Hasta el punto de que el general Aníbal Barca se tomó la precaución de casarse con una princesa de la localidad, Imilce, para garantizar la lealtad de sus habitantes. Llegado el momento los castulenses pactarían luego con los romanos y recibirían a cambio muchos privilegios, entre ellos el derecho a seguir acuñando su propia moneda. Se calcula que, en su época de máximo esplendor, la ciudad albergaba a unas 20.000 almas.

El guía, que se llama Ginés Pérez y resulta amabilísimo, nos recomienda que bajemos al Guadalimar para disfrutar del *picnic* que tenemos preparado. Promete acompañarnos por el yacimiento cuando se reabra por la tarde.

—No verán rastro del desembarcadero —nos previene—. Está totalmente cubierto de vegetación. Pero un día lo sacarán a relucir mis compañeros.

Mientras vamos bajando hacia el río nos sorprende la repentina aparición del ferrocarril. Consultamos el mapa y caemos en la cuenta de que estamos cerca de la mítica estación de Linares, cantada por Joaquín Sabina y desde la cual subía a Baeza, en tranvía, Antonio Machado cuando enseñaba francés en el instituto tras la muerte de Leonor.

No nos sorprende que no hayan excavado todavía el desembarcadero, pues el Guadalimar está casi ahogado aquí, bajo una jungla impenetrable, amazónica, de árboles, lianas y vegetación acuática que hace invisible la corriente. Un paraíso ornitológico, eso sí: el canto de miles de pájaros llena el ambiente, se percibe el croar de gallinas de agua y de patos, y arriba dos parejas de milanos sobrevuelan la zona, seguros, sin duda, de que no les va a faltar alimentación abundante.

Directamente encima de nosotros, dominando el río, están los despojos de la mítica ciudad que hemos venido a inspeccionar. Duermo la siesta tumbado de espaldas al lado de la furgoneta —con la cara protegida por un sombrero de paja, pues pica el sol— entre una profusión de flores silvestres. Sueño que voy bajando por el Guadalimar en una gabarra tirada desde la ribera por bueyes.

Cuando regresamos al centro de acogida, Ginés Pérez tiene el jeep preparado. El recorrido dura dos horas. Si el emplazamiento de Cástulo es impresionante, con Sierra Morena al fondo y una hermosa vista panorámica a través de la campiña circundante, no lo es menos la evidencia, por todos lados, de su pretérita magnitud.

Los restos prerromanos están casi todos pendientes de excavar, enterrados bajo capas sucesivas de construcciones posteriores. Son visibles, eso sí, los de la muralla ibérica que, asociada a una gran torre, fue destruida cuando romanos y cartagineses disputaban ferozmente el territorio. Fueron utilizados como cimentación para una nueva muralla de macizos sillares, labrados con esmero, y que incluía la llamada Puerta de los Leones. Una cartela adyacente, que incluye una «idealización» del pórtico, explica que no era una entrada comercial o cotidiana para el tránsito de personas o mercancías, sino que más bien tenía «un carácter ideológico o político». O sea que su función era *impresionar*. Ginés nos explica que la presencia de los dos leones sentados que la flanqueaban era explícita en este sentido. Solo se conoce hoy uno de ellos, conservado en el Museo Arqueológico de Linares. Me dice que tiene un aspecto feroz y que agarra por el cuello a un hombre con rasgos negroides.

Contemplando el pórtico y la «idealización» recuerdo en seguida la entrada monumental a la ciudadela de Micenas, en el sur de Grecia, igualmente conocida como Puerta de los Leones por los dos que la coronaban. Puerta masiva, como la de Cástulo, en cuyas inmediaciones excavó, con resultados espectaculares, el mencionado Heinrich Schliemann, y que pude contemplar con emoción, en 2006, gracias a mi llorado amigo Juan Ramón Martínez Salazar, entonces embajador de España en Atenas.

Por la noche llamo al director del museo, Marcelo Castro, que se ofrece amablemente a recibirnos allí por la mañana.

Compartimos, primero, un café con él y sus compañeros, Bautista Ceprién y Paco Arias. Nos explican que Linares, tras el cierre de Santana, está pasando por momentos de intensa depresión, pues la empresa daba trabajo directo a 2.000 personas, con lo que ello suponía para la economía de la ciudad y sus alrededores.

Ya en el museo me doy cuenta de que Castro y su equipo están absolutamente fascinados con las tareas que tienen entre manos en el yacimiento. Confirman que solo se ha excavado hasta la fecha una mínima parte de la superficie de la ciudad. Consideran, a la luz de lo ya descubierto, que puede ser otra Mérida en potencia, y que dentro de algunos años Cástulo tendrá fama mundial. Entretanto su obsesión es encontrar el foro.

Se quejan de la falta de medios. El expolio del lugar ha sido feroz y la Guardia Civil ha detenido a 84 personas, nada menos, implicadas en el tráfico de antigüedades, a veces equipadas con el georradar del que los arqueólogos no disponen.

El león no nos decepciona. Es espléndido. Sujeta por el cuello una cabeza, efectivamente negroide, muy parecida a la oprimida, en el MAN, por la bestia representada en la escultura conocida como «Osa de Porcuna». Se infiere que el león castulense que falta agarraba de igual manera a algún desafortunado. Juntos deberían de formar una amonestación elocuente en el portal monumental.

Entre los objetos conservados en el museo de Linares nos llama también la atención una minúscula estatuilla de Harpócrates, el dios egipcio del silencio, que, como le incumbe a una divinidad con tal atributo, tiene la mano sobre los labios. ¿Qué periplo le tocó a la pequeña pieza antes de acabar en Cástulo? ¿Llegó directamente desde África, con algún mercader fenicio, o desde Grecia, donde por lo visto también le apreciaban? Dado el hecho de ser España, según quienes dicen saber, el país más ruidoso del mundo después de Japón —donde el estruendo no proviene de la gente sino de las máquinas—, quizá sea lícito deducir que el culto a Harpócrates en Ibería tuvo pocos seguidores. Contemplando la estatuilla me acuerdo de lo que dijo Manuel Azaña al respecto: «Si cada español hablara de lo que sabe, se haría un gran silencio nacional que podríamos aprovechar para estudiar.»

Me despido de los arqueólogos de Cástulo con la determinación renovada, tal es el entusiasmo que me han transmitido, de seguir visitando todos los yacimientos ibéricos que pueda en el tiempo que me quede. Entretanto, a quince minutos de mi casa madrileña, el MAN me espera semana tras semana, siempre con la garantía de una nueva sorpresa, una nueva incitación, un nuevo estímulo.

La verdad, todo un lujo.

3

HISPANIA LA ROMANA

—¿Qué han hecho para nosotros los romanos?
—¿Los acueductos?
—Bueno, vale, ¿pero qué más?
—¿El alcantarillado?
—Vale, ¿pero qué más?
—¿Las calzadas?
—Vale, ¿pero qué más?
—¿La irrigación, la medicina?
—Vale, ¿pero qué más?
—¿Los baños públicos?...

La vida de Brian
(MONTY PYTHON, 1979)

EL DESEMBARCO

Tras su derrota a manos de los romanos en 241 a. C., al final de la llamada Primera Guerra Púnica, los cartagineses, empobrecidos y endeudados, pero que todavía no se dan por definitivamente vencidos, multiplican su presencia en Hispania, como ya hemos visto. Su propósito: apoderarse de nuevos recursos —en especial, las famosas minas del sur— para luego reemprender la lucha en condiciones más favorables. La iniciativa les va bien, y Roma, dándose cuenta del peligro que se vuelve a cerner sobre ella, encarnado en la persona del general Aníbal Barca, se prepara para la confrontación final.

En el año 218 a. C., los romanos desembarcan, con la determinación de acabar de una vez con Cartago, en *Emporion* (Ampurias), situado en la costa de la hoy provincia de Gerona. ¿Por qué allí y no en otro punto del litoral mediterráneo? La respuesta no es difícil. Es, como denota el topónimo, una colonia griega —la palabra, en español actual *emporio*, significa, según el *Diccionario de la Real Academia,* «lugar notable por el florecimiento del comercio»—, sus gentes son aliados de Roma y, lo más importante, tiene un excelente puerto (cuyos restos se pueden admirar todavía).

Aunque es cierto que quienes mandan y cortan en Emporion, antes de la llegada de los romanos, son los griegos, estos han convivido allí, desde su fundación, con los habitantes nativos de la zona. O sea con los iberos llamados *indiketas* —que incluso acuñan su propia moneda—, así como con las cercanas poblaciones de procedencia cartaginesa y fenicia. El lugar es multiétnico y ostenta una mescolanza de lenguas, sangres, creencias religiosas y culturas parecida a la que se da en el mediodía y el levante peninsulares.

Manda la flota romana que llega a Emporion el general Cneo Cornelio Escipión. Poco después le sigue su hermano Publio Cornelio con un ejército. Esto va en serio. ¡No son turistas! Ha empezado la que será conocida como Segunda Guerra Púnica (o sea Cartaginesa).

Los Escipiones hacen de Emporion su base militar inicial y no tardan en empezar desde él la campaña contra el enemigo... y contra los iberos y demás pueblos peninsulares opuestos a su presencia, que no serán pocos.

Nadie interesado en la historia de España puede prescindir de visitar las ruinas de Emporion, hoy Ampurias (en castellano) o Empùries (en catalán), ubicadas al lado del pueblo de L'Escala en la orilla sur de la bellísima bahía de Roses. No faltaron a la cita Dalí y García Lorca. Al poeta le impresionó el lugar, quizá sobre todo el mosaico del sacrificio de Ifigenia, hija de Agamenón y Clitemnestra, que le sugirió en seguida el tema de una obra.

Desplazándose más hacia el sur, los Escipiones fundan pronto, o refundan, *Tarraco* (Tarragona), que va a ser una plaza fuerte de enorme importancia estratégica en su empeño de terminar para siempre con los cartagineses, cuartel de invierno de sus tropas y centro administrativo clave de la organización de la península, que dividen inicialmente en dos partes: *Hispania Citerior* («la Hispania más cercana», de Roma, se sobreentiende) e *Hispania Ulterior* («la Hispania más lejana»).

La guerra contra los cartagineses y sus aliados peninsulares durará dieciséis años. Serán necesarios casi dos siglos más para eliminar la oposición de las otras numerosas poblaciones asentadas en el territorio. De hecho, los últimos resistentes —los astures y los cántabros— no serán vencidos hasta el año 19 a. C., bajo la supervisión personal del emperador Augusto, que llegará a Tarraco para dirigir la operación.

A partir de este momento —la llegada de la «Pax Augusta»—, Hispania pasa a integrarse de lleno en el Imperio romano y se divide en tres provincias, *Tarraconensis*, *Baetica* y *Lusitania*:

La epopeya ha sido muy bien contada recientemente (entre febrero y septiembre de 2016) en una magna exposición, «Los Escipiones. Roma conquista Hispania», desplegada en el Museo Arqueológico Regional de la Comunidad de Madrid, ubicado en Alcalá de Henares. Su catálogo es una hermosura, así como la de una muestra anterior celebrada en el mismo local, «Fragor Hannibalis. Aníbal en Hispania» (2013).

Entre los distintos miembros de la extraordinaria familia de los Escipiones la exposición destacaba a Publio Cornelio, que tenía 25 años cuando el desembarco en Emporion. Dirigió campañas brillantes en Hispania. Logró arrancar a Cástulo de manos de los cartagineses, también su vecino *Illiturgi* (Mengíbar). Y les infligió luego, en 206 a. C., una derrota tan tremenda en *Ilipa* (Alcalá del Río, Sevilla) que se retiraron a África.

Para recompensar a los heridos y veteranos de aquella batalla y otras acciones bélicas, Publio Cornelio fundó *Italica* (hoy Santiponce). Su emplazamiento estaba en la ribera izquierda del Baetis en las proximidades de la antigua ciudad fenicia de *Spal* o Hispal (luego la romana *Hispalis,* después Sevilla). Recientes excavaciones han revelado que en el lugar elegido, con situación privilegiada entre el Mediterráneo y las riquísimas zonas mineras de Sierra Morena, hubo antes un asentamiento turdetano-púnico. La iniciativa, pues, consistía en levantar en el corazón mismo de la zona enemiga una nueva y floreciente ciudad romana.

No se puede minimizar, de hecho, el papel crucial que iba a desempeñar Italica —de nombre tan simbólico— en la temprana romanización de todo el sur peninsular. No por nada nacería allí Trajano, el primer provincial en alcanzar el rango más alto del imperio. Luego viviría en ella el emperador Adriano.

Según explicaba la muestra de Alcalá de Henares, la población de Italica estaría siempre muy orgullosa de haber sido fundada por el más grande de los Escipiones.

Fue una ciudad espléndida, dotada de un anfiteatro para 25.000 personas. He pasado muchas horas curioseando entre sus ruinas. Y me produjo una alegría conocer hace poco, en una vitrina de la sección romana del MAN, una fascinante placa epigráfica procedente de ella. Reproduce, en letra cursiva, ni más ni menos que los primeros versos de la *Eneida*, de Virgilio, hay que suponer que por su referencia a la madre patria:

> *Arma virumque cano, Troiae qui primus ab oris*
> *Italiam fato profugus Laviniaque venit*
> *litora...*

> (De armas trato y del hombre que primero, desde las costas de Troya y exiliado por el sino, llegó a Italia y al litoral de Lavinia...)

El rótulo correspondiente señala que el latín, el primer idioma común europeo, «es símbolo e instrumento de la unificación cultural de Hispania». Así fue. Todos los documentos oficiales se escribían en él, y no se podía aspirar a ser ciudadano romano sin conocerlo. Que hoy casi nadie estudie latín en España —ni siquiera el más asequible de la Biblia Vulgata—, produce pena, teniendo en cuenta que el legado de Roma, con tantos elementos griegos asimilados, forma la base de nuestra civilización occidental.

En 202 a. C. Publio Cornelio Escipión venció definitivamente a Aníbal Barca y sus huestes al otro lado del Estrecho en Zama, cerca de Cartago. La batalla fue en extremo cruenta, con alrededor de 20.000 bajas enemigas. Publio Cornelio recibió a cambio el sobrenombre de *Africanus* y el rango militar de *triumphator maximus.* La historia iba a demostrar que no era para menos, pues a partir de aquella victoria empezarían ocho siglos de dominio romano sobre gran parte del orbe conocido.

El Africano sobrevivió a todas sus guerras y falleció —alejado de una Roma que ya le volvía la espalda— en su finca de Campania, donde escribió sus memorias (que no han sobrevivido) y recibió sepultura. Ya que, queramos o no, estamos en la era de Internet, busco información allí sobre su última morada y tropiezo con un comentario al respecto de un bloguero desconsolado:

> Tal día como hoy, 3 de diciembre del año 183 a. C., murió Escipión *el Africano*. Hoy colgamos una entrada muy corta pero cargada de sentimiento, ya que hace referencia al epitafio del mismo en su villa de Liturnum, el cual dice así:
>
> *Ingrata patria, ne ossa quidem habebit.*
>
> (Ingrata patria, ni siquiera tienes mis huesos.)
>
> Es difícil resumir en tan breve frase la angustia, la frustración, el desapego, el hastío, la amargura, la tristeza, la ira, la incomprensión... de quien lo dio todo por alguien y solo recibe desprecio, dolor, indiferencia... Es difícil resumir el castigo mental que tuvo que sufrir.

El epitafio que se merece es: «*Aquí yace Publio Cornelio Escipión* el Africano, *guardián de Roma, azote de Cartago y fiel servidor de la República.*»

«Que la tierra te sea leve» (*Sit tibi terra levis*), le desea al Africano el anónimo bloguero, echando mano de una fórmula repetida *ad infinitum* en las estelas romanas. Por lo que le toca a Hispania, el curioso puede contemplar una buena selección de estas en el MAN y, sobre todo, en el Museo Nacional de Arte Romano en Mérida.

Entre las inscripciones funerarias —que normalmente recurren a abreviaturas entonces transparentes para todo el mundo, como el R.I.P. nuestro—, me intrigan las consagradas a los Dioses Manes, deidades del reino subterráneo donde moran quienes ya han abandonado el mundo de los vivos. D. M. S. (DIIS MANIBUS SACRUM) reza la más habitual, o sea «Consagrado a los Dioses Manes». Cuando, en el siglo IV, el cristianismo se convirtió en religión oficial del imperio, antes tan politeísta, y los demás dioses fueron abolidos, a alguien se le ocurrió dar una lectura puesta al día de las letras D. M. S. No era cuestión ya de una consagración a los Dioses Manes, sino al Dios Máximo (*Deo Maximo*), al Dios Único de la nueva religión estatal. La credulidad de los seres humanos, ya lo sabemos, no tiene límites. Tampoco el cinismo de sus políticos.

NUMANCIA Y LA RESISTENCIA DE LOS CELTÍBEROS

Pero volvamos un momento a Estrabón. «Más allá de la *Idoúbeda* comienza inmediatamente la *Keltibería* —escribe el geógrafo—, región amplia y de vario aspecto, pero cuya mayor parte es áspera...» García Bellido explica que «la Idoúbeda» es la cordillera Ibérica, «en el tramo que va de Los Montes de Oca (al norte de

Burgos) hasta las estribaciones mediterráneas del macizo de Teruel». Estrabón cuenta a continuación que la más famosa de las ciudades de la región fue *Nomantía* (Numancia), «cuya virtud se mostró en la guerra de veinte años que sostuvieron los *keltíberos* contra los *rhomaíoi* [romanos]». Y sigue: «Luego de haber destruido varios ejércitos con sus jefes, los *nomantínoi*, encerrados tras sus murallas, terminaron por dejarse morir de hambre, a excepción de los pocos que rindieron la plaza.»

El largo cerco de Numancia había concluido en 133 a. C. Es otra fecha clave en la historia de Península Ibérica, pues el lugar había sido uno de los mayores obstáculos para los romanos en su intento de sojuzgarla. ¡Qué guerra les dieron los celtíberos, fusión de dos pueblos notables por su fiereza bélica!

Publio Cornelio Escipión Emiliano, *Africanus Minor*, fue enviado por el Senado para acabar definitivamente con la ciudad, ubicada a orillas del Duero sobre el hoy llamado Cerro de la Muela, en Garray, a siete kilómetros al norte de Soria. Decidió sitiarla en vez de atacarla, táctica que siempre había fracasado, y la rodeó a estos efectos con un *circumvallatio* de nueve kilómetros acompañado de torres, fosos, empalizadas y terraplenes. Para que nadie pudiese abandonarla ni entrar en ella se levantaron, además, sendos fuertes en ambas riberas del río para vigilar estrechamente la corriente.

Los romanos contaban con 60.000 soldados, entre ellos, enviados por el bereber Yugurta, rey de Numidia, en África, unos 15.000 hombres y doce elefantes. Para dar cobijo a tanta gente se establecieron siete campamentos en cerros colindantes. Todo ello para reducir a apenas 2.500 numantinos. El cerco duró trece meses. En el verano de 133 a. C. los sitiados, agotados por la hambruna y las enfermedades, decidieron, con unas pocas excepciones, suicidarse antes de ser inmolados por el enemigo.

La ciudad celtíbera se iba a convertir, con el tiempo, en el máximo símbolo del supuesto carácter indómito de la raza española. Así lo expuso Cervantes en *El cerco de Numancia*, estrenado hacia 1585. En la obra aparece la propia España, que, ante la tragedia que sobreviene inexorablemente, arremete en un lastimero soliloquio contra «los divididos ánimos furiosos» que han hecho imposible formar un frente común contra el invasor romano. Era más o menos lo que había dicho 1.500 años antes Estrabón: los iberos nunca se ponían de acuerdo sobre nada.

La diatriba de España es contestada por el Duero. Si bien es cierto que ya le queda poco tiempo a Numancia, concede, que sepa la «Madre querida» que no todo se ha perdido, ni mucho menos. En primer lugar la heroica resistencia de los numantinos siempre será recordada como una de las más nobles empresas de la Raza. Y, en segundo, los romanos encontrarán un día la horma de su zapato a manos de otras gentes:

Godos serán, que con vistoso arreo,
dejando de su fama el mundo lleno,
vendrán a recogerse en tus entrañas,
dando de nuevo vida a sus hazañas...

¡Ah, los vengadores van a ser los godos (en concreto los visigodos)! ¡Serán germanos los restablecedores de la España eterna! El razonamiento no tiene ni pies ni cabeza, pero dejémoslo ahí por el momento y sigamos con la ciudad del Alto Duero y su resistencia.

El cuadro de Alejo Vera, *Numancia* (1881), quizá la más célebre plasmación artística del episodio, sigue de cerca el conocido relato de los últimos días de la ciudad, debido al historiador Apiano (nacido en Alejandría en el año 95 d.C.). Cuenta este que los pocos supervivientes del cerco aparecieron ante sus enemigos «con los cuerpos sucios y llenos de pelos, uñas y mugre», despidiendo un hedor insoportable y mostrando en sus rostros «la cólera, el dolor, la fatiga y la conciencia de haberse devorado los unos a los otros».

Un día, mientras inspeccionaba las ruinas de Numancia, vi que al fondo asomaba la cumbre de la montaña de Santa Ana, o Santana, que domina Soria. Había subido más de una vez hasta ella llevando en la mano el gran poema de Antonio Machado, «A orillas del Duero», de *Campos de Castilla*, inspirado por el magnífico panorama. Pero jamás se me había ocurrido investigar si desde allí arriba eran visibles los restos de la ciudad arrasada por los romanos en 136 a. C.

Ahora me picaba la curiosidad.

Al día siguiente volví al enhiesto mirador. Cuando finalmente, con prismáticos, localicé el obelisco que señala Numancia tuve la sensación de haber hecho un gran descubrimiento. Puro romanticismo, ya lo sé. Revivo ahora aquella emoción.

La madre de Machado se llamaba Ana, por haber nacido al lado de la iglesia de Triana que lleva el nombre de la madre de la Virgen (la «abuela de Dios» para los sevillanos). Razón añadida para que el poeta amara esta montaña.

Desde Santana es impresionante el vasto espectáculo de la altiplanicie soriana, rodeada de montañas. En primavera la estepa se convierte, durante unas breves semanas, en un paraíso de flores, hojas nuevas, verdes trigales y praderas. Pero el sol inmisericorde del verano castellano se encarga de conferirle un aspecto de tierra quemada, aunque hoy mitigada a trechos por reforestaciones de robles y pinos. No es extraño que el poeta, ante tan esplendoroso paisaje, quisiera captar o elaborar en un denso poema algo de lo percibido y pensado aquella tarde de junio de 1907, cuando subió hasta esta atalaya por vez primera bajo un «sol de fuego».

El poeta debió de enterarse, durante sus escasos años en Soria, de que excavaba entonces en Numancia el célebre arqueólogo alemán Adolf Schulten, que más tarde, como ya hemos apuntado, se dedicaría a buscar en Doñana, sin éxito, los restos del mítico Tartessos.

La muestra de los Escipiones en Alcalá de Henares tuvo, entre sus méritos, el de reconocer la importancia de Schulten para nuestro conocimiento de Numancia y sus moradores.

Sabemos ahora que los numantinos no eran solo valientes guerreros celtíberos, dispuestos a luchar hasta la muerte contra los romanos, sino un pueblo de artesanos considerables. Es más, los especialistas nos aseguran que la cultura celtibérica tuvo, en Numancia, una de sus expresiones «de mayor personalidad». La cerámica encontrada en el yacimiento tiene una gran calidad y aún más llamativos son los trabajos de metalistería hallados.

En la exposición me quedé absorto contemplando el exquisito broche de un cinturón, hecho en bronce y lámina de plata, procedente de la necrópolis numantina:

Con sus motivos curvos tan característicos de los celtas, el broche me recordó en seguida piezas muy similares conservadas en el Museo Arqueológico Nacional de Dublín. Me complació enormemente, no lo puedo negar, encontrarme delante de otra prueba de la vinculación que une, por la vía céltica, a irlandeses y españoles.

Y ahora que estamos con este asunto, añado que una de mis pequeñas obsesiones ha sido y sigue siendo la búsqueda de la presencia celta en la toponimia antigua peninsular. Se denota especialmente en híbridos con el sufijo *briga*, «lugar fortificado», como segundo elemento. Me permito una pequeña muestra: *Adobriga* (cercanías del río Miño), *Arabriga* (al sur de Lisboa), *Arcobriga* (Monreal de Ariza, Zaragoza), *Augustobriga* (Talavera la Vieja, Cáceres), *Caesarobriga* (Talavera de la Reina), *Conimbriga* (Coimbra), *Deobriga* (quizás el yacimiento de Arce-Mirapérez, Miranda de Ebro), *Flaviobriga* (cerca de Santander), *Ierabriga* (al sur de Lisboa), *Juliobriga* (cerca de Retortillo), *Lacobriga* (Carrión), *Mirobriga* (Santiago do Cacém, Alemtejo, Portugal), *Nemetobriga* (A Pobra de Trives, Orense), *Nertobriga* (Fregenal de la Sierra, Badajoz), *Sanabria* y *Segobriga* (Saelices, Cuenca).

Un día yendo por la carretera no lejos de la población de Nuévalos, en Zaragoza, me sorprendió una señal para *Munébrega*, localidad que no he visitado todavía y cuyo nombre, según leo, procede de *Mundobriga*.

Hace poco he dado con *Cottaeobriga*, mencionada por Ptolomeo y creo que todavía sin identificar; *Caetobriga* (al sur de Lisboa), destruida por un terremoto en 412 d. C.; *Brutobriga*; y el que ya más me fascina, *Turobriga*, durante mucho tiempo de debatida ubicación y que, según recientes investigaciones, se localizaba casi seguramente cerca de Aroche, en el norte de la provincia de Huelva no lejos de la frontera portuguesa.

Turobriga tiene el interés añadido de haber sido centro de culto de una deidad celta enigmática, Ataecina, reina de la agricultura y de los infiernos luego asimilada a la romana Proserpina. En muchas inscripciones funerarias y aras votivas se la designa como «*Dea Sancta Turibrigense*» («Santa Diosa de Turobriga»). También son frecuentes en la zona las inscripciones referentes a otro dios celta, Endovélico, relacionado con la ultratumba pero también protector de la Naturaleza, los bosques y las montañas.

Benito Pérez Galdós, a quien le había sorprendido la frecuencia de topónimos españoles con el sufijo celta comentado, inventó en su novela *Marianela* uno muy convincente: *Ficóbriga*.

Hay casos en que le toma el relevo a *briga* el sinónimo *dunum* (celta *dún*, ubicuo en Irlanda y frecuente en Francia). Según el académico Rafael Lapesa, el sufijo se encuentra únicamente en el Pirineo central y oriental, pero he tropezado, en Plinio *el Viejo*, con uno en Baetica, *Arialdunum*, quizás el hoy Arahal, cerca de Sevilla.

También se encuentran algunos topónimos con el prefijo celta *Sego* o *Segi*, «victoria»: Segovia, el ya mencionado *Segobriga* (cuyo nombre indica por dos veces su procedencia), *Segontia* (Sigüenza), Sigüeya (León), *Segisamo* (Sasamón)...

Luego existe una derivación más divertida. Se trata de... bragas. ¿Sabías, amigo lector, que la palabra es celta? Pues sí, aunque las *bracae*, pantalones de cuero, eran vestimenta reservada a los varones de tal nación. Hay que suponer que los *bracari*, tribu asentada en el hoy territorio aragonés, eran especialmente proclives a llevarlas. Los topónimos *Bracara Augusta* (hoy Braga, en Portugal) y, también en el país vecino, Bragança, denotan la presencia celta por aquellos pagos.

En cuanto a los sustantivos celtas en español, son pocos: *abedul, alondra, berro, brío* (misma raíz que *briga*), *cabaña, camino, camisa, carro, cerveza, gato, gavilla, grava, greña, lanza, legua, losa, ola, pieza, roca, sayo, salmón, taladro, tamiz, truhán, vasallo...*

No puedo dejar de indicar que la palabra *whiskey*, que no se universalizó hasta muchos siglos después, también es celta y significa «agua de vida» (*uisge beatha*, en irlandés). Ya lo creo que da vida.

Hay abundante información en Internet sobre la presencia celta en la Península Ibérica, con trabajos de especialistas tanto españoles y portugueses como extranjeros (especialmente alemanes). Entre ellos el norteamericano John T. Koch, acerca de cuyas investigaciones sobre los celtas ibéricos me acaba de poner al tanto, y se lo agradezco, el director del fascinante Museo Arqueológico de Badajoz, Guillermo Kurtz.

Koch acepta la hipótesis, bastante novedosa, según la cual el idioma celta se desarrolló, no en el centro de Europa, como se ha venido creyendo, sino en la franja atlántica del continente, mayormente Galia (Francia). Y ha llegado a la conclusión de que sus hablantes penetraron primero en la Península Ibérica —más temprano de lo que se suponía— por su litoral occidental (lo cual no impide que lo hiciesen después, por otros caminos, nuevas oleadas celtas). Manejando una enorme cantidad de datos lingüísticos contrastados, Koch cree incluso que el idioma hablado por los tartesos era de procedencia celta y, por ende, indoeuropea.[1]

No están de acuerdo todos sus colegas y se escuchan acusaciones de *celtomanía*.

Volviendo a Numancia, y para terminar, una pregunta. Siendo la epopeya de la ciudad de la alta llanura soriana uno de los máximos orgullos patrióticos de los españoles, así como el adjetivo «numantino» sinónimo de inquebrantable resistencia hasta la muerte, ¿cómo explicar que, desde 2007, los alrededores del enclave heroico no solo estén bajo la amenaza de albergar un polígono industrial —¡con todo el sitio libre que hay alrededor de la capital soriana!—, sino que ya han sido víctimas de graves agresiones urbanísticas? No me resisto a copiar unas líneas de un artículo sobre el yacimiento colgado en Wikipedia:

> Se sigue adelante con uno de los proyectos que degradarán de forma irreversible el entorno de Numancia, sin que los

autores responsables de su protección hagan nada para impedirlo, siendo más bien los promotores de su destrucción.

Y es que este país es a veces tremendo, como si nada fuera sagrado. «A la ética por la estética», gustaba de insistir, en tiempos de la Segunda República, el político socialista Fernando de los Ríos. Creo que tenía razón. Si no se cuida el medio ambiente, si no se implanta el amor a la Naturaleza y nuestro entorno en el alma de los niños, ¿qué esperanzas hay de que España llegue a ser el gran país que es en potencia? A Machado, el mayor cantor de la hermosura del campo soriano, le habrían horrorizado los planes que tenían algunos, en parte ya realizados, para Numancia. Qué desprecio.

LAS CARROPISTAS DE HISPANIA

Una vez conquistada la Península Ibérica había que organizarla a fondo. Tarea nada fácil dado, en primer lugar, el carácter hosco y accidentado de gran parte del territorio.

La sociedad hispanorromana que paulatinamente se iría conformando era un complejo amasijo humano donde se mezclaban las poblaciones autóctonas o llegadas desde fuera, como los celtas, con gentes venidas de otras regiones del imperio, entre ellos soldados —muchísimos soldados— y colonos. Los nuevos dueños impulsaron desde el principio un proceso de homogeneización e impusieron un modelo social común sometido a la *Lex romana*.

Con el paso de los años se atenuaría la diversidad étnica y cultural de Hispania. Fundamental para todo ello fue la creación de una red de calzadas que uniese las principales ciudades de la península entre sí y luego con el resto del imperio. Los romanos tenían la tecnología, la experiencia y la mano de obra —allí estaban los esclavos— para llevarlo a cabo.

Me ha sido sumamente útil para conocer mejor estas vías —y aquí una recomendación desinteresada— el *Atlas desplegable de la Hispania romana*, de María Lara Martínez y Víctor Martínez, publicado en 2014 por la Editorial Alfonsípolis (Apdo. de Correos 972, 16080 Cuenca). Lo encontré en la excelente librería del MAN, adquirí luego otros ejemplares para regalarlos y desde entonces ha sido compañero inseparable de mis pesquisas ibéricas y romanas, tan inseparable como los mencionados tomos de García Bellido y el *Hand-book* de Ford.

El mapa que protagoniza el *Atlas desplegable*, y que señala las principales calzadas romanas que la cruzan, se basa en el fascinante texto conocido como *Itinerario de Antonino* (o *Itinerario de Antonino Augusto Caracalla*), del año 280 d. C., en el que se relacionan casi 400 rutas de las cuales 34 corresponden a Hispania.

Lo extraño es que el atlas no muestre las vías que unían a Lusitania (Portugal) con el resto de la península. Ausencia que se subsana en el mapa más pequeño que figura detrás, titulado «Principales calzadas romanas en España», donde consta que las ciudades de *Olisipo* (Lisboa) —nombrada después *Felicitas Julia*— y *Bracara Augusta* (Braga) estaban perfectamente conectadas entre sí y con el interior.

Para facilitar la consulta y disfrute del atlas, los autores han tenido el acierto de añadirle una tabla alfabética en la cual se relacionan los casi cien topónimos que figuran en el mismo. En bastantes casos la equivalencia con la ortografía actual es absoluta, o casi: *Anticaria* (Antequera), *Corduba, Gades* (Cádiz), *Illici* (Elche), *Italica, Malaca, Palantia* (Palencia), *Saguntum, Salmantica, Segovia, Segorbe, Titulcia, Toletum*... En otros solo hace falta un pequeño esfuerzo para reconocer la pervivencia del nombre original: *Abdera* (Adra), *Astigi* (Écija), *Carmo* (Carmona), *Caurium* (Coria, Cáceres), *Dertosa* (Tortosa), *Dianium* (Denia), *Carthago Nova* (Cartagena), *Lucus* (Lugo), *Obila* (Ávila)... Pero, en general, necesitamos ayuda. Sin estar al tanto, por ejemplo, ¿quién podría deducir que León se llama así por haber nacido como campamento de la Séptima *Legio* romana?

He incluido a *Caurium* porque un día, hace años, tropecé en el museo romano de Bath, en Inglaterra, con la estela funeraria de un tal Lucius Vitellus Tancinis. Según indicaba la inscripción, su padre era de aquella localidad extremeña, y Lucius, que pertenecía a un regimiento de caballería, había muerto en *Aquae Sulis* —así nombraron los romanos al futuro Bath— a los 46 años después de veintiséis al servicio del imperio. Nada más sabemos del individuo, fallecido tan lejos de la casa paterna.

El atlas de marras tiene el mérito de añadir, en otra tabla, una lista de «algunos enclaves fundamentales» romanos desparramados por Hispania (aunque excluyendo otra vez los de Lusitania): acueductos, anfiteatros, arcos, campamentos militares, circos, cecas, faros, foros, fuentes, minas, murallas, necrópolis, puentes, teatros, templos y termas.

Hay también una relación de los principales museos provinciales españoles con fondos romanos. No hay español que no tenga uno cerca, o relativamente: toda una incitación para empezar una aventura de descubrimiento.

Los autores han incluido, además, un mapa del imperio en el año 125 d. C., momento de su máximo esplendor expansivo. Contemplándolo se aprecia el increíble esfuerzo que supuso la creación de un tejido de carreteras supereficientes capaz de poner en contacto los rincones más alejados de aquellos vastos dominios.

Instaladas a lo largo de las vías había, a cada 10 o 15 kilómetros, una *mutatio* (estación de descanso y cambio de bestias) y, cada tres *mutationes*, una *mansio* (con albergue donde cenar y pasar la noche y servicio de establos).

Acompañaban las calzadas unas enormes piedras cilíndricas, los *milia*, que indicaban, entre otros pormenores, a cuántas *millas* o pasos se encontraban la próxima ciudad o ciudades (una milla romana equivalía a 1.480 kilómetros).

En el MAN hay uno impresionante por sus dimensiones (mide más de dos metros de altura) y por su excelente estado de conservación. Procede de la Vía Augusta a su paso por las proximidades de Úbeda, y data del año 98 d. C. Su inscripción indica que fue mandado reparar bajo el emperador hispano Trajano.

Si hacemos los cómputos en kilómetros, Estrabón consigna que en Hispania la red de *viae publicae* (calzadas principales) sumaba entonces más de 2.000. Según el mencionado *Itinerario de Antonino*, las del imperio totalizaban, ya para el siglo III d.C., unos 90.000, de los cuales unos 10.300 le correspondían a Hispania. La red había experimentado una expansión espectacular, sin contar las vías secundarias —*viae vicinales*— que cubrían todo el territorio.

Por las calzadas del imperio —*sine qua non* de su vertebración y gobernabilidad— iban y venían legiones, comerciantes, oficiales de toda categoría, desde emperadores y sus numerosos séquitos hasta humildes funcionarios municipales. Cuando había prisa de verdad, un mensajero, con los caballos y relevos necesarios, podía viajar unas 50 o 60 millas por jornada, según el terreno, claro. Se ha dicho que, en el año 9 a. C., el emperador Tiberio logró cubrir 215 millas en veinticuatro horas para llegar al lado de su hermano moribundo. No sé si es verdad.

Era una revolución viaria nunca vista en la historia de la humanidad. El aspecto negativo era que más adelante le iba a facilitar las cosas a nuevos invasores.

Como sabe el lector, soy de los que abogan por disfrutar las riquezas artísticas y culturales que tenemos a mano, sin estar pensando siempre en aventurarse por territorios lejanos y novedosos. Así que, como vecino de Madrid, me intriga salir en busca de los vestigios arqueológicos de la comarca.

De los restos del sistema viario que se han encontrado en los alrededores de la capital tienen especial interés los que pertenecían a la llamada Vía XXIV del *Itinerario de Antonino* (que iba desde Mérida hasta Zaragoza). En el centro peninsular unía Segovia —por el puerto de la Fuenfría (1.796 metros de altitud sobre el nivel del mar)— con *Titultiam* (Titulcia), *Complutum* y Toletum (Toledo).

Vale la pena hacer el trayecto en tren de Madrid a Cercedilla (poco más de una hora) y llegar desde allí al tramo de la calzada sobre la cual han actuado los arqueólogos. Empieza junto al Centro de Visitantes del Parque Nacional Sierra de Guadarrama-Valle de la Fuenfría, tiene una longitud de 5,5 kilómetros y sube hacia arriba entre impresionantes bosques de pinos.

Mucho menos conocido es el tramo de la Vía XXIV descubierto más cerca de Madrid, en Collado Mediano, con restos de una posada (*statio*). Era casi seguramente el enclave nombrado *Miaccum* en dicho *Itinerario de Antonino*. «Su anchura de 4 metros permitía el tránsito de caballerías y carros en el ascenso y descenso del complejo puerto de la Fuenfría —explica un rótulo—. La proximidad de este puerto de montaña es la razón de que existiese aquí, antes de la subida, una fonda en la que preparar el tramo más complejo del viaje.»

En mi última visita los restos de la *statio* de Miaccum, protegidos por una cubierta metálica, no estaban todavía abiertos al público, pero sí se podían inspeccionar los de la calzada. A su lado los responsables han tenido la iniciativa, muy creativa y didáctica, de construir un modelo, utilizando componentes reales, de las diferentes capas constructivas de las vías romanas y señalando en un letrero sus correspondientes nombres latinos: *pavimentum* (solera de tierra), *margines* (bordillo), *statumen-rudus* (cascajo), losas, tierra niveladora y *gremium* (roca madre). Pero falta la capa de rodadura, o *supercrusta*, hecha de arena y limo, que facilitaba el tránsito de vehículos.

Más cerca aún de Madrid han aparecido, dentro del parque del Toril de Galapagar, doscientos metros de otro tramo de la Vía XXIV, que me ha llamado la atención por su anchura (ocho metros). En este país, ya se sabe, las sorpresas arqueológicas están a la orden del día.

Y de los puentes y acueductos romanos, ¿qué decir que no se haya dicho ya? Para aquellos fantásticos ingenieros, nada —ni montañas ni barrancos ni ríos— podía estorbar el trazado decidido. Para demostrarlo, ahí está el acueducto de Segovia, uno de los monumentos más impresionantes del imperio. Como hemos dicho, tenían la tecnología y no les faltaban esclavos para acarrear con la dureza de las tareas. El puente de Alcántara, que sortea el Tajo cerca de la actual frontera con Portugal, es el más fabuloso de Hispania (el de Mérida, aunque con sus 800 metros el más largo, no constituye una hazaña comparable). Encargado por Trajano, costeado por varios pueblos lusitanos, debió de construirse más o menos entre los años 75 y 105 d. C. Tiene 71 metros de altura (incluyendo su arco triunfal), 194 metros de longitud y ocho de anchura. Un prodigio.

A Richard Ford, como a los demás viajeros del siglo XIX, le dejó casi sin palabras. Fue creado, comentó, «por hombres cuando poblaban el mundo los gigantes».

El nombre del arquitecto nos lo proporciona una inscripción latina hoy borrada pero de la cual el inglés, metódico como siempre, nos proporciona las líneas cruciales:

Pontem perpetui mansurum in saeculi mundi,
Fecit divina nobilis arte Lacer.

(Este puente destinado a durar por siempre en los siglos del mundo lo hizo Lacer, famoso por su arte divino.)

Según Ford, Caius Julio Lacer fue enterrado cerca del puente en una tumba luego destrozada por unos «bárbaros». Pero no pudieron destruir su nombre. Y allí sigue en pie, dos milenios después, la maravillosa obra que, como él quería, le iba a asegurar fama perenne.

HISPANIA EN EL MAN

Las salas hispanorromanas del Museo Arqueológico Nacional se encuentran en el ala izquierda de la primera planta del edificio. Aunque llevo un año frecuentándolas, en cada visita descubro algún matiz nuevo.

Ocupa el patio (Sala 20) la recreación minimalista de un foro, punto central público de todas las ciudades romanas, donde se juntaban imágenes tanto del poder imperial como de sus representantes locales.

Se solía ubicar en la intersección de las dos principales vías de la ciudad, ambas rectilíneas: el *decumanus* (este-oeste) y el *cardo maximus* (norte-sur). En él se situaban la Basílica —sede del poder judicial—, la Curia —la del legislativo—, las termas y los templos.

Presiden el espacio dos estatuas marmóreas sentadas de gran tamaño. Son de Livia Drusila, la esposa del emperador Augusto —el que remató la conquista de la península— y de su hijo, el emperador Tiberio. Fueron encontradas juntas entre las ruinas de Paestum, en Campania y, según el letrero correspondiente, Livia, que lleva velo, aparece aquí como sacerdotisa del culto imperial a su marido.

Al fondo opuesto del patio, se alinean sendas estatuas de Venus y Esculapio —dios de la medicina y de la salud—, Apolo, Minerva (sin cabeza) y otra vez, Livia, que ahora aparece como la diosa

Fortuna o Abundancia y lleva una cornucopia finamente labrada rebosante de frutos.

Entre los dos grupos de esculturas que dominan la sala, separados por un pasillo, hay una doble hilera de quince cabezas de emperadores y sus familias y, enfrente, una selección de interesantes aras mortuorias y placas con inscripciones.

Siempre que contemplo el conjunto del patio vuelvo a pensar en el proceso de romanización de los iberos y de los otros pueblos peninsulares. Dos siglos después del famoso desembarco en Emporion casi todos los habitantes de Hispania hablaban latín, el idioma universal del imperio, y habían olvidado sus lenguas originales. La «*dura tellus Iberiae*» («dura tierra de Iberia») —como al parecer la definiera algún autor latino— ya lo es menos. Los foros, con sus figuras togadas —en el patio del MAN se incluyen dos femeninas, exquisitamente elegantes—, son la demostración del profundo cambio operado.

Impresiona la serenidad que emanan estas estatuas, hasta en los reposados pliegues de sus togas. Aquí manda Roma, aquí *imperan* el orden, la ley, el uso de la razón, la práctica del debate, el civismo. Nada más ajeno a la «anárquica» situación anterior. Hispania ya se ve involucrada plenamente en una inmensa empresa expansiva que supera, sin despreciarlos, las diferencias y particularismos locales.

Convivían en el país múltiples cultos religiosos indígenas o importados, entre ellos los dedicados a deidades egipcias —Serapis, Isis, Apis—, el judaísmo y ahora, el más nuevo, el cristianismo. Este se había empezado a difundir muy pronto en la península mediante la llegada de mercaderes y colonos procedentes de diversos rincones del Mediterráneo, así como de soldados romanos provenientes de distintos puntos del vasto imperio.

Ya para el siglo III había en la península comunidades cristianas bien asentadas que mantenían intensas relaciones con las existentes en el norte de África. A lo largo del siglo se irían construyendo basílicas y otros edificios para atender a las necesidades del clero y de los creyentes. Luego, en 312, se produjo el hecho trascendental de la conversión del emperador Constantino al cristianismo católico y su imposición, al año siguiente, como culto oficial y exclusivo del imperio. Ello suponía un giro de 360 grados que iba a transformar una religión de pobres y desposeídos, antes perseguida a menudo por Roma —últimamente por Diocleciano, emperador entre 284 y 305—, en una dirigida por los ricos y los poderosos.

Diocleciano, en una situación de inestabilidad política y económica, había creado la *Diocesis Hispaniarum*, que dividía la península en cinco provincias —Gallaecia, Lusitania, Baetica, Tarraconensis y Cartaginensis—, estructura administrativa que se mantendría hasta la llegada de los visigodos en el siglo VI:

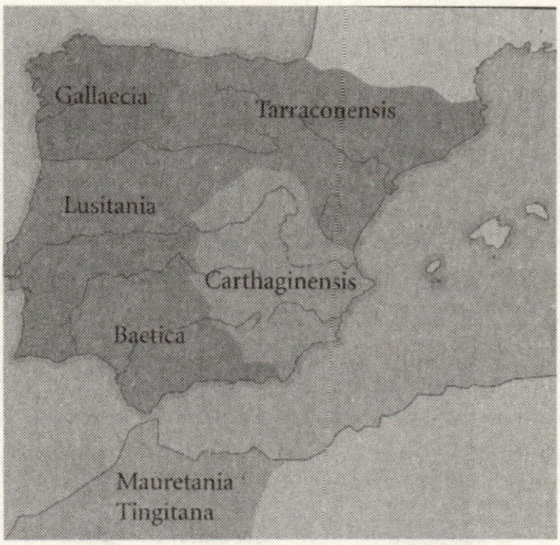

Por lo que le tocaba a Hispania, indicaba la rápida expansión del catolicismo la celebración, entre aproximadamente 300 y 324 —la fecha exacta no se ha comprobado—, del *Concilium Eliberritanum* (Concilio de Elvira), así conocido por haber tenido lugar en la ciudad de *Illiberis*, situada al pie de la Sierra Elvira cerca de la localidad actual de Atarfe, a poca distancia de la futura Granada.

Uno de los objetos más curiosos de la vida íntima de los cristianos primitivos, tanto en Hispania como en el resto del imperio, era el *crismón* (del griego χριω, ungir). Se trataba del monograma XP, repetido en infinidad de placas e inscripciones funerarias. Las letras que lo formaban, *chi* (X) y *rho* (P), eran las dos primeras, en griego, de Cristo (Χριστός, el ungido). Al principio, cuando los cristianos eran muy hostigados, el crismón era un signo críptico, secreto. Luego, con Constantino, sin el temor a represalias, proliferó abiertamente. A veces se acompañaba de las letras inicial y última del alfabeto griego, α (alfa) y ω (omega), que simbolizaban a Jesús como principio y fin de la existencia («Yo soy el alfa y el omega...»).

Pues bien, en la vitrina 20.2 de la Sala 20 del MAN hay un crismón fascinante: una placa de arcilla del siglo III procedente de Aceuchal, en la provincia de Badajoz, que tiene la singularidad de reproducir, encima del ya ubicuo monograma, el primer verso del Libro V de la *Eneida* de Virgilio («*Interea medium Aeneas iam classe tenebat*»).* La yuxtaposición expresa un reconocimiento doble: por un lado del mundo de la literatura romana consagrada, por otro de la flamante religión cristiana, de origen netamente oriental:

* «Entretanto, Eneas con su flota mantenía firme su curso en medio del mar...»

La vitrina contiene otras joyas. Entre ellas una hermosa escultura en mármol blanco de la diosa Cibeles, por desgracia mutilada, atendida, en su trono, por dos perros; y un ara dedicada a la misma deidad con una inscripción que tiene el enorme interés de aludir a un *taurobolio* —sacrificio ritual de un toro—, siendo, según la cartela, el testimonio epigráfico más importante de Hispania sobre esta ceremonia de origen, al parecer, italiano.

¿Cuántos madrileños saben que Cibeles, que preside desde su carro la plaza quizá más célebre de España después de la Puerta del Sol, es la divina Madre de la Fecundidad y de la Resurrección, y que su culto llegó a la Península Ibérica procedente de Frigia, en Asia Menor? Me imagino que pocos. Hasta no conocer esta vitrina del MAN yo tampoco tenía las ideas claras al respecto.

Hay otros dos objetos en la vitrina 20.2 con embrujo.

El primero es un exvoto en bronce, en forma de cabra, dedicado a la diosa celta Ataecina. La cabra tiene las patas delanteras sobre una inscripción ilegible para el visitante. ¿Que dice? Me informa el MAN:

> DE(AE) S(ANCTAE) A(TAECINAE) T(URIBRIGENSIS) / COCCEIVS / MODESTI/ANVS V(OTUM) S(OLVIT)
>
> (A la Diosa Santa Ataecina Turibrigense, Cocceius Modestianus cumplió un voto.)

Otra vez, pues, la localidad extremeña de Turobriga, con su fervoroso apego, como vimos antes, a la misteriosa diosa celta de la vegetación y del submundo.

El segundo objeto es egipcio: un pequeño sistro o sonajero utilizado en el culto a Isis. Al contemplarlo por primera vez recordé en seguida mi encuentro con el misterioso hombre del tren de Cádiz y el Bronce de Carriazo, la pequeña maravilla del Museo Arqueológico de Sevilla, con su imagen de la fenicia Astarté sacudiendo un pequeño instrumento de la misma estirpe.

Me cuesta trabajo no fantasear con los bailes de las sacerdotisas del Nilo, acompañados del tintineo de sistros como este y, quién sabe, si no por el *meneo* de caderas y glúteos que tanto le llamaran la atención a Richard Ford en las *boîtes* de la noche gaditana. Me imagino que tampoco se le habría escapado al gran curioso impertinente que los gitanos españoles creían entonces —no sé si algunos todavía— que sus antepasados procedían de Egipto (gitanos < egiptanos).

En la colindante Sala 21 nos encontramos con la recreación del ambiente de la *domus*, típica casa urbana particular de los ciudadanos hispanorromanos ricos (los menos afortunados vivían en pisos de alquiler instalados en *insulae*, «islas», edificios de varias plantas). Entre los numerosos espacios de la *domus* figuraban el *lararium* (pequeña capilla para los *lares*, dioses domésticos), el *triclinium* (comedor) y el *peristylum* (peristilo), patio con jardín rodeado por un pórtico de columnas.

La sala incluye un pequeño grupo de cinco extraordinarias estatuas yuxtapuestas que nos ayudan a imaginar el ambiente del peristilo.

La primera, de izquierda a derecha, representa a Urania, musa de la astronomía. Es del siglo I a. C. Fue encontrada en Churriana, en Málaga (donde dos mil años después viviría el gran hispanista Gerald Brenan). La musa aparece en actitud pensativa, con la esfera celeste a sus pies. Emana tranquilidad, concentración intelectual.

Le sigue una estatua de Pan, dios mitad hombre mitad cabra que cuida a pastores y rebaños... y provoca terror, y no por nada, en las ninfas. Es del siglo I d. C. y se descubrió en Italica, donde adornaba una fuente.

La tercera, del siglo anterior, es una magnífica representación de Silvanus, dios protector de bosques y frutos.

Después es el turno de un fauno ebrio, del siglo I d. C., que nos llega desde Italia. Un ser híbrido, como Pan, con orejas y cola de caballo, que está escanciando vino directamente desde un odre.

Remata el grupo una estupenda estatua de Baco, de mármol como las demás. Es del siglo II d. C. y procede de Aldaya, en Valencia. El dios del vino y de la renovación de la Naturaleza, tocado aquí con una guirnalda de hiedra (como en el famoso cuadro de Velázquez), acompañado de un perrito y llevando un cántaro, no puede faltar en el peristilo donde, según el rótulo, «preside los placeres del ocio privado, el descanso y la contemplación de la belleza del jardín y sus monumentos».

Muy cerca, en una vitrina con el sugestivo rótulo de EL SUEÑO DE LA MUERTE, hay una doble maravilla: dos estatuas del siglo II d. C. encontradas, se infiere que juntas, en el yacimiento romano de Illici (Elche). Una, de pie, es de Hypnos, según el cartel «hijo de la Noche y de la Oscuridad, hermano de la Muerte», el encargado de provocar «el sueño en los mortales con el dulce movimiento de sus alas». Está dormido, como corresponde, y como también Eros, tirado a su lado en el suelo sobre una piel de león, que aquí no ejerce de disparador de flechas amorosas sino de guardián de tumbas infantiles. Ambos, nos asegura el letrero, «conceden el descanso eterno cuando la luz de la vida, la antorcha, se extingue»:

Hay, para terminar, una sorpresa excepcional: una escultura de Príapo, dios menor griego asimilado por los romanos. Se labró en el siglo I d. C. y fue encontrada en Anticaria (Antequera). Dice el rótulo: «Criado por pastores que tributaron culto a su virilidad, Príapo es un dios rústico que concede fertilidad a los campos y fecundidad a los rebaños. Guarda viñas y jardines, donde se colocan sus imágenes.» Texto pudoroso en extremo, toda vez que el dios ha levantado su vestido para exhibir, sin asomo alguno de pudor, su pene rígido engalanado con hojas y flores:

Pero ¿es realmente Príapo, casi siempre representado con el falo erguido? Dificulta su identificación el hecho de estar sin cabeza, pero tanta flor y tanta delicadeza no parecen propias de una deidad tan eminentemente varonil (como se puede comprobar contemplando sus imágenes en Internet). Nada más ver la obra por primera vez me acordé de una muy parecida incluida en la muestra «Mujeres de Roma. Seductoras, maternales, excesivas», que, procedente del Louvre, estuvo en el Caixa Forum de Madrid en 2015. Si la escultura del MAN impacta, la del hermafrodito de «Mujeres de Roma», colocada a la vuelta de una esquina sin previo aviso, provocaba auténtica turbación —me consta— en más de un y una visitante, pues el miembro que ostentaba con toda naturalidad la criatura era realmente llamativo. Tiendo a pensar que la estatua del MAN representa, más que a Príapo, a otro hermafrodito. Los especialistas dirán. Traigo el asunto a colación porque, viniendo como vengo de un ambiente puritano que excluía rigurosamente la mirada lasciva, la *escopofilia*, me complace saber que en el mundo grecorromano la presencia en un jardín de una estatua en estado de conmoción *priápica* no escandalizaba por lo visto a nadie.

LA SALA 22 DEL MAN

He aquí seis magníficos mosaicos procedentes de villas esparcidas por Hispania, fechadas entre los siglos III y IV d. C. y rebosantes de vitalidad.

Un rótulo titulado EL CAMPO explica que cada ciudad hispanorromana tenía un territorio propio, el *ager*, para su abastecimiento, con tierras de labor y pastos, cabañas, almacenes, molinos y establos, todo bajo la administración de los propietarios de las *villae*, villas. «Desde el siglo I a. C., Roma introduce cambios en la organización de la producción agrícola y distribución del suelo hispano —nos informa—. Una parte se reserva como *ager publicus*, de uso comunal. Otra se reordena entre los propietarios indígenas o se asigna, a través de la parcelación o centuriación, a los colonos itálicos. Este proceso implica la explotación de nuevas tierras, el establecimiento de una red de caminos y aguas, y la definición jurídica de la propiedad. Desde el siglo I al IV Roma transforma el paisaje rural hispano.»

Otro rótulo, LAS VILLAS, añade más detalles. Resulta que la propiedad rural, el *fundus* (de donde el español lati*fundio*, «finca grande»), constaba de una *pars urbana* (la villa o parte residencial propiamente dicha del mismo), una *pars fructuaria* (almacenes y dependencias de trabajo) y una *pars rustica* (las tierras). La villa era «un elemento de representación y prestigio, de habitaciones de verano y de invierno, ordenadas en torno a un patio central, zonas públicas con pórticos, peristilos, *triclinia* y salas de recepción, y zonas privadas con habitaciones familiares, termas y pequeños jardines». En cuanto a su decoración y su mobiliario, expresaban el poderío y riqueza del propietario, su cultura y su «deseo de vivir rodeado de todas las comodidades de la ciudad en el campo». De crear una *urbs in rure*, lo más aproximado a un pequeño espacio urbano situado en pleno campo.

A mí me parece que aquellos ricos terratenientes tardorromanos, aquellos *domini*, se parecían mucho a quienes, en la Inglaterra del siglo XIX, se preciaban de ser *gentlemen farmers*, o sea a la vez aristócratas civilizados, amantes de libros y música, y personas prácticas que no se avergonzaban de comercializar con provecho sus productos agropecuarios, al fin y al cabo el *sine qua non* de las villas.

Los seis mosaicos aquí expuestos dan la medida del afán de aquellos amos por impresionar a los demás, empezando con el que protagoniza la sala, el gran *Mosaico de las estaciones y los meses*, procedente de una villa de Hellín (Albacete). Mi predilecto entre ellos es el que narra los doce trabajos de Hércules, lleno de vitalidad y movimiento (procede de Lliria, Valencia). La cartela nos explica que el héroe, con su fuerza, superación y triunfo sobre la muerte, ejemplificaba las virtudes del noble romano. El mosaico tiene, además, un valor añadido para los aficionados a Andalucía y sus mitos. Y es que una de las labores de Hércules, como ya se recordó antes, consistía en matar a Gerión, rey de Tartessos —o, según algunos, de las islas de Gades (Cádiz)—, que tenía tres cabezas e iba protegido por un perro bicéfalo mortífero y un gigante tremebundo. Aquí vemos al héroe despachando a gusto, con su porra, al monarca (tras lo cual se llevó consigo a Grecia sus famosos rebaños de vacas y toros).

No hay que perder tampoco en esta sala el exquisito *Mosaico vegetal* del siglo IV d. C., protagonizado por granadas. Adornaba el vestíbulo de una habitación de la Villa de Soto de Ramalete (Tudela, Navarra) y tiene un delfín graciosísimo.

La sala contiene un pequeño objeto del todo inesperado entre tantos mosaicos, encontrado en Villanueva de los Barros (Badajoz): una *tabula* del siglo III con una carta en latín escrita en cursiva. Dirigida por Maximus, *dominus* de una villa de aquellos contornos, a un hombre de su confianza, un tal Nigrianus, expresa su indignación por un hecho brutal ocurrido recientemente en una propiedad suya. El MAN me ha proporcionado amablemente la transcripción y la traducción:

> MAXIMUS NIGRIANO / ET HOC FUIT PROVIDENTIA / ACTORIS UT PUELLAM QU(E) IAM / FETO TOLLERAT MITTERES / ILLAM AC TALE LABORE UT / MANCIPIUS DOMINICUS / PERIRET QUI TAM MAGNO / LABORIS FACTUS FUERAT / ET HOC MAXIMA FECIT / TROFIMIANI FOTA; ET CASTI/GA ILLUM, QUASI EX OMNI / CLOSUS EST [F]IGE LIMITES L(ATIFUNDI) A MONT TANCETI CIPOS [FINA]LES A(GRI) LACIPE(AE).
>
> (Máximo a Nigriano. ¡Con que tal fue la imprevisión del administrador, que a la muchacha, que ya había parido, la mandases a hacer el trabajo y pereció la esclava por causa de tan ruda labor! Y de esto tuvo la culpa Máxima, la manceba de Trofimiano. Castígala y él que sea privado de su peculio. Señala los linderos del latifundio, desde el monte Tances* hasta los cipos finales del campo de Lacipea.)**

* Al parecer, Montánchez.

** Lugar no identificado.

¡Qué documento más sabroso! ¡Y de qué manera nos acerca a un episodio desagradable, celos al parecer incluidos, ocurrido entre las gentes que poblaban los latifundios desparramados por Hispania!

BREVE MIRADA A LA SALA 23

Vale la pena terminar el recorrido por las salas hispanorromanas del MAN con una visita al inicio de la siguiente, la 23. Aquí hay otro mosaico muy interesante, el de las Musas, que embellecía una villa de la primera mitad del siglo IV en Arellano (Navarra). Tiene nueve compartimientos, como corresponde. Cinco de ellos casi intactos, los restantes muy defectuosos o vacíos. El rótulo explica que cada musa está acompañada de un adepto o maestro en el arte que ella protege: *Urania* (astronomía) —cuya estatua vimos en la Sala 21— del poeta y astrónomo Arato; *Clío* (historia) de, al parecer, Cadmo de Mileto (aunque dice el rótulo un tal Caduco, que parece ser un error); *Euterpe* (música) de Hyagnis (el primero, se decía, en tocar el *aulos*, especie de flauta); *Melómene* (tragedia) de un maestro sentado no identificado; *Calíope* (poesía épica) de Homero, ¡quién si no!; *Erato* (poesía lírico-amorosa) de un joven maestro también sin identificar; y *Talía* (comedia y poesía pastoral) del dramaturgo Menandro. Faltan los compartimientos correspondientes a *Terpsícore* (danza) y *Polimnia* (himnos sagrados), y el medallón central ha sido casi totalmente destrozado.

Añade un gran interés al mosaico el hecho de que cada una de sus escenas tiene como telón de fondo una villa rural, motivo que alude, se infiere, a la del *dominus.* El rótulo señala que este ha encargado la obra para que le inspire; que su villa de Arellano supone para él un «refugio intelectual»; y que «el elogio de la cultura y de la ciencia, heredadas de Grecia, es demostración de su superioridad, signo de prestigio». Feliz, pues, el dueño de la villa, que puede compartir sus quehaceres agrícolas con placenteras horas de ocio rodeado de belleza y estímulos artísticos.

Llama la atención la lauda o mosaico funerario (segunda mitad del siglo IV) colocado en la pared al lado del de las Musas. Procedente de Alfaro, en La Rioja, cubría la tumba de un tal Ursicinus. El crismón que figura en medio del segundo rectángulo indica que el muerto, retratado en el tercero, fue adepto de la religión de Jesús:

El texto latino reza:

VRSIC / INVS / IN PACE DO[RMIT] / PERN / OM / EN / DEI / RECESIT ANNO [RUM] / XXXXVII REMI / SIT FILIAM AN / N [ORUM] VIII VXOR FEC / IT MELETE

Y la versión española del MAN:

(Ursicinus. Duerme en paz. Por el nombre de Dios. Murió a los 47 años. Dejó una hija de 8 años. Hizo (la lauda) su esposa Melete.)*

* Le agradezco al MAN tanto la transcripción como su versión española.

¡Ay de la viuda Melete y de su pequeña hija! ¿Qué fue de ellas? De su tránsito por este valle de lágrimas no sabemos nada más.

A dos pasos de la lauda de Ursicinus se exhiben unos sarcófagos que dan fe del cambio producido en Hispania por la subida del cristianismo al rango de religión oficial del imperio. Donde antes se representaban en ellos solo escenas de la mitología grecorromana, como se puede constatar en las salas anteriores, ahora van apareciendo, cada vez más explícitamente, temas provenientes del Viejo y Nuevo Testamentos. Entre ellos Adán y Eva en el Jardín del Edén, Daniel en el foso con los leones, la multiplicación de panes y peces, la resurrección de Lázaro, David decapitando a Goliat, la entrada de Cristo en Jerusalén a lomos del burro o las negaciones de Pedro. El sarcófago de Astorga, colocado debajo del mosaico de las Musas, es un buen ejemplo. Lo fecha hacia 310 el MAN:

Y una queja: la ausencia de cartelas, en las salas recorridas, con los textos latinos originales de las inscripciones funerarias y otros objetos expuestos. Es una deficiencia que también se puede constatar en el Museo Romano Nacional de Mérida (pero en la cual no cae el Museu Arqueologico Nacional de Portugal en Lisboa). En una época en que se enseña cada vez menos el latín (y no digamos el griego), creo que los museos podrían hacer un esfuerzo por complacer a quienes tuvimos la suerte de adquirir en la escuela un conocimiento, aunque bastante rudimentario, del idioma de Roma, conocimiento que nos gusta utilizar de vez en cuando y, si es posible, profundizar.

Sorprende un poco, también, que el MAN no informe al visitante de que a solo treinta kilómetros de Madrid, en Alcalá de Henares, se hallan los restos de una de las ciudades romanas más destacadas del interior de Hispania.

COMPLUTUM

Antonio García Bellido dice que el topónimo Complutum aludía a la alta *pluviosidad* de la zona. Es casi seguro, sin embargo, que su raíz es la fonéticamente afín *fluvia*, río, y que se trataba de la *confluencia* del Henares y uno de sus *afluentes*, el Camarmilla.

El adjetivo *complutense* es bien conocido por el hecho de llamarse así una de las universidades españolas más prestigiosas (fundada en Alcalá de Henares en el siglo XVI). Me imagino que a menos gente le suena la famosa Biblia Políglota Complutense. Pero, en fin, la palabra, con su raíz acuática, forma parte del vocabulario nacional.

Domina la vega del Henares un cerro hoy cubierto de pinos, San Juan del Viso, donde hubo un asentamiento ibérico aprovechado por los romanos antes de la construcción de Complutum. Desde su cumbre (784 metros sobre el nivel del mar), erizada de antenas militares, el panorama es impresionante: las torres de Azca en Madrid y los cuatro gigantes levantados algo más allá, los aeropuertos de Barajas y Torrejón de Ardoz y, allí abajo, el río y la aglomeración industrial y urbanística de Alcalá de Henares y sus alrededores.

Es fácil localizar la posición de la ciudad romana por la enorme cubierta blanca que protege los restos de la llamada Casa de los Grifos.

Complutum se empezó a levantar, cerca de dicha confluencia del Henares y del Camarmilla, en la época de Augusto, o sea a principios del primer siglo de nuestra era; se consolidó este bajo Claudio; y tuvo entre mediados del siglo III y finales del IV su época de mayor florecimiento. Luego, a lo largo del siglo V, sobrevino su progresivo declive y abandono.

En el último tramo de su recorrido, el Camarmilla —hace dos mil años relativamente caudaloso— no es hoy más que un degradado arroyo donde, pese a todo, logran sobrevivir unos lozanos juncos. Es imposible seguirlo hasta su inmediato encuentro con el Henares porque, justo antes, donde lo cruza un pequeño puente peatonal, lo engulle un túnel abierto para facilitar la construcción de un nuevo enclave urbanístico y la circunvalación que lo bordea.

En tiempos de los romanos este era un paraje delicioso y frondoso donde, además de los ríos, había numerosos manantiales y fuentes (de una de estas, la del Juncal, quedan cerca unos restos, no señalados) al lado de las dependencias del TEAR (Taller de Arqueología de Alcalá de Henares), detrás de una barrera metálica. Tanta agua propició cultos a distintas divinidades del «líquido elemento» y no es difícil imaginar el lugar poblado de ninfas, ondinas, dríadas y hamadríadas. Era una Arcadia. Todo se ha perdido en nombre del llamado «progreso» y de permitirle al coche —tal vez nuestra deidad actual más prepotente— arremeter sin piedad contra el medio ambiente.

Hay que decir que el yacimiento de Complutum, inaugurado en junio de 2012, es algo decepcionante por la ausencia de grandes construcciones todavía parcialmente en pie. Decepcionante, es decir, si lo comparamos con las magníficas ruinas, por ejemplo, de Mérida, Itálica o Segóbriga.

En una de mis últimas visitas no pude por menos de fotografiar, pues me volvió a impresionar, el desconsolado rótulo ubicado cerca del moderno muro de ladrillos que separa lo que queda de

Complutum de la barriada de los Reyes Católicos, creada hacia finales del régimen franquista:

LA CIUDAD MODERNA SOBRE EL FORO

Este cartel se encuentra aproximadamente en el punto central de la ciudad romana. Complutum es un yacimiento conocido desde el siglo XVI, pero hacia 1971 el crecimiento incontrolado de Alcalá (como de la mayoría de las ciudades españolas) llevó a que los nuevos barrios se construyesen sobre la mitad de la superficie de la ciudad romana.

Desde 1985 las leyes españolas y las normativas municipales, y desde 1998 las leyes regionales, han creado sistemas de control para permitir que los restos arqueológicos puedan convivir con las ciudades modernas. En este marco se inscribe la recuperación de la ciudad romana de Complutum, en una estrecha convivencia con las barriadas más occidentales de Alcalá.

¡Bueno, *convivencia* cuando la mitad de Complutum había sido ya destruida por el tardofranquismo! Es decir, la mitad de sus 58 hectáreas (sin contar sus extensos suburbios). ¿No había al otro lado del Henares sitio de sobra para levantar el nuevo y sin duda necesario barrio? ¡Qué barbaridad!

Menos mal que no estaba en la mitad destrozada la Casa de los Grifos, situada cerca del foro y todavía en proceso de excavación, investigación y restauración. Es una lujosa y espaciosa *domus* particular, más bien palacio, de unos 900 metros cuadrados construido entre los años 40 y 60 d. C. y así llamado por la representación de dos grifos en una de sus salas profusamente decoradas con pinturas murales.

Menos mal, también, que antes de consumarse la tragedia los especialistas lograron poner a salvo tres relevantes mosaicos, dos de ellos hoy conservados en el mencionado Museo Arqueológico Regional de Alcalá de Henares: uno procedente de la llamada Casa de Leda y otro, de factura más convencional, de la conocida como Casa de Baco.

El primero, fechado según el letrero del museo en el siglo IV d. C., representa una variante de la famosa escena en que Zeus (el Jovis o Júpiter de los romanos), convertido en cisne, seduce a Leda. Ya se sabe: el padre de los dioses gustaba de disfrazarse para sus frecuentes aventuras amatorias. Su rapto de Europa, metamorfoseado en toro blanco, es el caso más famoso y figura en muchos mosaicos. Aquí el artesano ha tenido la veleidad de mostrárnoslo cuando, batiendo las alas en evidente estado de excitación, le arranca a la muchacha, con el pico, el ligero vestido que cubre sus redondas carnes. Una cartela, también labrada con teselas, advierte ADULTERIUM JOVIS e indica, a la derecha, por si acaso no cayéramos en la cuenta, que el objeto de la lubricidad del dios es LEDA.

La excelente guía que siempre me acompaña en mis visitas a Complutum, una mina de información al respecto,* aporta unos detalles sobre una pieza muy modesta, pero fascinante, encontrada entre las ruinas y hoy en el Museo Arqueológico Regional: un mensaje escrito con los dedos en un ladrillo, antes de secarse el barro, y enviado a un amigo acompañando, tal vez, una consigna de materiales de solado. Dice: «EX OFFIC(INA) AN(TON)I UTERE FILIX [VINC] ENTI.» O sea: «Del taller de Antonio. ¡Sé feliz usándolo, Vicente.»

Los autores señalan que el gran interés de este tipo de documentos, al parecer banales, reside precisamente en su «inmediatez». Y siguen: «El hundimiento de la civilización clásica duran-

* Ana Lucía Sánchez Montes, Sebastián Rascón Marqués y Joaquín Gómez-Pantoja, *Complutum, ciudad romana*, Ayuntamiento de Alcalá de Henares, 2.ª ed., 2014.

te los llamados "siglos oscuros" provocó tal debacle en archivos y bibliotecas que los documentos cotidianos (es decir, los escritos sobre papiro, corteza de madera, tela y planchas de cera) solo han sobrevivido en circunstancias excepcionales.» Consuela, pues, que de vez en cuando aparezca un «mensaje» como el de Antonio.

A mí me recuerda la ya comentada *tabula* de la Sala 22 del MAN (el tremendo mensaje sobre la esclava muerta enviado por Maximus a su amigo Nigrianus). Documentos así, tan poco frecuentes, tienen un interés humano incalculable.

LA CASA DE HIPPOLYTUS

La estación de tren del nuevo barrio de La Garena es la penúltima antes de llegar desde Madrid a Alcalá de Henares... y la más cercana a Complutum. Es modernísima, con un despliegue de aluminio deslumbrante digno del metro de Norman Foster en Bilbao. Y qué raro, no hay indicación alguna, ni fuera ni dentro de la estación, de que el visitante se encuentra en las proximidades de las ruinas de una gran ciudad romana. Y eso que el folleto oficial recomienda que baje aquí.

Podríamos estar en la Luna.

En mi primera visita le pedí ayuda a un taxista que esperaba fuera. ¿Los restos de Complutum? Me dijo que se encontraban un poco lejos para ir andando, con el calor que hacía, pero que la Casa de Hipólito estaba cerca saliendo por el otro lado de la estación, subiendo por la calle y cruzando la avenida de Madrid.

Yo ya sabía por Internet que la Casa de Hippolytus era algo fuera de serie y que el nombre provenía del autor de su famoso mosaico —una escena de niños pescando en el mar—, que llevaba incorporada la «firma» del artista, algo en absoluto habitual.

Hacia allí nos encaminamos bajo un sol asesino, sin sombra alguna y en medio de un descampado con evidencias de obras urbanísticas paradas por la crisis.

Llegados a la avenida de Madrid constatamos que, efectivamente, en la acera opuesta de la misma había un cartel, ilegible desde donde estábamos. Nos costó trabajo cruzar la vía porque había un tráfico constante de coches y camiones y faltaba un paso peatonal. Una operación muy peligrosa.

El cartel nos informó de que sí, que era lo que buscábamos, y entramos.

Abierta al público en 1998 y protegida por una cubierta, la Casa de Hippolytus, cuyos restos constructivos han sido fechados mayormente a finales del siglo III d. C. (hubo un edificio previo), fue sede, según la referida guía de Complutum, del Colegio de Jóvenes (*Collegium Juvenum*) de la ciudad, fundado por una familia de nombre Annio procedente de la localidad de Clunia.

Lo más llamativo del recinto y su entorno son el mosaico de marras, las termas y los restos de sus jardines «orientalizantes».

He visto muchos mosaicos, en España y fuera, pero ninguno despliega como este —y es pequeño— una panoplia tan brillantemente ejecutada de peces y otras criaturas marinas del Mediterráneo. En el centro, en su barco, tres niños desnudos, que han aparcado sus remos, están tirando de una red que hay que suponer va a resultar rebosante. Entre la veintena de especies que les rodea, representada con un realismo que asombra, se aprecian un delfín (no tan gracioso como el del MAN), un pulpo en veloz «vuelo», un erizo de mar, una murena, una gamba, una sepia, un pez espada y una langosta.

Para colmar el gozo del espectador, ahí está la firma del creador de esta maravilla, que dice: «ANNIORUM + HIPPOLYTUS TESSELLAVIT», o sea «(Esta es la casa de) los Annios, Hipólito hizo el mosaico de teselas».

¿De dónde procedía el tal Hippolytus, tan orgulloso de su magnífica obra, con toda razón, que decidió dejar en ella constancia de su nombre? Se ha especulado con la hipótesis de que fuera del norte de África, quizá de Túnez. Quiero creer que acertadamente porque resulta que allí, en el museo arqueológico de la ciudad de Susa, hay otro mosaico de criaturas marinas bastante parecido al de Complutum, aunque más ambicioso. Me ha permitido contemplarlo «virtualmente» el milagro de Internet. ¿Tal vez fue obra del mismo artista?

La Casa de Hippolytus ha sido recuperada pensando no solo en los visitantes adultos, sino también en los niños que acuden aquí con frecuencia acompañados de sus maestros. Se han construido pasarelas para poder inspeccionar desde arriba el mosaico de los peces y los demás restos del edificio. Todos los carteles están debidamente traducidos al inglés. Incluso han tenido la idea muy creativa de redactar, para disfrute y provecho de los jóvenes, una serie de diálogos, ilustrados con dibujos coloreados divertidos, entre Hippolytus y un hijo de la familia que le ha encargado el mosaico. «Sí, chicos, yo soy Gayo Annio —explica este—, y es verdad que me tocaba ir al colegio, como ahora a vosotros. Este colegio se construyó con el dinero de mis padres, la familia de los Annios. Por cierto, hoy me han dado 200 sestercios para que se los entregue al magistrado que dirige el colegio, y que son la donación mensual de mi familia para que esto funcione...»

«¡Gayo, Gayo! —le dice Hipólito cuando casi ha acabado su tarea y va llegando el momento de volver a casa—. Estoy viendo este lugar terminado, con mis pinturas y mosaicos resplandecientes en el suelo y la pared... presiento que algún día la gente vendrá a Complutum para ver mi obra...»

«Enseñar deleitando», decía el precepto clásico: no están nada mal estos intercambios verbales del maestro mosaicista y el hijo del dueño.

En cuanto a las termas, en todas las ciudades romanas, fuera cual fuese el lugar del imperio, había baños públicos para el uso de la población, mientras las viviendas de las familias pudientes tenían sus propias instalaciones o *balnea*. Las termas no solo eran espacios donde bañarse, sino para encuentros, conversaciones, lecturas, ejercicios, iniciativas empresariales. Es decir, *otio* (ocio) y *negotio* (negocio). La Casa de Hippolytus, por más señas Colegio de Jóvenes, no podía ser excepción a la regla general. La pasarela permite desde arriba la inspección del sistema. Un rótulo explica que, de hecho, la mayor parte del edificio se dedicaba a las termas, que ocupaban tres salas principales, *tepidarium*, *caldarium* y *frigidarium*, correspondientes, respectivamente, a ambientes de temperatura templada («tibia»), caliente y fría.

Fanáticos de la limpieza y de la higiene corporal, los romanos daban mucha importancia a las letrinas, que, como las termas, eran espacios amplios y comunales decorados con mosaicos. Sus asientos solían ser de mármol, con respaldos y brazos labrados. Las letrinas de la Casa de Hippolytus eran estupendas, pero por desgracia padecieron expolio cuando el edificio cayó en desuso. Sobre su funcionamiento explica el rótulo correspondiente: «Las letrinas tienen siempre una acometida de agua limpia, que termina en una fuente para lavarse. Por supuesto, hay una segunda entrada de agua, que puede ser limpia o reutilizada, y que sirve para evacuar los excrementos.»

El agua limpia de la Casa de Hippolytus procedía del cercano Camarmilla, hoy, como hemos visto, tan menguado.

En una de mis visitas al recinto un niño exclamó, después de escuchar las explicaciones del profesor, y provocando el jolgorio entre sus compañeros:

—Entonces, ¿los romanos cagaban todos juntos?

El dómine, un poco violento por la presencia de turistas, contestó:

—Sí, Juan, hacían juntos sus *necesidades*, sus *necesidades*.

La conformación pública de las letrinas romanas demuestra, desde luego, que los ciudadanos no padecían vergüenza alguna ante el hecho de ser cuerpos con *necesidades*.

Respecto de los jardines que embellecían el colegio y sus dependencias, y donde los pedagogos impartían clase o dialogaban con sus alumnos, las excavaciones han demostrado que se articulaban en al menos dos terrazas.

Para reconstruir las especies botánicas se ha recurrido al análisis de semillas, pólenes y fitolitos. Resulta que junto a ejemplos de vegetación autóctona (pinos, encinas y robles) había numerosas plantas y árboles traídos de países lejanos: cedros —vinculados durante toda la Antigüedad con el Líbano (y frecuentemente mencionados en la Biblia)—, jazmines y palmitos y, me sorprende leerlo, tilos, cuyas hojas eran valoradas, como lo son todavía, por sus virtudes tranquilizantes.

Con respecto al aspecto faunístico del espacio, parece que había también un *aviarium* con pájaros exóticos, entre ellos pelícanos. El jardín «orientalizante» del Colegio de Jóvenes constituía, según un cartel, «una de las muestras de refinamiento cultural más expresivas y mejor documentadas de la España romana».

Razones de sobra hay, pues, para visitar la Casa de Hippolytus, con Complutum a sus espaldas. Lo que hace falta es que el conjunto se promocione. ¡Y que se señalice claramente, a partir de la reluciente estación de La Garena, cómo se puede llegar hasta aquí sin morirse en el intento!

LUSITANIA ROMANA

«Al septentrión [sic] del Tágus se extiende la Lysitanía, la más fuerte de las naciones iberas y la que durante más tiempo luchó contra los *rhomaíoi* [romanos]»: es, otra vez, el testimonio de Estrabón. Las fuentes latinas confirman que los lusitanos se opusieron denodadamente al invasor, siendo su prototipo el fornido y astuto caudillo Viriato, asesinado en 139 a. C. y luego erigido en héroe nacional luso, encumbrado hasta nuestros días en un sinfín de poemas, obras de teatro y novelas.

Los especialistas no se ponen de acuerdo sobre la derivación del topónimo Lusitania. ¿Podría tener que ver con el latín *lusus*, juego? Camoens, en su magno poema épico *Os Lusíadas*, publicado en 1572, opta por el mito según el cual el término procede de un personaje así llamado, Lusus, quien, hijo o compañero de Baco, fijaría su última morada en Hispania y daría su nombre al territorio. No estaría mal, pienso yo, tener un padre fundador relacionado con un dios amante del vino. Garantizaría de alguna manera la excelencia de los caldos locales. Pero sin duda hay que buscar en otro lugar, no sé cuál, su origen.

En julio de 2016 abrió sus puertas en el sótano del MAN, procedente de Mérida y Lisboa, la exposición «Lusitania romana. Origen de dos pueblos», organizada por las instituciones de ambos países con el propósito, según la Presentación del catálogo, de «enriquecer nuestro conocimiento de un pasado en el que fuimos una única entidad peninsular ibérica».

Dicho «conocimiento» es tremendamente deficiente, desde luego, y, como dijo Jorge Martínez Reverte en 2015, los dos países no dan la impresión de ser vecinos.[2] La indiferencia y falta de curiosidad en España hacia Portugal es realmente aberrante, dada la compartida frontera y el hecho de que, entre 1580 y 1640, los destinos de las dos naciones corrieron parejos (no hay que olvidar que de Lisboa salió hacia Inglaterra, en 1588, «la Invencible»). Por otro lado vale la pena recordar que, cada uno de diciembre, fiesta nacional de los portugueses, estos celebran su independencia recobrada tras los sesenta años bajo el dominio español.

En Madrid no hay una librería portuguesa. En la Puerta del Sol ningún puesto de prensa tiene periódicos lisboetas. Los diarios españoles apenas cubren la vida política lusa. Síntoma llamativo del desinterés abrumador es el mapa de la Península Ibérica que aparece diariamente en los boletines meteorológicos de las distintas cadenas españolas de televisión. En ellos, Portugal se reduce a un parche gris o incoloro sin indicación alguna del tiempo que allí acaba de hacer, está haciendo o previsiblemente hará a lo largo de los días siguientes. ¿No necesita ningún español esta información? ¿No viaja nadie desde España a Portugal? Así las cosas apenas encontré sorprendente, aunque sí de risa, lo que me dijo no ha mucho un amigo profesor de Valencia: que varios alumnos suyos expusieron en un examen que Badajoz estaba en la costa atlántica. ¡Un puerto de mar!

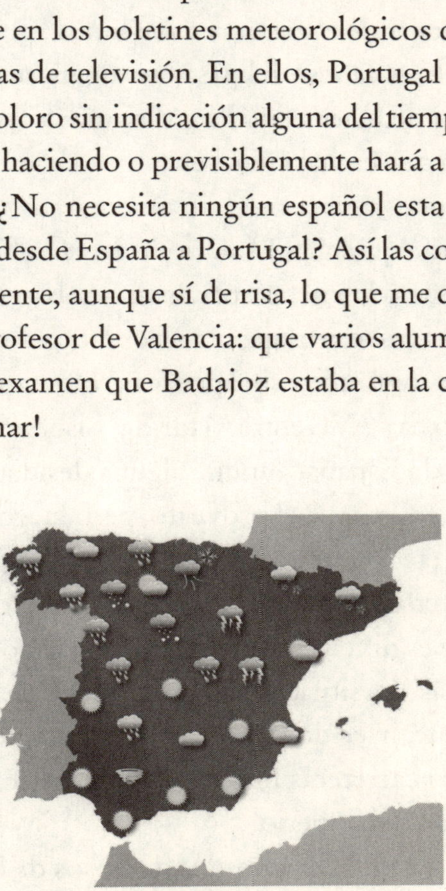

No hay conexión de alta velocidad entre Madrid y Lisboa, parece mentira a estas alturas cuando el AVE sin paradas llega desde la capital española a Barcelona (659 kilómetros) en dos horas y media. Es más, de día no hay tren alguno desde Madrid a Lisboa, ni rápido ni lento. La única opción es nocturna. Dejemos que la página web de Renfe nos lo explique a su manera:

> El Trenhotel Lusitania, que une la capital de España con Lisboa, es uno de los trenes que Renfe utiliza para realizar los viajes de larga distancia por la noche, de forma que el viajero se desplaza entre dos ciudades de manera y [sic] muy cómoda y aprovechando al máximo los días.
>
> Las ventajas de estos trenes son innumerables: de noche, el viaje se pasa «volando», el pasajero amanece en el centro de la ciudad a primera hora del día y disfruta [sic] de la maravillosa experiencia que es viajar en tren.

¡Bravo, Renfe! ¡Genial! El autor del lamentable texto presupone que al viajero no le interesa para nada ir observando, durante el recorrido, el paisaje o paisajes a ambos lados de la frontera, solo llegar a su meta «volando» sin apenas percatarse de nada.

¿Por qué no hay AVE entre Madrid y Lisboa? La culpa esta vez no es del todo de España, aunque alguna desidia puede que haya habido: estaba en marcha el proyecto, pero luego los portugueses alegaron, según tengo entendido, falta de dinero. Muchos españoles opinan que en el fondo nuestros vecinos no lo quieren. ¿Es así realmente? Me es difícil creerlo. De todos modos, ¿no podría intervenir Bruselas? La situación es esperpéntica, máxime cuando reflexionamos que, hace dos mil años, Lisboa (*Olisipo*) estaba conectada, por las carreteras más rápidas jamás conocidas, con los mismos confines del imperio.

Así las cosas, ¿qué hacemos los deseosos de hacer el trayecto ferroviario entre las dos capitales, pero de día, viendo cosas? La única posibilidad es viajar a Badajoz en el Tren Regional Exprés, que pese a su nombre tarda la friolera de *seis horas* en completar el penoso recorrido. No tiene bar. La última vez que lo utilicé salió de Atocha a las 08.07, lo cual permitía comer en Badajoz para luego seguir hasta Lisboa en autobús (tampoco hay tren desde allí), que son tres horas más. O sea, una odisea y una desolación.

Para el poeta portugués Ruy Belo, muerto en 1978, Madrid, que conocía bien, «era una de las ciudades del mundo más distantes de Lisboa». Sigue siendo el caso, como se ve, casi cuarenta años después.[3]

Volviendo a la exposición «Lusitania romana», el visitante descubría, nada más entrar en ella, que su epicentro no era la actual capital de Portugal, como quizás esperaba, sino Mérida, la de Extremadura. Es decir, *Emerita Augusta* (con *Colonia* inicial sobreentendida), fundada en el año 25 a. C. tras la conquista, por Augusto, de los últimos resistentes peninsulares: los cántabros y los astures. Olisipo (Lisboa) solo tenía entonces una importancia relativa y la intención del emperador, explicaba un cartel, era centrar en la nueva ciudad, bautizada con su nombre, «toda la administración de un área geográfica que en su programa de reorganización del territorio hispano iba a convertirse en una nueva provincia». Es decir, en una Lusitania ampliada, la *Hispania Ulterior Lusitana*, con flamante capital situada estratégicamente en medio de las Vegas del Guadiana.

Mérida sería el punto de partida —el kilómetro cero— de la famosa calzada romana que la conectaba con Astorga, el *Iter ab Emerita Augusta*: unos 450 kilómetros, con 180 miliarios que daban cuenta de las distancias.[4] Hay que señalar que su nombre posterior, Vía de la Plata, hoy explotado turísticamente, no tenía nada que ver con el tráfico de metales preciosos, sino que procedía, por confusión fonética, del árabe *B'lata*, «camino empedrado».

La muestra incluía un hermoso mosaico de las nueve musas, datado en el siglo IV a. C., procedente de la villa romana de Torre de Palma (Monforte, Portalegre, Portugal) y conservado en el Museu Nacional de Arqueologia de Lisboa. A diferencia del mosaico del mismo tema que hemos visto en el MAN, este tiene una advertencia encantadora: SCO[PA] [A]SPRA TESSELLAM LEDERE NOLI. UTERI F[ELIX]. Lo cual, en castellano, viene a decir: «No estropees el mosaico con una escoba demasiado áspera, buena suerte.»

La exposición tuvo el mérito de aludir a la enorme importancia alcanzada en Lusitania —así como en otros lugares de Hispania— por el culto al dios Mitra, con la inclusión de una estatua suya procedente de Mérida. Una de las divinidades principales de los persas, asociada con el toro y a menudo identificada con el sol, su culto se había expandido rápidamente entre los legionarios, y se convirtió, durante los tres primeros siglos de nuestra era, en el principal rival del cristianismo emergente. En el Museo Romano de Mérida hay numerosas inscripciones funerarias en las cuales se le pide al «dios invicto» ayuda, o se le agradecen favores recibidos.

A mí lo que más me interesa de Mitra es la asociación taurina. Según se creía, nació en una cueva y subyugó en una floresta cercana a un enorme espécimen del astado que logró arrastrar a su escondite, donde lo mató. En muchas imágenes suyas se plasma el momento en que hunde su daga en el cuello del animal. El mitraísmo se arraigó con fuerza en Hispania, quizá por la presencia de cultos anteriores asociados con el toro, y no es demasiado aventurado inferir que ello ayuda a explicar la supervivencia en España de la llamada fiesta nacional.

A mí «Lusitania romana» me decepcionó un poquitín, toda vez que, con unas excepciones, no añadía casi nada a los fondos expuestos en el propio MAN o en el magnífico Museo Nacional de Arte

Romano de Mérida, diseñado por Rafael Moneo y rodeado, en pleno centro urbano, por los llamativos restos de la ciudad fundada por Augusto.

Abandoné la muestra recordando la sensación intensa que tuve en Mérida durante una visita invernal. Me había acercado al amanecer al inmerso circo romano y allí, de repente, apareció entre la neblina, como un espectro, un *emeritense* de nuestros días haciendo *footing*. ¡En un paraje donde dos mil años atrás habían competido, a lo Ben Hur, las cuadrigas!

También recordé, al salir de la exposición, mi última conversación con José Saramago (fallecido en 2010), quien, como yo, llevaba años soñando con la República Federal Ibérica. Me dijo que a su juicio un 40% de los portugueses estaría a favor de una reorganización así del territorio, de existir las debidas garantías, y que, con políticos de altura, el porcentaje crecería. Pero su visión del futuro iba más allá: hacia lo que él denominaba *transiberismo*, una nueva y fructífera relación cultural de la Península Ibérica con América Latina, la hispanoparlante y la brasileña.[5]

Le conté algo que no sabía: que Ramiro Ledesma Ramos soñaba con que la Península Ibérica tuviera «un solo destino» corporativista y que José Antonio Primo de Rivera abogaba en privado —para no crear problemas con el dictador portugués Salazar— que la capital del «Imperio español de la Falange» fuera Lisboa, con el castellano como idioma oficial y, para enseña nacional, la bandera catalana.

Saramago puso cara de espanto. Para él, claro, la anhelada República Federal Ibérica en absoluto tendría tal vocación, sino que encauzaría el inmenso potencial cultural de la península en su totalidad.

Sigo pensando que la R.F.I. daría mucho, muchísimo de sí. Pero por el momento no es más que eso, un sueño. Entretanto que venga cuanto antes, por favor, un tren rápido de verdad (no hace falta que sea el AVE) que una *de día* a Lisboa con Madrid. Cuando lo tengamos empezaremos a ver más claro en el asunto.

PEQUEÑA CONSIDERACIÓN FINAL

«Es imprescindible ser uno y ser mil para sentir las cosas en todos sus matices», insiste el joven García Lorca en la cita que he colocado al inicio de este libro. Ser uno y ser mil es difícil, pero ser varios no tanto. Tampoco tener dos patrias. Así lo entendía un poeta anterior, el hispanorromano Marcial (Marcus Valerius Martialis), venido al mundo hacia el año 40 d. C. en *Bilbilis* (Calatayud) y tan orgulloso de sus raíces peninsulares como de ser hijo del imperio. Había ido a Roma en busca de fama y fortuna y logró ambas con la ayuda de dos ilustres compatriotas: Lucano (nativo de Córdoba) y Séneca (de Sevilla). Entre sus epigramas hay uno en el que cual declara:

Nos Celtis genitos et ex Hiberis
Nostrae nomina duriora terrae
Grato non pudeat referre versu:
Saevo Bilbilin optimam metallo...

(Nosotros, nacidos de celtas y de iberos, no nos avergoncemos de introducir en nuestros versos los nombres algo duros de nuestra tierra: Bilbilis, la mejor por su metal cruel...)

Claro, nada de vergüenza, al contrario (Bilbilis, entre sus otras virtudes, tenía la de producir espadas de excelente calidad). Con el paso del tiempo los «indígenas» peninsulares, olvidados los idiomas de sus ancestros, se habían ido haciendo cada vez más romanos. Ser ciudadano romano era ser a la vez local y universal. No había incompatibilidad. Luego seguiría el proceso de mestizaje con la caída del imperio y la irrupción en Hispania desde Europa de los godos y otras tribus germanas, seguidos, en 711 —y para quedarse ocho siglos—, por los árabes.

Como crisol de culturas y etnias, pocos lugares del mundo pueden competir con la Península Ibérica.

Pero veamos sin más, brevemente, a los visigodos, que iban a añadir unas teselas nuevas al variopinto mosaico español.

4

BREVE INTERLUDIO HISPANOGODO

> El pueblo de los godos es antiquísimo... no hubo en el orbe ningún pueblo que tanto haya hostigado al pueblo romano...
>
> ISIDORO DE SEVILLA,
> *Historia de los godos, vándalos y suevos**

LOS «BÁRBAROS DEL NORTE»

Cuando yo tenía 15 años, allá en el sur de Irlanda, nos explicaron en la escuela que Europa fue invadida durante el siglo IV d. C. por bárbaros germánicos. Bárbaros cuya irrupción significó el final del Imperio romano, la destrucción de todo lo anterior, o casi, y el inicio de las llamadas *Dark Ages* («Edades Oscuras»).

Fue una versión torpe, parcial e incompleta de lo realmente

* *«Gothorum antiquissimam esse gentem... nulla enim in orbe gens fuit quae Romanorum Imperium adeo fatigauerit»* (ed. de Cristóbal Rodríguez Alonso, pp. 172-173).

ocurrido. Aquellas gentes, en gran parte visigodos («godos del oeste») y ostrogodos («godos del este»), pero también alanos, vándalos, suevos y hunos, ni fueron tan «bárbaras», aunque sí bélicas, ni ocurrió la invasión de la noche a la mañana. Y no destruyó todo ni mucho menos.

Según las fuentes que tengo a mano en este momento, las «hordas» germanas entraron hacia 376 d. C. en el Imperio romano, estableciéndose los ostrogodos en la provincia de Iliria, en la costa este del Adriático. Desde allí pasaron en 404 a Italia donde, en 410, se apoderaron de Roma, nada menos. Entretanto habían penetrado en Hispania, o iban a hacerlo pronto: los suevos, los hunos, los vándalos y los alanos. Luego los visigodos, los del oeste, dieron el salto a Galia (la hoy Francia), donde, en Aquitania, fundarían el reino de Tolosa.

Consumada la caída definitiva del Imperio romano de Occidente en 476, los visigodos, derrotados por los francos en 507, se asentaron, tras unas incursiones previas, en Hispania, manteniendo en Galia la provincia de *Narbonensis*.

Esto es lo que me dicen las fuentes consultadas, y confío en que no diste mucho de la verdad.

Ya tenemos en casa a los visigodos. Hay poca información acerca de sus primeros años aquí. Se encontraron en la península con una población, ya lo sabemos, heterogénea. Los hispanorromanos formaban la mayor parte de ella, pero había que tener en cuenta, además de a los suevos, vándalos y alanos, a importantes núcleos judíos y colonias de comerciantes extranjeros, muchos de procedencia oriental.

Sería un error pensar que los nuevos invasores hablaban «godo» o «gótico», o sea alemán primitivo, pues se habían latinizado durante su etapa a en Galia. No se expresaban en el idioma clásico de Virgilio, por supuesto, sino en un latín «vulgar», conversacional, simplificado. Con lo cual no existía dificultad alguna a la hora de comunicarse con los hispanorromanos, quienes —menos los de algunos enclaves vascos especialmente montañosos y aislados— llevaban siglos hablando el idioma del imperio.

Había, sin embargo, un grave problema.

Un problema religioso.

Para entenderlo hay que remontarnos atrás doscientos años. Y es que, a diferencia de los hispanorromanos, que eran católicos, los godos —tanto los «visi» como los «ostro»—, si bien cristianos, seguían las enseñanzas de un presbítero «herético» de Alejandría, Arius (c. 250-335), según quien Dios y Jesús no compartían la misma esencia, no eran consubstanciales. ¿Cómo iba a ser Dios, que existía desde antes de la creación del Tiempo —razonaba Arius—, progenitor de un hijo nacido de una madre humana en un lugar y un momento determinados? El hombre, para más inri, no estaba dispuesto a admitir bajo ningún concepto al Espíritu Santo. ¡Era una entelequia, un invento de Roma! Su actitud sacaba de quicio a quienes abogaban a favor de la Santa Trinidad. En primer lugar al emperador Constantino, quien, convertido al cristianismo en 312, lo había proclamado al año siguiente religión oficial del imperio.

Constantino estaba muy preocupado por la discordia creada en el seno de la Iglesia por el arrianismo, capaz de dañar de modo grave, quizás irreparable, la unidad de sus dominios. Para resolver el caso convocó en 325 —y presidió en persona— un concilio de más de sesenta obispos reunidos en la ciudad de Nicea, en *Bitinia* (hoy Turquía). Arius fue excomulgado, y en el «Credo Niceno» —que demostraría ser uno de los documentos fundacionales más importantes de la Iglesia— se concretó el dogma trinitario.

A los godos les costó abandonar el arrianismo, que les había inculcado el famoso obispo Wulfila (Ulfilas), traductor de la Biblia al gótico. Y, por lo que les tocaba a los de Hispania, no se iban a convertir al catolicismo hasta 589, con el rey Recaredo. O sea unos ochenta años después de su instalación definitiva en el país.

Para lograr la unificación de la península, los visigodos necesitaban someter no solo a los hispanorromanos, los suevos —instalados en Gallaecia y sus alrededores—, vándalos, hunos y alanos, sino a unos nuevos competidores: los bizantinos.

¿Bizantinos? Pues sí. Hagamos un breve repaso. Para asegurar el control de sus dominios del este, el emperador Constantino había trasladado, en 330, su capital desde Roma a una pequeña localidad situada a orillas del Bósforo, *Bizantium*. A partir de entonces, rebautizada Constantinopla, se iría convirtiendo en la segunda ciudad más importante del imperio. El emperador murió tres años después, en 333.

Cuando siglo y medio más tarde, en 476, se hundió del todo el Imperio del Oeste con el saqueo definitivo de Roma por los germanos, se produjo un cataclismo. Bajo Justiniano, emperador de Oriente entre 527 y 565, se puso en marcha la empresa de recuperarlo. La *Renovatio Imperii* («Renovación del Imperio») consiguió la reconquista de Italia, del norte de África y de las islas occidentales del Mediterráneo. En cuanto a Hispania —y allí vamos—, los bizantinos lograron ocupar una franja del sureste, bautizada Spania, que se extendía desde *Assidona* (luego Medina Sidonia) hasta *Dianium* (Denia), pasando por Málaga y *Cartago Spartaria* (Cartagena):

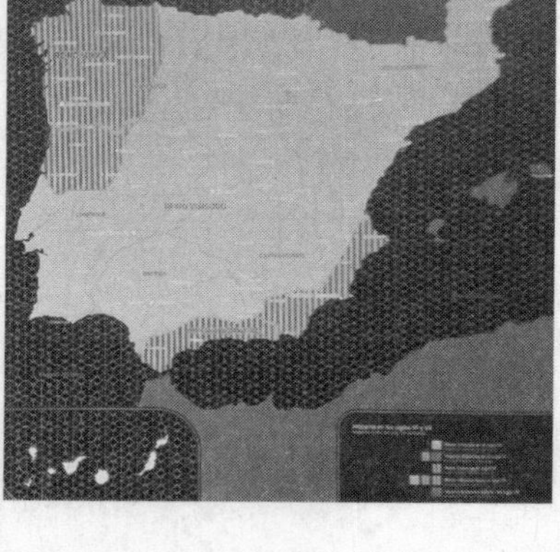

La presencia bizantina en Hispania solo duró unos cincuenta años. Ya para 579 el rey Leovigildo había acabado con ella y la de los suevos y empujado hacia África a los vándalos, hunos y alanos.

Por segunda vez en su historia Hispania estaba unida, por lo menos en apariencia.

Leovigildo convirtió la monarquía electiva tradicional de los godos en hereditaria, con la intención de crear una dinastía familiar, y estableció en Toletum su capital. No es difícil entender las razones para tal elección. Cinco siglos antes los romanos habían convertido la *parva urbs, sed loco munitia* («localidad pequeña, pero bien fortificada»), así descrita por Tito Livio en 192 a. C., en una ciudad floreciente, con una infraestructura urbana e hidráulica sofisticada y un entorno agrícola ubérrimo. Situada en el centro de la península, bien comunicada con el resto de Hispania gracias a la red de calzadas imperiales y, por, su carácter escarpado, fácil de defender, Toledo tenía todas las ventajas para ser capital del nuevo reino.

GODOS EN LA PLAZA DE ORIENTE

No hace tanto tiempo que se dejó de imponer a los niños españoles la obligación de memorizar, a guisa de catequesis, el recuento de los treinta y tres reyes godos de la Patria. Los nueve primeros no lo fueron exclusivamente de Hispania sino, en primer lugar, del reino visigodo de Tolosa, en el sur de Galia, con presencia esporádica en la península. Me tomo la libertad de reproducir su lista completa, en orden cronológico, con la fecha del inicio de cada reinado:

1. Ataúlfo (411).
2. Sigerico (416).
3. Walia o Valia (416).

4. Teodorico I (419).
5. Turismundo (452).
6. Teodorico II (453).
7. Eurico (466).
8. Alarico II (484).
9. Gesaleico (506).
10. Amalarico (522 o 526).
11. Teudis (531).
12. Teudiselo (548).
13. Agila I (549).
14. Atanagildo (554).
15. Liuva I (567).
16. Leovigildo (568).
17. Recaredo I (586).
18. Liuva II (601).
19. Witerico (603).
20. Gundemaro (610).
21. Sisebuto (612).
22. Recaredo II (621).
23. Suintila (621).
24. Sisenando (631).
25. Chintila (636).
26. Tulga (640).
27. Chindasvinto (642).
28. Recesvinto (649).
29. Wamba (672).
30. Ervigio (680).
31. Égica (701).
32. Witiza (702 o 703).
33. Rodrigo (710-711).

Cada vez que me encuentro en la madrileña Plaza de Oriente pienso en los desafortunados escolares forzados a aprender de memoria aquella lista. Aquí, entre las enormes efigies de veinte antiguos monarcas españoles, alineadas en dos filas paralelas de diez, hay cinco visigodos: Ataúlfo, Eurico, Leovigildo, Suintila y Wamba. Falta Recaredo, ausencia sorprendente si tenemos en cuenta la importancia crucial, para la historia de España, de su conversión al catolicismo en 589. La explicación es que las estatuas de veinticuatro reyes visigodos coronaban originalmente el magnífico Palacio Real borbónico que tenemos enfrente. Allí, en el centro de la balaustrada, están aún las de Recaredo, su padre Leovigildo (que tiene otra diferente en la plaza), Liuva II y Witerico.

Las acompañan Teodorico y Eurico —en el lado izquierdo del edificio— y Recesvinto y Wamba en el derecho (este, como Eurico, también tiene otra versión abajo en la plaza).

En los plintos ocupados antes por los reyes que faltan hay dieciséis macetas de piedra, excepción hecho del último. Nadie se preocupó de borrar las inscripciones correspondientes, que siguen allí, la mayoría bastante desgastadas por los elementos aunque se pueden descifrar con la ayuda de prismáticos.

¿Por qué se tomó la decisión de devolver las otras efigies al suelo? Hay quienes creen que fue por la posibilidad de que el enorme peso del conjunto dañara la fábrica del edificio. Según otra versión, Isabel de Farnesio —viuda de Felipe V— soñó que un terremoto se iba a encargar de derrocarlas, y convenció a su hijo, Carlos III, a actuar en consecuencia. Ignoro la explicación correcta.

Lo raro es que, de los treinta y tres reyes godos que integran la relación completa, solo tenemos aquí hoy, entre los del palacio y los de la plaza, doce. A ellos podemos añadir a Gundemaro y Chintila, trasladados, no sé cuándo ni por qué, al Paseo de Argentina en el Retiro, donde se codean con una selección de monarcas posteriores, algunos muy posteriores.

¿Dónde fueron a parar las demás estatuas? He preguntado, he indagado. ¿Fueron destruidas durante la Guerra Civil? Nadie parece saber nada. Es un misterio. ¡Cosas de España!

LA SALA 23 DEL MAN

Para intentar aproximarse un poco más a los visigodos de Hispania, que a menudo parecen difuminarse del todo entre las nieblas del pasado, lo mejor es volver al Museo Arqueológico Nacional. Concretamente a la continuación de la Sala 23, donde ya hemos estado. A mí sus vitrinas y paneles informativos me han servido como poderoso estímulo para luego ir en busca, sobre el terreno, de las huellas tangibles, por desgracia no muy numerosas, de aquellos invasores «bárbaros».

Los visigodos no solo tuvieron la ventaja de poder aprovechar la magnífica red de calzadas romanas que cruzaban la península, y que facilitaban el rápido despliegue de sus tropas, sino de encontrarse con una infraestructura hidráulica, urbana y agrícola admirable. Es decir, que en absoluto tuvieron que empezar a ordenar el país desde cero.

Integraban su aristocracia los miembros de la corte real, los adalides militares, los obispos y los grandes propietarios de la tierra. Luego había campesinos, artesanos, comerciantes, siervos y esclavos, que en su inmensa mayoría hay que suponer analfabetos, así como un creciente número de clérigos y monjes. La aristocracia manejaba la única moneda acuñada, el *tremís*, que era de oro. El pueblo llano recurría a las antiguas monedas de bronce romanas o a los pagos en especie.

Buena parte de los inmigrados realizaban trabajos de campo y se irían mezclando paulatinamente con la población hispanorromana, a pesar de la prohibición de los enlaces «mixtos» vigente hasta su rescisión, en 583, por Leovigildo.

«La Iglesia —explica la guía oficial del MAN— desempeña un activo papel de gobierno en colaboración con la monarquía, a través de los concilios nacionales, reuniones deliberativas y legislativas de las élites religiosas y civiles convocadas por el rey. Destacan las figuras de san Isidoro, san Ildefonso de Toledo, san Braulio y san Leandro. Se conservan basílicas, restos arquitectónicos y piezas muebles testigos de una liturgia, la hispana, que pervive hasta el siglo XI.»

La Sala 23 subraya, entre dichas basílicas, la de Segóbriga (Cuenca), una de las más descollantes de la península. Tenía una rica decoración esculpida en piedra caliza, parcialmente conservada, que refleja la transición entre la escultura tardorromana y la visigoda. Segóbriga merece sobremanera una visita, por sus restos romanos y posteriores, amén de su magnífico emplazamiento, con vistas panorámicas de la campiña circundante. Entretanto, como acicate, la Sala 23 ofrece al visitante algunos curiosos fragmentos procedentes del lugar.

Las pequeñas iglesias visigodas se caracterizaban por el uso del arco de herradura (que se suele atribuir, erróneamente, a los árabes). Por desgracia sobreviven muy pocas, entre ellas San Juan de

Baños, a nueve kilómetros de Palencia, resaltado en la Sala 23; San Pedro de la Nave (Zamora), trasladado piedra a piedra, entre 1930 y 1932 —para no quedarse sumergida bajo el embalse de Ricobayo— hasta la localidad de El Campillo; Santa Comba de Bande (Ourense); San Fructuoso de Montelios (Portugal); Santa María de Quintanilla de las Viñas (Burgos); y Santa María de Melque (San Martín de Montalbán, Toledo).

No podía faltar información en la Sala 23 sobre el tenaz arrianismo de los visigodos, abandonado en el Concilio de Toledo de 589 por Recaredo, que lo había convocado adrede. Creo que le interesará al lector conocer la traducción del documento episcopal latino que se reproduce en uno de los paneles:

> En el nombre de nuestro Señor Jesucristo, en el cuarto año del reinado del muy glorioso, piadosísimo y fidelísimo a Dios, rey Recaredo, el día 8 de mayo, era 627 [o sea, 589], se celebró este santo concilio en la ciudad real de Toledo, por los obispos de toda Hispania y que firmaron a continuación:
>
> «Habiendo el mismo rey gloriosísimo, en virtud de la sinceridad de su fe, mandado reunir el concilio de todos los obispos de sus dominios, para que se alegraran en el Señor de su conversión y por la de la raza de los godos, y dieran también gracias a la bondad divina por un don tan especial, el mismo santísimo príncipe habló al venerable concilio en estos términos: "No creo, reverendísimos obispos, que desconozcáis que os he llamado a la presencia de nuestra serenidad con objeto de restablecer la disciplina eclesiástica. Y como quiera que hace muchos años que la amenazadora herejía no permitía celebrar concilios en la Iglesia católica, Dios, a quien plugo extirpar la citada herejía por nuestro medio, nos amonestó a restaurar las instituciones eclesiásticas conforme a las antiguas costumbres."»

¿Fue aquel el momento en que Hispania empezó a transformarse, según los designios de Dios, en España, la gran España católica, martillo de herejes y espejo de la ortodoxia tridentina? Me imagino que los «esencialistas» y los que creen en dichos designios lo tienen claro. La histórica fecha de 589, de todas maneras, hay que retenerla.

En la Sala 23 se exhiben dos notables tesoros visigodos: el de Guarrazar, en la provincia de Toledo, protagonizado por la deslumbrante corona del rey Recesvinto, y el de Torredonjimeno, en Jaén. Pero para mí lo más sorprendente, en mi primera visita, fue el descubrimiento de que en la localidad de Zorita de los Canes, en Guadalajara, en un cerro dominando el Tajo, se encuentran los restos de una ciudad visigoda, Recópolis, mandada construir en 578 por el rey Leovigildo. En la sala hay interesantes piezas halladas en el yacimiento, entre ellas varios elementos escultóricos pertenecientes a la basílica y 90 relucientes monedas de oro acuñadas en la localidad a finales del siglo VI.

Decidí ver Recópolis cuanto antes. Pero, primero, el Museo de los Concilios y de la Cultura Visigoda en Toledo.

Se alberga en la antigua y bellísima iglesia mudéjar de San Román, situada en una de las zonas más altas del cerro sobre el cual se asienta la portentosa ciudad.

Los objetos expuestos añaden poco a lo exhibido en el Museo Arqueológico Nacional, pero los paneles brindan una valiosa información complementaria sobre los tan elusivos visigodos.

Previamente a su asentamiento en la península, nos explica uno de ellos, Toledo era ya, en el siglo V, una destacada sede episcopal, dotada de un entramado urbano y suburbano heredado casi intacto del imperio.

Me permito una pequeña digresión para señalar que de dicho entramado romano quedan hoy en día pocos restos visibles. Entre ellos los del magnífico circo, situado a dos pasos del Tajo, donde cabían unos 13.000 espectadores, aforo nada desdeñable. Se ha encontrado una trama de calle de grandes losas cerca de la iglesia, antes mezquita, del Cristo de la Luz. Del enorme acueducto sobre el Tajo solo sobreviven los estribos (el de la ribera izquierda del río, enclavado entre rocas al lado de la carretera, es imponente). El reciente descubrimiento de termas, la impresionante cisterna de las llamadas Cuevas de Hércules y un sofisticado alcantarillado, todo ello en la parte más enhiesta del cerro, es otra prueba, por si hacía falta, de la extraordinaria pericia de los romanos en materia hidráulica.

¿Y las tumbas de los reyes visigodos? No vale la pena preguntar en Toledo por ellas. No tuvieron aquí panteón, aunque antes se creía que sí y que estaría ubicado en la desaparecida iglesia de Santa Leocadia. La teoría de los especialistas es que aquellos monarcas de ascendencia tudesca solían recibir sepultura en las villas de su propiedad, ubicadas en distintos puntos de la península.

Todo ello crea cierto sentimiento de decepción, incluso de angustia, en quien llega a Toledo en busca de los famosos reyes godos de España. Sería fascinante poder contemplar siquiera unas piedras del edificio donde se celebró el concilio de la retractación de Recaredo. Pero no hay nada. O no hay todavía.

Por ello, al salir del museo, yo estaba más decidido que nunca a visitar cuanto antes Recópolis.

Pero había todavía un problema. Y era que no me sentía capaz de hacerlo sin leer primero la famosa, brevísima y, según todos los expertos, fundamental texto de Isidoro de Sevilla, *Historia Regibus Gothorum, Vandalorum, Suevorum* («Historia de los reyes godos, vándalos y suevos»). Descubrí entonces que no había en el mercado ninguna edición actual del mismo, ni del original latino ni de una versión española. ¿Como era posible, tratándose de una obra tan mítica? Gracias a Iberlibro.com, que casi siempre me saca las castañas del fuego, pude hacerme sin demora con una traducción francesa reciente y luego con una edición bilingüe de 1975 en latín y español. Recibirlas y devorarlas fue todo uno: una aventura apasionante.

SAN ISIDORO

Obispo de Sevilla desde 600 hasta su muerte en 636, Isidorus Hispalensis fue uno de los eruditos de la Iglesia más famosos de su época y durante los siglos siguientes. Por algo Dante lo sitúa entre los bienaventurados del Paraíso. Por algo su estatua ocupa hoy un puesto de honor delante de la entrada principal de la Biblioteca Nacional de España, acompañada de las de Nebrija, Luis Vives, Lope de Vega, Cervantes y Alfonso el Sabio.

Escribía en latín porque era su idioma materno, y su obra más célebre era y sigue siendo las *Etimologías* (también conocida como *Orígenes*), compilación enciclopédica que, yendo mucho más allá de lo que da a entender su título, condensa y sistematiza los conocimientos de su tiempo.

Isidoro luchó con tacto y firmeza, como su hermano Leandro (también canonizado), contra el arrianismo, y se dedicó a convencer a los reyes visigodos y a su aristocracia para que lo rechazaran. Para tener una idea clara del horror que producían entre los católicos las enseñanzas del presbítero alejandrino, ningún documento más elocuente que su *Historia de los reyes godos, vándalos y suevos.* Los seguidores de Arius, apunta allí, indignado, «creían que el Hijo era menos importante que la grandeza del Padre y eternamente inferior a él. Que el Espíritu Santo no emanaba de Dios, ni de la esencia del Padre, sino que fue creado por el Hijo [...]. Honraban, pues, a tres dioses». Durante más de dos siglos, se lamenta, los godos persistieron en su blasfemia. Menos mal que finalmente, por gracia y obra de Cristo, abandonaron su doctrina «perniciosa y desastrosa».

El libro empieza, en uno de sus varios códices, con una dedicatoria de Isidoro a su amigo el rey Sisenando. Según ella, la redacción del texto se debió a un requerimiento del propio monarca, deseoso de conocer en más profundidad la historia de Hispania. Isidoro resume a continuación, brevemente, los presumidos orígenes bíblicos de los godos, descendientes, afirma, de Magog, uno de los tres hijos de Japhet.

La investigadora Nathalie Desgrugillers-Billard, responsable de la mencionada versión francesa del libro, señala en su introducción la intensidad con la cual el joven Isidoro vivió las tensiones producidas entre la cultura hispanorromana y la visigoda. Tensiones que luego remitieron, permitiendo que durante las dos décadas finales de la vida del futuro santo, bajo los reyes Sisebuto (612-621), Suintila (621-631) y el mencionado Sisenando (631-636), Hispania pareciera estar por fin en paz. En efecto, echados los últimos ocupantes bizantinos del sureste, dichos tres reyes habían conseguido, no sin luchas cruentas, crear un país unido tanto en el sentido religioso como en el político.

Si bien por naturaleza un pacificador que prefería la persuasión a la coacción, las opiniones políticas de Isidoro no dejaban de ser tajantes. Había que acabar de una vez por todas con la dominación romana de la península e imponer la autoridad real goda. El mensaje de la *Historia* es claro: Dios ha dispuesto que los godos le tomen el relevo, en Hispania, al poder del imperio. «Para Isidoro —escribe su traductora francesa— el pueblo godo es el pueblo elegido, entre cuyas manos España, ya católica, puede afirmarse y liberarse de Roma. Los godos no están allí para servir al poder romano, sino que han fundado, con el pueblo hispano-romano, su propia nación.»[1]

En el IV Concilio de Toledo, presidido en 633 por el propio Isidoro, él y Sisenando consagraron la unión de los poderes civiles y religiosos. Fue un paso adelante más en la consolidación del reino.

El prólogo de la *Historia* contiene un encendido elogio patriótico, *De laude Spaniae*, imitado de modelos literarios de la Antigüedad. Va dirigido directamente a la «*Mater Hispania*». Quizás era la primera vez que a alguien se le ocurriera llamarla madre. No me resisto a reproducir las primeras líneas del texto en el latín original, con la traducción española del editor:

> *Omnium terrarum, quaeque sunt ab occiduo usque ad Indos, pulcherrima es, o sacra, semperque felix principum, gentiumque mater Hispania: iure tu nunc omnium regina provinciarum, a qua non occasus tantum, sed etiam oriens lumina mutuat: tu decus atque ornamentum orbis, inlustrior portio terrae, in qua gaudet multum ac largiter floret Geticae gentis gloriosa fecunditas. Merito te omnium ubertate gignentium indulgentior natura ditavit...*

> (Tú eres, oh Hispania, sagrada y madre siempre feliz de príncipes y de pueblos, la más hermosa de todas las tierras que se extienden desde el Occidente hasta la India. Tú, por derecho, eres ahora la reina de todas las provincias, de quien reciben prestadas sus luces no solo el ocaso, sino también el Oriente. Tú eres el honor y el ornamento del orbe y la más ilustre porción de la tierra, en la cual grandemente se goza y espléndidamente florece la gloriosa fecundidad de la nación goda. Con justicia te enriqueció y fue contigo más indulgente la Naturaleza con la abundancia de todas las cosas creadas...)

Con tantos atractivos, ¿cómo no comprender que distintos pueblos hayan llegado desde otros territorios para gozar y amar a la *Mater Hispania*? Si antes fueron los romanos, luego les tocó el turno a los godos. Isidoro termina así su encomio:

Iure itaque te iam pridem aurea Roma caput gentium concupivit, et licet te sibimet eadem Romulea virtus primum victrix desponderit, denuo tamen Gothorum florentissima gens post multiplices in orbe victorias certatim rapit et amavit, fruiturque hactenus inter regias infulas et opes largas imperii felicitate secura.

(Y por ello, y con razón, hace tiempo que la áurea Roma, cabeza de las gentes, te deseó y, aunque el mismo Poder Romano, primero vencedor, te haya poseído, sin embargo, al fin, la floreciente nación de los godos, después de innumerables victorias en todo el orbe, con empeño te conquistó y te amó y hasta ahora te goza segura entre ínfulas regias y copiosísimos tesoros en seguridad y felicidad de imperio.)[2]

Encontré en la *Historia* de Isidoro una referencia que actuó como poderoso estímulo adicional para mi demasiado postergada visita a la ciudad fundada por Leovigildo en 578. Después de elogiar los éxitos del rey nos dice:

Condidit etiam civitatem in Celtiberia, quam ex nomine filii sui Recopolim nominavit.

(Fundó, asimismo, una ciudad en Celtiberia, que llamó Recópolis, por el nombre de su hijo.)[3]

¿Por el nombre de su hijo? Hay que suponer bien informado a Isidoro, aunque actualmente hay quienes cuestionan tal procedencia y optan por *Rexopolis* («Ciudad del Rey»).

Ya no cabían más demoras. Había que ir a verla.

RECÓPOLIS

Me lleva a Zorita de los Canes en su coche mi amigo Pepe Caraballo, que ya me ha acompañado en varias aventuras por la piel de toro. Durante el trayecto desde Madrid hablamos tanto de nuestro proyectado documental sobre los «curiosos impertinentes» que fracaso de manera patética en mi condición de navegador, hasta el punto de meternos innecesariamente en el centro de Arganda y tener que recurrir al GPS. Gracias al milagroso invento no tardamos en llegar a nuestra meta.

El día ha empezado gris, pero de repente el cielo se despeja y comienza a picar el sol. Reflexiono que un día de noviembre así en Irlanda sería imposible. ¡Viva Castilla!

Había olvidado que Zorita de los Canes tiene la central térmica nuclear más antigua de España, cerrada desde hace ocho o nueve años (nos dicen en el pueblo que se va a desmantelar pieza por pieza). Aspecto decrépito ofrece, ciertamente.

No sabía que los árabes abandonaron Recópolis al poco tiempo de llegar a la península y levantaron en el altozano colindante —por ofrecerles más posibilidades defensivas— una medina y un castillo fortísimo. Así nació Zorita, para cuya construcción utilizaron muchos sillares de la ciudad visigoda, contribuyendo así a su decadencia.

Antes de visitar las ruinas penetramos en el Centro de Interpretación, donde nos ponen un vídeo. Nos informa que, para el diseño de Recópolis, Leovigildo recurrió a antecedentes bizantinos. No le faltaban visión ni ambición, evidentemente. Ni medios. Después una guía nos explica que solo el 10% de la ciudad, que cubría unas 32 hectáreas, ha sido excavado hasta la fecha. Me hace pensar en el caso parecido de Cástulo, conocido hasta hoy en menos de un 3%. ¡Cuánto queda por descubrir en este inmenso yacimiento arqueológico que es la Península Ibérica!

Llegados a la cumbre del cerro amesetado donde se despliegan los restos del complejo palatino de Recópolis, con el Tajo discurriendo mansamente a sus pies, la vista del campo es impresionante, el silencio profundo.

Contemplando el río recuerdo su inmensa desembocadura en Lisboa y un comentario de Ford sobre la *facilidad*, según él, de hacer navegable la corriente entre la capital portuguesa y Toledo. Incluso de efectuar luego una conexión, vía el Jarama, con Madrid. ¡La capital española conectada por barco con Lisboa! ¡Qué estímulo para el comercio! Pero, claro, se lamenta Ford a continuación, no va a haber nunca una iniciativa así. ¡En España solo hay dinero para proyectos inútiles, como el del Escorial!

Si el emplazamiento de Recópolis es inolvidable, sus despojos resultan algo desangelados, por lo menos en estos momentos en que solo se ve una parte mínima del conjunto. No queda nada del arco monumental del recinto, que se nos asegura era excepcional; nada del palacio, que tenía dos plantas, menos su trazado; apenas nada de sus antaño poderosas murallas; solo el esqueleto de la iglesia (donde se encontraron el tesoro de los 90 tremises de oro conservado en el MAN)...

La casi ilegibilidad de los paneles explicativos, desgastados por los elementos, no ayuda a empatizar con el entorno.

Hace falta un esfuerzo imaginativo considerable, en fin, para evocar aquí la ciudad nueva y reluciente del rey Leovigildo y a la gente que vivió y trabajó en ella durante quizá 150 años. ¿O es que hoy me encuentro en un estado de baja receptividad? Quizás un día, cuando se haya excavado todo el yacimiento, se podrá apreciar mejor. Entretanto yo me quedo con Toledo. Lo que no entiendo es por qué no se quedó con él también Leovigildo. ¿Qué necesidad tenía de levantar una ciudad nueva, y mucho más pequeña, Tajo arriba?

Terminado el recorrido tomamos un vinito —un excelente tempranillo de Cuenca— en un agradable restaurante ubicado al lado del río en Zorita. Fuera, colocada en la entrada a la antigua medina, una placa recuerda que por aquí pasó Camilo José Cela en 1946 cuando escribía *Viaje a la Alcarria*. Este año es el centenario de su nacimiento, pero no creo que haya tenido la resonancia prevista por la Real Academia, ni la que hubiera deseado para sí el Nobel más fanfarrón de todos los Nobeles.

LA APORTACIÓN GODA AL LÉXICO ESPAÑOL

Los filólogos nos dicen que, debido a su contacto con los «bárbaros», el latín del imperio absorbió unos trescientos vocablos godos, o góticos, que luego pasaron, con mayor o menor fortuna, y según el territorio, a las lenguas románicas emergentes, entre ellas la española. Se trataba, sobre todo, de nombres de cosas concretas (instrumentos, armas), o de algún uso social diferenciador, más que de conceptos abstractos. Si el término solo aparece en el léxico peninsular es posible que llegara con los visigodos, o que su arraigo aquí fuera debido a ellos. Rafael Lapesa y otros especialistas en la materia relacionan unos setenta, entre ellos: *abolengo, agasajar, albergue, aleve, aliso, arenga, arrancar, aspa, arpa, aya, banco, barón (varón), bandera, bandido, bando, blanco, blandir, bogar, botín, bramar, brasa, brida, burgo (Burgo de Osma, Burgos), cofia, dardo, desmayar, embajada, esgrimir, escarnio, espiar, espuela, esquivar, estaca, estofa, estribo, falda, feudo, fieltro, fresco, fruncir, galardón, ganar, gastar, gris, grupo, guadaña, guante, guarnecer, guiñar, guisa, hacha, heraldo, marca, lisonja, listo, lonja, orgullo, rico, robar, ropa, rueca, sopa, tacaño, toalla, tregua, trotar* y *yelmo.*

Hay bastantes casos de palabras de procedencia germánica caídas en desuso. Y otros dudosos. En el de los nombres personales, quedan pocos, entre ellos, *Alfonso, Rodrigo, Elvira, Federico, Fernando, Francisco, Gonzalo, Matilde, Ramiro.*

La huella léxica del gótico en el español no es copiosa, pero, como acabamos de ver, a veces sorprendente... y muy de uso cotidiano. A mí estas palabras y su historia me hacen sentirme mucho más cerca del espíritu de los visigodos que la contemplación de sus estatuas en la Plaza de Oriente

LOS NAZIS Y LOS VISIGODOS DE HISPANIA

Lo contó *El País* el 28 de agosto de 2016 y me quedé alucinado por lo insólito del episodio.

No había oído hablar entonces de la necrópolis visigoda de Castiltierra, en la provincia de Segovia, que se empezó a excavar en los años treinta del pasado siglo. Ignoraba que la Falange había logrado convencer a Heinrich Himmler, nada menos, durante su visita a Franco en 1940, de que los huesos y ajuares allí encontrados podrían ser muy útiles a los nazis, empeñados como estaban en proclamar la superioridad de la raza aria.

Himmler, según el diario, se dejó convencer y se llevó a Alemania materiales que no volvieron a España tras la victoria de los aliados.

La autora del reportaje, Ana Carbajosa, había hablado con Sergio Vidal Álvarez, conservador jefe del Departamento de Antigüedades Medievales del Museo Arqueológico Nacional. Este le explicó que Castiltierra era una de las necrópolis visigodas más señeras de la península, y que el acuerdo había consistido en que los alemanes restauraran aquellas piezas y luego las devolvieran. Por ello el MAN estaba procurando reunir las pruebas de que se trataba de un préstamo temporal.

Ana Carbajosa cita en su reportaje unas declaraciones hechas ocho años antes al mismo periódico por Francisco Gracia, catedrático de Prehistoria de la Universidad de Barcelona. «Para vincular ambos regímenes —dijo— era útil encontrar elementos que conectaran España y Alemania al mundo visigodo y a las migraciones germánicas.»

Durante su visita a España, Himmler estuvo acompañado por el arqueólogo Julio Martínez Santa-Olalla, que le llevó a Toledo (claro, la capital visigoda), al Escorial, al Prado y al MAN. Iban a ir a Castiltierra, y Santa-Olalla envió a unos obreros para abrir tumbas adrede. Pero no a obreros cualesquiera sino, según Gracia, «rubios y altos para que Himmler viera la vinculación germánica». ¡Qué ocurrencia más esperpéntica! ¡Obreros españoles de pura sangre visigoda!

La visita se anuló por lluvias y retrasos en el programa del gerifalte nazi.

Según relata la periodista de *El País*, el entusiasmo alemán por Castiltierra resultó más bien efímero porque tenían yacimientos más importantes que atender, especialmente en el sur de Rusia, Ucrania y Crimea, donde llevaron a cabo el saqueo de tumbas y museos visigodos.

Ana Carbajosa descubrió que en Fresno de Castelpino, el pueblo más cerca de Castiltierra, «no hay carteles ni señales que adviertan de la necrópolis». Es una prueba más de que en la España actual no llegan los fondos para proteger adecuadamente, y promocionar, el riquísimo patrimonio arqueológico nacional. Fuente potencial, si solo consideramos el aspecto económico, de ingresos espectaculares.*

* Ana Carbajosa, «A la caza del tesoro visigodo que los nazis se llevaron», *El País*, «Revista de agosto», 28 de agosto de 2016, pp. 28-29.

EL COLAPSO VISIGODO, LOS ÁRABES

A la muerte de Wamba (680), las luchas internas de la nobleza visigoda por la ocupación del trono debilitaron gravemente el reino, facilitando la invasión islámica de 711. Parece ser que el último monarca, Rodrigo, elegido en 710, murió al año siguiente en la batalla de Guadalete, no lejos de Jerez de la Frontera, luchando contra un ejército de bereberes y árabes al mando de Tarik. La batalla abrió las puertas de Hispania a un nuevo invasor y supuso el final de los dos siglos de dominación germana.

Ante el avance de la invasión musulmana, la gran mayoría de la población cristiana se quedó donde estaba: nada de huir a refugiarse en las montañas del norte del país con Pelayo y sus huestes para iniciar desde allí una «reconquista» que iba a durar ocho siglos. Los nuevos inquilinos de la península no se comportaron con fanatismo proselitista y dejaron que tanto los cristianos como los judíos, considerados como «Pueblos del Libro», viviesen sin ser molestados, siempre y cuando no alteraran la paz y, eso sí, pagaran un razonable impuesto por su condición religiosa diferente.

La mayor parte de la población fue aceptando el Islam sin demasiados escrúpulos, según las fuentes que he consultado. Si bien hacia el año 800 solo un 8% era musulmana, la proporción había pasado al 12,5% en 850, al 25% en 900 y al 50% en 950 hasta alcanzar el 75% en 1000. Son estadísticas elocuentísimas. Pero quizá no sea sorprendente, dada la mencionada ausencia de proselitismo islámico, que una población con una gran variedad de creencias religiosas previas aceptara sin dificultades una fe mucho menos complicada que el cristianismo oficial heredado del Imperio.

Y otra cosa. Se ha especulado bastante con la etimología de Al-Ándalus, el nombre dado por los musulmanes a todo el territorio ocupado por ellos en Hispania. Se suele repetir que el término procedía de *vándalos* (o sea, Al-*Vandalus)*, la tribu germana que habría «vandalizado» parte del país antes de pasar a África, pero la hipótesis no es nada convincente. Yo prefiero la de que el término deriva del godo *landalauts*, «lotes de tierra» (*land* en inglés y alemán), referencia a los latifundios de origen romano, mencionados en el capítulo anterior, en que los árabes encontraron dividida gran parte de los territorios invadidos.

Los próximos siglos presenciaron en Al-Ándalus un florecimiento cultural fabuloso, propiciado por la convivencia, y, cuando no, coexistencia en general pacífica de las tres religiones. Entretanto, conforme los cristianos del norte iban gradualmente avanzando hacia el sur, empezó a forjarse una memoria idealizada de los tiempos preislámicos, siendo cada vez más mitificados los visigodos. Hasta tal punto que, según el historiador británico Brian Tate, se creía que habían sido «francos, sobrios, viriles y conquistadores de los decadentes romanos, tan ávidos de poder». Lo vimos antes en *Numancia*, la obra de teatro de Cervantes. El mismo investigador achaca a Isidoro de Sevilla, con su panegírica *Historia de los reyes godos* —hoy tan difícil de encontrar—, gran parte de la culpa. Habiendo leído por fin el libro, creo que Tate no se equivocaba.

Y UNA NOTA FINAL

A José María Aznar parece que no le gustan «los moros», pese a su apellido, que —según me asegura un amigo marroquí— significa en árabe «lugar fortificado que repele el fuego enemigo» (quizás el topónimo Aznalcollar se remonte a la misma etimología).

En el curso de una conferencia pronunciada en Georgetown en 2004, el expresidente del Gobierno dijo que «el problema» con los árabes no era de entonces, sino que empezó hace unos 1.300 años cuando «España» fue invadida por ellos. Ello me recordó una carta, publicada antes en el diario granadino *Ideal*, en la cual un vecino de la ciudad de la Alhambra despotricaba contra los «moros» por haber «usurpado» a España en 711.

¿España? Cuando llegaron los árabes, toda la Península Ibérica se llamaba todavía Hispania y sus habitantes hablaban un latín que poco a poco se iba convirtiendo en romance. Desde el punto de vista de etnias aquí había una auténtica mezla de sangres. Y con la llegada de los árabes, y su larga permanencia en el viejo solar ibérico iría a más. No hay español, por mucho que lo desee, con sangre «pura».

Por otro lado reflexioné, al leer el resumen de la conferencia de Aznar, que, si lo ocurrido a partir de 711 en la Península Ibérica fue una invasión, o sea una usurpación, lo que pasó en América con la irrupción de los españoles a partir de 1492 lo fue, por el mismo rasero, tanto o más. Aceptemos las cosas como fueron y dejémonos —perdón— de cuentos chinos.

5

EN TORNO AL *QUIJOTE*

—Tú estás en lo cierto, Sancho —dijo don Quijote—. Vete adonde quisieres y come lo que pudieres, que yo ya estoy satisfecho, y solo me falta dar al alma su refacción, como se la daré escuchando el cuento de este buen hombre.

(I, 50, p. 515)*

Sobre un buen cimiento se puede levantar un buen edificio, y el mejor cimiento y zanja del mundo es el dinero.

SANCHO PANZA A DON QUIJOTE
(II, 20, p. 699)

* Todas las citas del *Quijote* en este capítulo se toman de la magnífica edición de Francisco Rico de 2015 (véase bibliografía al final).

AQUEL INICIO TAN GENIAL

Mi propósito en este capítulo es comentar algunos aspectos del *Quijote* que a mí me intrigan. Pido perdón por tomarme la libertad de empezar con la reproducción del primer párrafo de la novela: el exordio más famoso, y más analizado, de cuantas narraciones se hayan publicado jamás en lengua española. A nadie le vendrá mal, por otro lado, si ya lo conoce, volver a leerlo y ponderarlo:

> En un lugar de la Mancha, de cuyo nombre no quiero acordarme, no ha mucho tiempo que vivía un hidalgo de los de lanza en astillero, adarga antigua, rocín flaco y galgo corredor. Una olla de algo más vaca que carnero, salpicón las más noches, duelos y quebrantos los sábados, lantejas [sic] los viernes, algún palomino de añadidura los domingos, consumían las tres partes de su hacienda. El resto de ella concluían sayo de velarte, calzas de velludo para las fiestas, con sus pantuflos de lo mismo, y los días de entresemana se honraba con su vellorí de lo más fino. Tenía en su casa una ama que pasaba de los cuarenta y una sobrina que no llegaba a los veinte, y un mozo de campo y plaza que así ensillaba el rocín como tomaba la podadera. Frisaba la edad de nuestro hidalgo con los cincuenta años. Era de complexión recia, seco de carnes, enjuto de rostro, gran madrugador y amigo de la caza. Quieren decir que tenía el sobrenombre de «Quijada», o «Quesada», que en esto hay alguna diferencia en los autores que de este caso escriben, aunque por conjeturas verisímiles se deja entender que se llamaba «Quijana». Pero esto importa poco a nuestro cuento: basta que en la narración de él no se salga un punto de la verdad.

El narrador, como se ve, no nos explica casi nada aquí acerca de la familia de este hidalgo manchego algo venido a menos. De sus padres, ni una palabra. De su infancia y juventud, tampoco. ¿Es viudo? Ninguna indicación. ¿Ha tenido amores? Silencio. Después nos enteraremos de que su sobrina se llama Antonia y es hija de una hermana suya, pero es lo único que sabremos de esta. ¿Ha viajado, conoce otro país? El narrador no nos lo dice ni nos lo dirá. De hecho se nos mantendrá en la ignorancia de casi toda su vida anterior, aunque más adelante don Quijote nos hará una pequeña revelación al decir: «desde muchacho fui aficionado a la carátula, y en mi mocedad se me iban los ojos tras la farándula» (II, 11). Con lo cual colegimos que algo de actor en potencia ya tenía *ab initio*.

A diferencia de la situación con la que probablemente sea la segunda novela más célebre del orbe, el *Ulises* de mi paisano James Joyce, no tenemos un manuscrito que nos ayude a descifrar el largo y sin duda complicado proceso de elaboración del *Quijote*. ¡Ni una hoja! Según el gran cervantista Francisco Rico, el original «debía de ofrecer un aspecto revuelto, desigual y poco legible».[1] Como el de Joyce tres siglos después.

¿Por qué dispuso Cervantes que el narrador insistiera, desde su primera línea, en no dejar constancia del nombre del lugar de la Mancha donde vivió don Quijote (y, como sabremos más adelante, naciera)? ¿Le costó mucho trabajo la plasmación definitiva de aquellos doce y enigmáticos vocablos inaugurales? Nuestro desconocimiento es absoluto.

Cabe deducir que le preguntó mucha gente por la causa de tal silenciamiento. Y es probable que lo hiciesen aún más a raíz de la publicación, en 1614, del apócrifo *Segundo tomo del ingenioso hidalgo Don Quixote de la Mancha,* atribuido a un tal Alonso Fernández de Avellaneda, «natural de la Villa de Tordesillas». Para este la identidad del pueblo de don Quijote no ofrece dudas. El libro va dedicado «al alcalde, regidores y hidalgos de la noble villa de Argamasilla, patria feliz del hidalgo caballero don Quijote de la Mancha», y en él Sancho Panza declara numerosas veces ser de aquel lugar. Por ello, quizá, Cervantes decidió aludir al asunto al final de su propia Segunda parte, justo después de despachar al otro mundo a don Quijote. Allí leemos: «Este fin tuvo el ingenioso hidalgo de la Mancha, cuyo lugar no quiso poner Cide Hamete puntualmente, por dejar que todas las villas y lugares de la Mancha contendiesen entre sí por ahijársele y tenérsele por suyo, como contendieron las siete ciudades de Grecia por Homero.»

Nada demuestra que, al empezar su novela, Cervantes hubiera pensado en coartada tan brillante, con la mítica referencia homérica como antecedente. Se trataba de una explicación *a posteriori*, con un componente, por lo que tocaba a deseadas futuras «contiendas», casi profético.

Aunque ni el autor, ni el narrador, ni don Quijote ni Sancho Panza nombran jamás el «lugar de la Mancha», el libro sí contiene un dato topográfico muy revelador. Y es que, tanto en la salida inicial del hidalgo, a solas, como en la siguiente, ya acompañado por Sancho, se nos informa que, al escaparse del pueblo, enfila inmediatamente la comarca conocida como Campo de Montiel.

En el caso de la primera excursión, armado y a lomos de *Rocinante*, «por la puerta falsa de un corral salió al campo». Ello antes de rayar el día, que iba a ser «uno de los calurosos del mes de julio». Nada más abandonar la aldea, don Quijote fantasea sobre cómo describirá el sabio encargado de contar sus hazañas aquellos pasos iniciáticos «por el antiguo y conocido campo de Montiel». El narrador confirma luego que por ahí, en efecto, empezó la aventura.

En cuanto a la segunda salida, emprendida dieciocho días después, el narrador —identificado ahora como el historiador árabe Cide Hamete Benengeli— nos dice que don Quijote toma la «misma derrota y camino que el que él había tomado en su primer viaje, que fue por el campo de Montiel, por el cual caminaba con menos pesadumbre que la vez pasada, porque por ser la hora de la mañana y herirles a soslayo los rayos del sol no les fatigaban».

En la tercera y última expedición, la más larga (83 días), que ocupa toda la Segunda parte de la novela, el narrador dice que don Quijote y Sancho se ponen esta vez «en camino del Toboso». Luego le pide al lector que tenga la bondad de olvidarse un poco de las aventuras anteriores y de fijarse en las nuevas, «que desde ahora en el camino del Toboso comienzan, como las otras comenzaron por los campos [sic] de Montiel».

Queda claro, pues, que el «lugar de la Mancha» de cuyo nombre no quiere acordarse el narrador es un pueblo situado en la mismísima linde del territorio conocido como campo, o campos, de Montiel.

Algo es algo.

Y aquí empieza el gran debate que tiene revueltos y enfrentados a no pocos manchegos. Debate que gira en torno a la cuestión de dónde, precisamente, empezaba a principios del siglo XVII dicha comarca.

En Argamasilla de Alba, que se considera —según el folleto oficial publicado por el Ayuntamiento— el lugar de la Mancha donde vivía don Quijote, me consta que no tienen duda alguna al respecto. ¡Me lo han dicho con insistencia! La aldea, mantienen férreamente, lindaba con el Campo de Montiel, como la de la novela, y el hidalgo podía entrar en él al poco de salir de su casa. La periodista e historiadora argamasillera Pilar Serrano de Menchen me asegura poder demostrarlo con la documentación pertinente en la mano.

Luego, todavía en Argamasilla, tenemos el extraño caso del marqués Rodrigo de Pacheco, que los vecinos consideran concluyente.

Veámoslo. Cuando el joven José Martínez Ruiz, *Azorín*, llegó al pueblo en 1905 —tercer centenario de la Primera parte de la novela—, le dijeron una y otra vez que el modelo para don Quijote fue el tal marqués. En 1601, cuatro años antes de la publicación del libro, este había tenido una dolencia cerebral de la cual fue curado, según alegaba él y se creía en la aldea, por la intercesión de la Virgen de la Caridad de Illescas. A Azorín le llevaron sin demora a visitar, en la iglesia de San Juan Bautista, el gran cuadro —de desconocida autoría— que refiere la sobrenatural cura. A mí también me llevaron. Debajo hay un letrero que reza con letras mayúsculas:

> APARECIÓ NUESTRA SEÑORA A ESTE CABALLERO ESTANDO MALO DE UNA ENFERMEDAD GRAVÍSIMA DESAMPARADO DE LOS MÉDICOS VÍSPERA DE SAN MATEO AÑO MDCI ENCOMENDÁNDOSE A ESTA SEÑORA Y PROMETIÉNDOLE UNA LÁMPARA DE PLATA LLAMÁNDOLA DÍA Y NOCHE DE UN GRAN DOLOR QUE TENÍA EN EL CELEBRO DE UNA GRAN FRIALDAD QUE SE LE CUAJÓ DENTRO.

Al expresar Martínez Ruiz sus dudas acerca de la equiparación del marqués con don Quijote, los prohombres locales se indignaron. «Ya sé, señor Azorín, de dónde viene todo eso —le dijo el cura don Cándido—, ya sé que hay ahora una corriente en contra de Argamasilla; pero no se me oculta que estas ideas arrancan de cuando Cánovas [del Castillo] iba a Tomelloso y allí le llenaban la cabeza de cosas en perjuicio de nosotros. ¿Usted no conoce la enemiga que los del Tomelloso tienen a Argamasilla? Pues yo digo que don Quijote era de aquí; don Quijote era el propio don Rodrigo de Pacheco, el que está retratado en nuestra iglesia, y no podrá nadie, nadie, por mucha que sea su ciencia, destruir esta tradición en que todos han creído y que se ha mantenido siempre tan fuerte y tan constante...»[2]

Pilar Serrano de Menchen me informa de que la vivienda del

marqués Rodrigo de Pacheco, demolida en 1843, era conocida como «La casa de don Quijote».

Y hablando de casas, figura en el folleto referido del Ayuntamiento de Argamasilla, entre una lista de los edificios históricos locales dignos de ser visitados, la del bachiller Sansón Carrasco —uno de los principales actores del *Quijote*—, actualmente en proceso de recuperación. Le pregunto al alcalde, Pedro Ángel Jiménez Carretón, si hay constancia documental de que el personaje viviera en el pueblo. Pienso que sería otro argumento potente a favor de la candidatura del mismo. Pero no, no hay constancia, solo de que Carrasco era un apellido frecuente en los alrededores.

Era obligado seguir mis pesquisas en Villanueva de los Infantes (Infantes, sin más, hasta 1955), distante unos 45 kilómetros de Argamasilla, donde no están de acuerdo en absoluto con las pretensiones de esta. Muy al contrario. Al entrar en la localidad —no nombrada en el *Quijote*— hay un cartel que lo proclama bien alto: EL LUGAR DE LA MANCHA.

El alcalde, Antonio Ruiz Lucas, discrepa con vehemencia de la tesis de Pilar Serrano sobre la delimitación del Campo de Montiel. Nunca se extendió, afirma y sostiene, hasta Argamasilla, con lo cual esta no puede ser la aldea del hidalgo. Para probarlo me muestra un plano de la época que se reproduce en el libro de Francisco Javier Campos y Fernández de Sevilla, *Los pueblos de Ciudad Real en las Relaciones Topográficas de Felipe II* (2004). A su juicio el documento es irrebatible.

Entiende el alcalde que favorece la candidatura de Villanueva la proximidad de Sierra Morena, donde don Quijote lleva a cabo su proyecto de penitencia a imitación de la de su tan admirado Amadís de Gaula. Concedo que el razonamiento tiene cierto peso. Pero me parece que no tanto la importancia que otorga a la referencia hecha por Cervantes a la comarca en el prólogo de la

Primera parte de la novela, donde afirma que, acerca de don Quijote, «hay opinión, por todos los habitadores del distrito del campo de Montiel, que fue el más casto enamorado y el más valiente caballero que de muchos años a esta parte se vio en aquellos contornos».

Pegadas a un muro en el centro de la localidad, cuatro placas yuxtapuestas son tajantes en relación con la candidatura de Villanueva. En la primera el entonces alcalde (2006), creo que no el mismo que ahora, le da las gracias al «equipo multidisciplinar» de la Universidad Complutense de Madrid, responsable de un estudio con el abstruso título de «El lugar de la Mancha es... *El Quijote* como un sistema de distancias-tiempo». La placa inferior izquierda recoge los nombres de los ocho especialistas que integraban el equipo (más una de la Universidad de Sevilla). La derecha superior reproduce el trozo que se acaba de citar del prólogo de Cervantes en el cual se menciona el Campo de Montiel. Y la derecha inferior el SISTEMA DE TARDANZAS CERVANTINAS, establecido, tras una lectura pormenorizada de la novela, por dicho grupo de expertos.

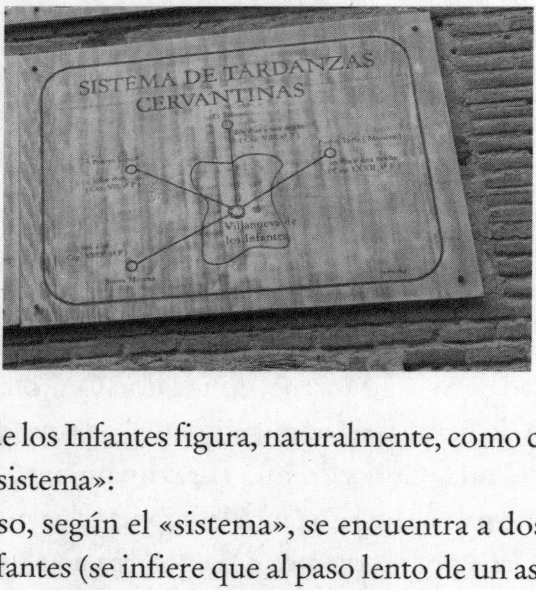

Villanueva de los Infantes figura, naturalmente, como centro y epicentro del «sistema»:

El Toboso, según el «sistema», se encuentra a dos días y una noche de Infantes (se infiere que al paso lento de un asno); Puerto

Lápice a dos días; Sierra Morena también a dos días; Tarfe (Munera) a un día y una noche.

Llama la atención la presencia en el «sistema» de este último lugar, pues en el capítulo del *Quijote* indicado (Segunda parte, capítulo 29) no se menciona para nada uno de tal nombre, tampoco Munera (localidad situada a unos 60 kilómetros de Albacete). Resulta que «Punto Tarfe (Munera)» es un invento del equipo de la Complutense, que se ha tomado la libertad de llamarlo así por el encuentro de nuestro hidalgo en un mesón, a unos pocos días de su pueblo —y de su muerte—, con don Álvaro Tarfe, personaje del apócrifo *Quijote* de Avellaneda, ya mencionado.

Nada de todo ello demuestra que Villanueva de los Infantes es, como se pretende, EL LUGAR DE LA MANCHA con mayúsculas.

Lo que queda claro, de todas maneras, es que, fuera el pueblo que no quiere nombrar el narrador el que fuera, Cervantes tenía algo así como una fijación con el Campo de Montiel. Por algo sería.

Si se trata de la «literalidad» geográfica de la novela, hay que recordar que, poco antes de que don Quijote y su escudero entren juntos en su pueblo por última vez, la vista de este *desde una cuesta* provoca en Sancho, que se ha puesto de rodillas, un encomio apasionado de su «deseada patria». No encaja la cuesta con Argamasilla, pues cerca del pueblo «todo el campo es un llano uniforme, gris, sin un altozano, sin la más suave ondulación» (Azorín).[3] Lo corrobora, además, el mencionado folleto editado por el Ayuntamiento de Argamasilla, según el cual la villa «está enclavada en la parte más llana de la meseta manchega». Añado por mi parte que en las proximidades de Villanueva de los Infantes tampoco hay una cuesta cercana desde la cual atisbarla.

El «lugar» de don Quijote, está claro, aglutina elementos procedentes de distintas aldeas manchegas conocidas por Cervantes (ya veremos los de Esquivias). Sigue siendo cierto, no obstante, que la inclusión, al final de la Primera parte, de los sonetos y epitafios atribuidos a los «académicos» de «La Argamasilla» inclina la balanza a favor de este pueblo.

Pretendidamente encontrados en una caja de metal escondida entre los escombros de una vieja ermita y escritos con letras góticas, dichos versos son hilarantes. No me resisto a apuntar sus títulos:

EL MONICONGO, ACADÉMICO DE LA ARGAMASILLA, A LA SEPULTURA DE DON QUIJOTE. *Epitafio.*

DEL PANIAGUADO, ACADÉMICO DE LA ARGAMISILLA, «IN LAUDEM DULCINEAE DEL TOBOSO». *Soneto.*

DEL CAPRICHOSO, DISCRETÍSIMO ACADÉMICO DE LA ARGAMASILLA, EN LOOR DE ROCINANTE, CABALLO DE DON QUIJOTE DE LA MANCHA. *Soneto.*

DEL BURLADOR, ACADÉMICO ARGAMASILLESCO, A SANCHO PANZA. *Soneto.*

A ellos Cervantes agrega dos epitafios más, ya no sonetos:

DEL CACHIDIABLO, ACADÉMICO DE LA ARGAMASILLA, EN LA SEPULTURA DE DON QUIJOTE.

DEL TIQUITOC, ACADÉMICO DE LA ARGAMASILLA, EN LA SEPULTURA DE DULCINEA DEL TOBOSO.

Me chifla el Tiquitoc. Inventar una academia en un pueblo que, según Azorín, tenía 700 vecinos en 1575 (hoy algo más de 7.000), y atribuir a sus miembros unos versos rimbombantes y ridículos, ¡qué manera de vengarse del descalabro que, según se dice y mantiene en la localidad, allí padeció Cervantes!

Se trataría de un breve encarcelamiento, no documentado, quizá resultado de haber piropeado excesivamente a la hija del milagrosamente curado marqués Rodrigo de Pacheco.

Al curioso no le dejan abandonar Argamasilla sin la visita obligada al sótano de la llamada Casa de Medrano, donde según los ribereños ocurrió el confinamiento.

Fijémonos un momento, para acabar, en El Toboso. En el primer capítulo de la novela nos enteramos de que se ubica «cerca» de donde habita don Quijote. En el 13, Sancho dice que nunca ha oído hablar de Dulcinea, aunque él vive «tan cerca del Toboso». Argamasilla, sin embargo, no está cerca, ni mucho menos *muy cerca*, del pueblo de la musa, sino a unos cincuenta o sesenta kilómetros del mismo.

¿Por qué eligió Cervantes El Toboso para albergar el palacio de Dulcinea? Sabemos que siempre anduvo muy atento a los encantos femeninos, y no sería sorprendente que, en sus muchas idas y venidas entre Madrid y Andalucía —El Toboso, famoso por sus tinajas, era entonces «el cruce de caminos de medio mundo»—[4], le hubiera llamado allí la atención cierta belleza local de nombre, si no se equivoca Azorín, Aldonza Zarco de Morales.[5] Quizás un día, hurgando entre papeles viejos, alguien dará con la clave del asunto. Gracias a la elección de El Toboso, de todas maneras, y a las constantes referencias a Dulcinea a lo largo de ambas partes de la novela, es la localidad nombrada en ella con más frecuencia.

Circunstancia que provoca una afluencia turística masiva hacia la localidad, afluencia muy apreciada, como es lógico, por los vecinos.

LA MANCHA, UN POCO MÁS

Durante años y años, antes de la llegada de la revolución digital, me estuve preguntando no solo por el enigma de la línea inicial del *Quijote*, sino por la etimología de la Mancha. ¿De dónde procedía el topónimo? No me parecía convincente que derivara del latín *macula,* palabra conocida de católicos de todo el mundo por la condición de *Inmaculada*, «sin mancha», de la Virgen María. El *Diccionario de la Real Academia Española* no ayudaba con sus dos primeras definiciones: (1) «Señal que una cosa hace en un cuerpo, ensuciándolo o echándolo a perder»; (2) «Parte de alguna cosa con distinto color del general o dominante en ella»; tampoco aclaraba la tercera el problema, aunque al principio parecía que sí: «Pedazo de terreno que se distingue de los inmediatos por alguna calidad.» Las siguientes, hasta nueve, ni remotamente contribuían a una solución. Busqué sin éxito un diccionario de topónimos españoles. No encontraba ninguno. Y luego un día, en 1990, ¡oh milagro!, cayó entre mis manos, en una librería de lance de las afueras de Madrid —no miento— una pequeña monografía que conservo como oro en paño. Se titula *Contribución a la toponimia árabe de España,* fue publicada en 1944 por el Consejo Superior de Investigaciones Científicas y se debía a los desvelos del arabista aragonés y cura Miguel Asín Palacios (amigo del padre de Luis Buñuel). Repasándolo tranquilamente, y tropezando con no pocas sorpresas en el camino, llegué a la página 118. Y allí vi lo siguiente:

> MANCHA (Castilla la Nueva, territorio) = مَنْجَى, «alta planicie».

¿Cómo es posible, me pregunto ahora, que los cervantistas no cayesen en la cuenta, años atrás, de que el topónimo la Mancha es árabe y significa *alta planicie*? En 1998, el Instituto Cervantes publicó en dos apretados tomos una edición crítica del *Quijote* dirigida por el ya mencionado académico Francisco Rico, con la colaboración de una larguísima lista de especialistas españoles e hispanistas. En una nota a pie de página correspondiente a la archifamosa primera frase de la novela, Rico comenta: «*lugar*: no con el valor de "sitio o paraje", sino como "localidad" y en especial "pequeña entidad de población", en nuestro caso situada concretamente en el Campo de Montiel, a caballo de las actuales provincias de Ciudad Real y Albacete».[6]

Nada, es decir, sobre la etimología del topónimo, tan llamativo, de la Mancha.

La bibliografía sobre Cervantes es inmensa, inabarcable para una sola persona. ¡Habría que ser un especialista vitalicio y ni así! Yo no sé si alguien ha publicado algo sobre este asunto. De todas maneras pregunto: ¿no es importante saber que el lugar donde vive don Quijote está enclavado dentro de una comarca que significa en árabe *alta planicie*? Yo creo que sí. Añado inmediatamente que, según Wikipedia —el lector lo puede comprobar con solo teclear «la Mancha»—, apenas hay discrepancias hoy, entre los entendidos en la materia, acerca de la derivación del término:

> Varias son las teorías sobre el origen del topónimo *Mancha*. Las hay que lo relacionan con el mismo origen latino de la palabra castellana «mancha» (*macŭla*), pero son más las que establecen un origen árabe de la palabra. Las hay que lo relacionan con la palabra árabe «*manxa*», traducida como «*tierra seca*», pero se da más probabilidad a su procedencia de la palabra árabe «*mányà*», que se ha traducido como «alta planicie», «lugar elevado» y «meseta».

¿Sabía o sospechaba Cervantes que la Mancha era un nombre árabe? No es imposible. Lo que sí nos consta es que le interesaba la presencia, en el castellano, de numerosos vocablos procedentes de aquel idioma. Palabras que, de hecho, suponen, después de las de raíz latina, la aportación más importante al léxico español (según el académico Rafael Lapesa más de cuatro mil voces, sin tener en cuenta los topónimos, que suman miles más, empezando con Madrid). Demuestra el interés de Cervantes por el asunto el capítulo 67 de la Segunda parte de la novela, en el cual don Quijote, hablando de instrumentos musicales, utiliza la palabra *albogue*. Sancho no la conoce. «Este nombre *albogues* es morisco —perora el hidalgo—, como lo son todos aquellos que en nuestra lengua castellana comienzan en *al*, conviene a saber: *almohaza, almorzar, alfombra, alguacil, alhucema, almacén, alcancía* y otros semejantes, que deben ser pocos más; y solo tres [sic] tiene nuestra lengua que son moriscos y acaban en *í*, y son *borceguí, zaquizamí* y *maravedí, alhelí* y *alfaquí*, tanto por el *al* primero como por el *í* en que acaban, son conocidos por arábigos.»

Don Quijote se equivoca al decir que todas las palabras que empiezan con *al* en castellano son árabes, aunque quizás la mayoría sí. Almorzar, que él incluye, no es árabe, tampoco, por ejemplo, álamo, alba o alegría. No sabemos si Cervantes le hace caer deliberadamente en este error o si lo comparte. También yerra el hidalgo al añadir que la lista de tales palabras que le acaba de dar a Sancho es casi completa. En absoluto es el caso: en el propio *Quijote* figuran, sin ir más allá, casi cincuenta voces árabes empezando con el *al* inicial (y otras tantas sin él).

También se equivoca al afirmar que solo hay en español tres palabras árabes que terminan en *í*. Apunta cinco, no tres, pero hay bastantes más.

Luego es preciso señalar que don Quijote no menciona los referidos topónimos árabes que, como bien sabía Cervantes, pululan en casi toda la península. Todo esto lo traigo a colación porque —no hay que olvidarlo— el narrador del *Quijote* es el historiador árabe Cide Hamete Benengeli. Este sí tiene que saber, aunque no lo dice, que el español le debe muchísimas palabras al idioma del Corán (¡entre ellas *berenjena*, qué chiste de Cervantes al idear el apellido de su sabio!). Y no se le podría escapar tampoco que la naturaleza árida y deprimentemente llana de la Mancha, subrayada por su etimología, tenía mucho que ver con el desvarío de don Quijote, que solo puede sobrevivir en tal ambiente recurriendo a las aventuras de las novelas de caballerías.

García Lorca, en una carta a Anna Maria Dalí, hermana del pintor, comparó el trastorno de nuestro deshacedor de entuertos con el de la desquiciada Lidia de Cadaqués, gran amiga de Salvador. «Cervantes dice de su héroe "que se le secó el celebro" —escribió Lorca—, ¡y es verdad! La locura de Don Quijote es una locura seca, visionaria, de altiplanicie, una locura abstracta, sin imágenes... La locura de Lydia es una locura húmeda, suave, llena de gaviotas y langostas, una locura plástica. Don Quijote anda por los aires y Lydia a la orilla del Mediterráneo. Es esta la diferencia.»

Hermosa comparación. En sus ideas y venidas entre Granada y Madrid, el poeta había transitado numerosas veces por la Mancha e incluso llevado por aquellos parajes a la Barraca, el teatro estudiantil que dirigió bajo la República. Sabía de lo que hablaba.

CERVANTES, MARRANO

Lo que difícilmente podía saber Lorca —porque todavía apenas se había planteado—, era la posibilidad, hoy probabilidad, de que Cervantes fuera «cristiano nuevo», es decir «marrano», descendiente de judíos conversos, condición muy complicada en aquella España. Lo cual no quiere decir, en absoluto, que fuera un *criptojudío*, o sea judío secreto que seguía practicando a escondidas la religión de sus antepasados. Algo no infrecuente, como cuenta George Borrow en *La Biblia en España*. No creo que nadie haya alegado tal cosa.

El hispanista norteamericano Daniel Eisenberg, autor de importantes estudios cervantinos, entre otros, está convencido, siguiendo a Américo Castro, de la condición de converso de Cervantes. «Ser cristiano nuevo, como ser mujer en el siglo XIX, era ser ciudadano de segunda clase», enfatiza. Y sigue: «Nadie en todo el Siglo de Oro se identificó abiertamente como cristiano nuevo [...] si uno creía que sus bisabuelos habían sido judíos, la tarea era ocultar este hecho y enterrar la noticia.» El grupo de los conversos «sufría una discriminación, cada vez más exagerada, una discriminación contra la cual no había otra protesta o apelación que confeccionar documentación para demostrar que no descendían de quienes descendían.» Es decir, una Carta Ejecutoria de Hidalguía (que a veces se podía conseguir untando liberalmente las manos correspondientes). Y remacha Eisenberg: «El confesar públicamente y con orgullo que eran cristianos nuevos, descendientes de judíos, y protestar por la discriminación, habría sido un suicidio y nadie lo hacía.»[7]

La obsesión con la sangre impoluta —antecedente del nazismo— impregnaba la sociedad española en tiempos de Cervantes. Como hemos visto, la comenta Richard Ford. Nadie quería llevar el estigma social de proceder de judíos. Todo lo contrario. Lo habitual era que cada uno insistiera machaconamente, cuando precisaba, en su pureza racial, en la «vejez» de su fe cristiana. Ello se refleja siempre en la literatura de la época. Sancho Panza, sin ir más lejos, declara varias veces ser del bando de los no contaminados: «Yo cristiano viejo soy» (I, 21), «soy cristiano viejo y no debo nada a nadie» (I, 47), «muy de cristiano viejo, como soy» (II, 3), «los que tienen sobre el alma cuatro dedos de enjundia de cristianos viejos, como yo los tengo» (II, 4). Incluso, en un momento dado, afirma ser «enemigo mortal» de los judíos (II, 8).

Una llamativa muestra de la obsesión con la pureza sanguínea viene en la obra de teatro de Lope de Vega, *Peribáñez y el comendador de Ocaña*, cuyo protagonista enfatiza, con palabras dignas de ser retenidas:

> Yo soy un hombre, aunque de villana casta,
> limpia de sangre, y jamás de mora ni de hebrea manchada.

Sangre manchada. La mancha, la mancilla. Es interesante la definición de «mancha» que ofrece Covarrubias en su famoso *Tesoro de la lengua castellana, o española*, publicada en 1611 cuando Cervantes quizás había empezado la Segunda parte de su novela: «Todo aquello que estraga y desdora lo que de suyo era bueno, *como mancha en un linaje*» (el subrayado es mío).

Cuando un autor de procedencia «impura» quería introducir en su texto alguna crítica al régimen entonces imperante en España, lo tenía que hacer velada, oblicuamente, pues el peligro era muy real. El referido Daniel Eisenberg encuentra en el *Quijote* (II, 9) un caso quizás arquetípico. «La única iglesia en *Don Quijote* es la de El Toboso —escribe—. Don Quijote y Sancho topan con ella en la oscuridad. "Con la iglesia hemos dado", dice don Quijote. ¿Nos dice algo la *oscuridad* en que se encuentra la única iglesia en *Don Quijote*? ¿Quería Cervantes que los lectores discretos sacáramos de esta oscuridad una conclusión? Me atrevo a opinar que sí.» No todos estarán de acuerdo con Eisenberg, ni mucho menos. La ironía no siempre es fácil de detectar.

Varios investigadores españoles actuales —entre ellos Leandro Rodríguez, Hermenegildo Fuentes, César Brandariz y Santiago

Trancón— están convencidos de que Cervantes, al hacer que Alonso Quijana, cuando inicia su andadura caballeresca, se autodenomine don Quijote *de la Mancha*, está aludiendo, no a la comarca manchega donde vive el hidalgo —que vendría a ser un recurso irónico, una «cortina de humo»—, sino a su condición de cristiano nuevo, portador de *una mancha* en la sangre.

El primer español en aventurarse por estos peligrosos caminos (ya hubo algún antecedente francés) fue, si no me equivoco, Leandro Rodríguez, con un librito, publicado en Santander en 1978, *Don Miguel Judío de Cervantes.*

El autor cuestiona, probablemente con razón, la autenticidad de la copia de la partida de bautismo de Cervantes conservada en Alcalá de Henares, según la cual el escritor naciera allí en 1547. Mantiene que vino al mundo dos años después en el pequeño pueblo de Cervantes, sí, Cervantes, ubicado cerca de Puebla de Sanabria en el noroeste de la provincia de Zamora, territorio limítrofe con Portugal y las provincias de León y Orense.

Es un hecho demostrado que, en tiempos del autor del *Quijote*, vivían en la comarca de Sanabria muchos conversos y criptojudíos. Pero, si bien es posible que el topónimo Cervantes fuera el origen del apellido, Rodríguez no pudo probar documentalmente, ni entonces ni después, que el escritor naciera allí. Todo su razonamiento al respecto es bastante tendencioso, con la finalidad de validar su tesis previa. El documento del siglo XVI, por ejemplo, encontrado en el pueblo cercano de Santa Colomba de las Monjas, donde aparece una tal Aldonza, hija de un tal Lorenzo. ¿Es concebible que estemos ante la Aldonza Lorenzo convertida por la imaginación de don Quijote en Dulcinea? Rodríguez piensa que sí, pero a mí, por lo menos, la conclusión me parece alucinante.

Zamorano descendiente él mismo de aquellos conversos, Rodríguez encuentra por doquier, en la topografía de la comarca de

Sanabria, paralelismos con los escenarios descritos por Cervantes en el *Quijote*. Unos ejemplos:

- Las lagunas de Ruidera no son tales sino las de Sanabria, alimentadas, ya que no del Guadiana, por el Tera.
- La Cueva de Montesinos, ubicada no lejos de las lagunas de Ruidera y donde tiene lugar la aventura más «surrealista» del hidalgo, tampoco es tal sino la situada en la aldea de Ribadelago.
- A diez kilómetros del Cervantes sanabrés se encuentra el pueblo de Trefacio. Sus habitantes llevan el apodo de *burreiros.* De ahí el origen, nos asegura Rodríguez sin más, de la aventura del *rebuzno* en el *Quijote* (II, 25).
- También próximo al pueblo de Cervantes, en Sotillo, hay un lugar que se llama Prado de los Pisones. ¿Pisones? El investigador aclara que es un sinónimo de *batanes*. Como se sabe, tales aparatos protagonizan otro de los episodios más célebres del *Quijote*, episodio que los estudiosos suelen situar en las cercanías de Ruidera. Resulta que, al lado del mencionado prado, hay una cascada que cae desde más de doscientos metros de altura, con el estruendo correspondiente. ¡Si todo encaja!
- «En un lugar de las montañas de León —cuenta, en el *Quijote*, un capitán de infantería— tuvo principio mi linaje, con quien fue más agradecida y liberal la naturaleza que la fortuna, aunque en la estrecheza de aquellos pueblos todavía alcanzaba mi padre fama de rico» (I, 39). Rodríguez no duda en señalar que Cervantes se está refiriendo a su propia infancia, pasada, nos quiere convencer, no lejos de aquellos pagos. Sorprendentemente, añado yo por mi cuenta, el autor no señala que «En un lugar de las montañas de León» es casi un eco de la primera frase de la novela.

- ¿Por qué utiliza Cervantes, como segundo apellido, Saavedra, cuando su madre se llamaba Cortinas? Nadie parece tener la clave del asunto. Menos Rodríguez y quienes le siguen. Y es que Saavedra, nos asegura, era un apellido muy frecuente en la comarca sanabresa, como podrá comprobar el curioso que se acerque al cementerio del mencionado pueblo de Santa Colomba de las Monjas, donde muchas sepulturas lo ostentan. Cervantes se atribuye el apellido para referirse oblicuamente a su lugar de nacimiento.

Y así por el estilo. Para el investigador, en resumen, el *Quijote* está plagado de alusiones encubiertas a la pretendida infancia de Cervantes en la comarca sanabresa, así como de alegorías, anagramas, referencias talmúdicas y cabalísticas y «mensajes cifrados» dirigidos a los entendidos. Mensajes, por supuesto, ininteligibles para los demás.

Las dos ediciones del libro de Rodríguez (hubo una segunda en 1987) tuvieron poca resonancia. Mejor suerte le esperaba al titulado *Cervantes en Sanabria, la ruta de don Quijote de la Mancha*, editado en 1999 a expensas de la Diputación Provincial de Zamora. En él analiza con detenimiento los itinerarios de las tres salidas del hidalgo y razona que sus aventuras más notables, de localización generalmente no especificada en la novela, se desarrollan en la región sanabresa. Durante la presentación del libro en Cervantes, el pueblo, el presidente de la Asociación para el Desarrollo Integrado de Sanabria y Carballeda anunció que, a raíz de las investigaciones de Rodríguez, proyectaban promocionar en la zona un recorrido oficial por los lugares mencionados.

La ruta ya existe y el interesado puede encontrar información al respecto en Internet (por ejemplo, en la página www.sanabriacarballeda.com).

Entre quienes siguieron cronológicamente a Rodríguez en la

búsqueda de los significados «ocultos» del *Quijote*, sobre todo en relación con la comarca sanabresa, ocupa un puesto eminente Hermenegildo Fuentes (nacido en 1947 en La Milla de Tera, entre Benavente y Puebla de Sanabria). Inició su quehacer en 1983 con el librito *Don Quijote de Cervantes. De la Mancha a Sanabria*. En 2007 publicó una edición muy revisada y ampliada del mismo, *El libro del esplendor. Don Quijote de la Mancha ¿y Cervantes de Sanabria?*

Solo mencionaré —no me puedo alargar más— que, en las mencionadas seis composiciones atribuidas por Cervantes, al final de la primera parte de su novela, a los «académicos» de Argamasilla, Fuentes encuentra la clave definitiva del lugar natal del escritor. Ha descubierto que son *acrósticas* y que sus sílabas iniciales, leídas de arriba abajo, contienen el siguiente mensaje: «El es en Sanabrya.» «¡El secreto ya es nuestro!», exclama jubiloso.[8]

En la misma línea abogan los otros dos autores mencionados: César Brandariz (*Cervantes decodificado. Las raíces verdaderas de Cervantes y de don Quijote y los tópicos que las ocultan*, 2005, y *El hombre que hablaba «difícil». ¿Quién era realmente Cervantes?*, 2011), y Santiago Trancón (*Huellas judías y leonesas de D. Quijote*, 2014). No niego que estos trabajos, calificados por Daniel Eisenberg como «tesis extravagantes y absurdas»,[9] contienen, entre muchos razonamientos tendenciosos, algunos datos de interés y hasta sugerentes. Pero la verdad es que al lector le exigen una cantidad exorbitante de buena fe y credulidad.

Cuando le cuento todo esto a mi amigo Manuel Vicent un soleado domingo de octubre en la plaza de Lavapiés, mientras tomamos un refresco, el escritor apenas se lo puede creer. «Cuidado —me advierte—, como te sigas metiendo en este follón se te va a secar el *celebro* como le pasó a don Quijote con las novelas de caballerías.»

Dejemos aquí el asunto —que quien quiera asuma el riesgo de

iniciar su propia indagación—, y veamos el conmovedor episodio del *Quijote* donde Cervantes se refiere a la masiva expulsión de los moriscos llevada a cabo entre las fechas de ambas partes de la novela.

CERVANTES Y EL MORO RICOTE

En el primer párrafo del *Quijote*, reproducido al principio de este capítulo, el narrador alude de paso a los autores que ya han escrito sobre el caso del desquiciado hidalgo manchego. Y cuando sale este al Campo de Montiel para iniciar su primera aventura, lo hace con la confianza de que un «sabio» contará «la verdadera historia» de sus «famosos hechos». El «sabio» imaginado por don Quijote, nos asegura Francisco Rico, era, más que tal, un «mago» y procedía de una convención de los libros de caballerías, donde era «común».[10]

Lo increíble es que a Cervantes se le ocurriera que el encargado de narrar las aventuras de don Quijote fuera un historiador musulmán. Cide Hamete Benengeli no hace su aparición hasta el capítulo 9 de la primera parte, donde se cuenta el descubrimiento del resto del manuscrito árabe original, escrito en caracteres aljamiados, encontrado entre unos viejos papeles en el Alcaná —mercado— de Toledo y traducido al castellano por un morisco de aquella ciudad.

El «segundo» narrador, el que sigue la traducción de la obra original de Cide Hamete, insiste una y otra vez, repitiendo lo ya enunciado al principio del libro, en que la de don Quijote es una historia verídica, auténtica, real, no una ficción. Pero advierte que, sin embargo, hay un pequeño problema. Y es que dicha historia, al haber sido escrita por *un musulmán*, no es necesariamente siempre fiable. «Si a esta [la historia de don Quijote] se le puede poner alguna objeción cerca de su verdad —declara—, no podrá ser otra sino haber sido su autor arábigo, siendo muy propio de los de aquella nación ser mentirosos». ¡Ah, los mahometanos no son de fiar, por su condición de infieles! El mismo don Quijote se quejará más adelante de que su historiador sea un musulmán y no un buen cristiano. Siendo así resultará más difícil que la censura, entonces muy rígida, se meta con Cervantes por tal o cual comentario o episodio que se pudiera considerar de dudosa ortodoxia católica. Y ello en momentos muy delicados en que se está preparando, por más señas, la expulsión en masa de los moriscos, acusados de ser traidores y conspiradores y de seguir practicando la religión de la cual han abjurado de manera oficial.

Me parece muy importante tener en cuenta que la expulsión se puso en marcha entre 1609 y 1612, los años que abarcan la redacción de la Segunda parte de la novela.

El distinguido hispanista inglés Patrick Harvey, especialista en la literatura de los moriscos, tanto escrita en romance con caracteres árabes (*aljamía*) como en árabe corrupto tardío, señaló en 1974 la naturaleza «extraordinaria» del hecho de que Cervantes inventara, justo entonces, a un «historiador» musulmán para contar las aventuras del manchego. Artificio mantenido a lo largo de ambas partes del libro «con enorme ingenuidad y humor monstruoso (*outrageous humour*)».[11]

Más recientemente el escritor argentino Alberto Manguel ha ido más lejos. «En tales circunstancias —escribe—, el *Quijote* resulta un acto subversivo, con la entrega de la autoría de lo que será la obra cumbre de la literatura española a un moro, Cide Hamete, y con el testimonio del morisco Ricote denunciando la infamia de las medidas de expulsión.»[12]

Estoy de acuerdo en que la creación de un narrador tan sospechoso fue, de hecho, un acto subversivo. Acto genialmente enmascarado.

El testimonio de Ricote es la clave. Y ha dado lugar a un enconado debate todavía no resuelto.

El episodio ocurre en el capítulo 54 de la Segunda parte de la novela, donde se narra el reencuentro de Sancho —justo después de abandonar con alivio su gobierno de la Isla Barataria— con su hasta hace poco vecino, empujado al exilio como los demás moriscos por el bando de Felipe III.

Hay que recalcar que la tremenda disposición supuso el éxodo forzado de quizá 300.000 personas (de una población total de unos siete millones) consideradas en su conjunto, contra toda razón, peligrosos enemigos de la España católica. Su pérdida no constituyó solo un desastre demográfico sino, desde otros numerosos puntos de vista —entre ellos el cultural y el económico—, un error garrafal. No olvidemos, sin ir más allá, que los moriscos eran magníficos horticultores, expertos en el manejo del agua, como cualquiera podía comprobar, por ejemplo, en la Vega de Granada o las huertas de Valencia o Murcia. Y no olvidemos, tampoco, que los bienes, tierras y dineros de aquella gente se quedaron mayormente en manos de quienes los expulsaron, o sea de españoles católicos, sin compensación alguna ni reconocimiento nunca hasta hoy mismo.

Ricote, ya entrado en años, ha vuelto a España acompañando, debidamente disfrazado, a cinco falsos peregrinos alemanes, «de estos extranjeros que piden la limosna cantando». El motivo de su peligroso regreso es recuperar unos dineros que dice haber ocultado en las afueras del pueblo —el pueblo manchego nunca nombrado de don Quijote— y enterarse de cuál ha sido la suerte de su mujer y su hija, dejadas atrás mientras él, con encomiable previsión, buscaba, antes de la fecha fatal, un nuevo hogar en otro país. Hogar que ha resultado ser Alemania.

Sancho nota que uno de los peregrinos le está mirando «con mucha atención». No tarda en producirse el mutuo reconocimiento. Todavía a lomos de su jumento, el ex gobernador de la Isla Barataria le echa a Ricote los brazos al cuello y le advierte de que, si le cogen, tendrá «harta mala ventura», lo cual era con toda seguridad cierto.

Después de compartir con los tudescos su estupendo *picnic*, caviar incluido, regado con numerosas libaciones vinícolas, los dos se sientan al pie de una haya para charlar. Y Ricote empieza a contar cómo le ha ido, «sin tropezar nada en su lengua morisca, en la pura castellana».

Según le asegura a Sancho, el rey ha actuado bajo «inspiración divina», dados los «ruines y disparatados intentos que los nuestros tenían» —intentos no especificados por el narrador— y el hecho de que, si bien entre ellos había «cristianos firmes y verdaderos», eran tan pocos «que no se podían oponer a los que no lo eran». Con «los enemigos dentro de casa», razona, el monarca no tuvo más remedio que «poner en efecto tan gallarda resolución» y expulsarlos a todos por si acaso.

¿Tan *gallarda* resolución? ¿Fue la opinión de Cervantes? Me cuesta trabajo creerlo... y mucho más a la luz de las siguientes matizaciones de Ricote. A algunos, le dice a Sancho, la pena del exilio les habrá parecido «blanda y suave». Pero para él y los suyos ha sido «la más terrible que se nos podía dar». «Doquiera que estamos lloramos por España —prosigue—: que, en fin, nacimos en ella y es nuestra patria natural.» Y suspira: «No hemos conocido el bien hasta que lo hemos perdido [...]. Ahora conozco y experimento lo que suele decirse, que es dulce el amor de la patria.»

Ricote ha decidido asentarse en Alemania por una razón muy concreta. Y es que, según le explica a Sancho, «allí me pareció que se podía vivir con más libertad, porque sus habitadores no miran en muchas delicadezas: cada uno vive como quiere, porque en la mayor parte de ella se vive con libertad de conciencia». No como en la España inquisitorial del rey Felipe III, es decir (donde los escritores críticos con el *statu quo* se la juegan en cada línea). ¡Libertad de conciencia! A mí me quita el aliento leer esta expresión puesta en boca del morisco. Me parece que solo una terca ceguera ideológica podría impedir que se apreciara la solidaridad con los perseguidos aquí manifestada por Cervantes. Quien, no lo olvidemos, era probablemente de ascendencia conversa.

Cuando Ricote revela que va camino del pueblo para rescatar sus dineros, Sancho se niega a ayudarle, pese a la oferta de doscientos escudos. Por no ser codicioso, se excusa. Y por no traicionar al rey. Pero hay otra lectura. Ayudar a Ricote en su empresa le habría quizá costado la vida o, como mínimo, condenado a las galeras, que era casi lo mismo.

Sancho informa a su ex vecino lo ocurrido con su mujer e hija. Las acompañó en su destierro el cuñado de Ricote, Juan Tiopieyo, pero no antes de que las autoridades les hubiesen quitado, o sea robado, «muchas perlas y mucho dinero en oro que llevaban por registrar». Sancho estuvo en el pueblo cuando las desventuradas lo tuvieron que abandonar, con la hija llorando y abrazando a sus amigas y pidiendo a todos que la encomendasen «a Dios y a Nuestra Señora su madre». Sancho, que declara no ser «muy llorón», admite haber vertido lágrimas. «Y a fe —le cuenta a Ricote— que muchos tuvieron deseo de esconderla y salir a quitársela en el camino, pero el miedo de ir contra el mandado del rey los detuvo.»

Por supuesto que los detuvo. Y tanto. El episodio es narrado con una ternura tan transparente y explícita que, a mi juicio, solo lo pudo escribir alguien que no dudaba de la injusticia de la expulsión.

No lo ve así todo el mundo, por supuesto. En su edición del *Quijote* (1944), Martín de Riquer demostró no percibir gota alguna de ironía en este capítulo y justificó la decisión de Felipe III diciendo que los moriscos «aparentemente convertidos, seguían practicando de escondidas sus ritos y en general llevando vida nociva a la sociedad».[13] Pero, un momento, ¿cómo iban a llevar centenares de miles de seres, en su gran mayoría industriosas gentes de campo, vida generalmente *nociva a la sociedad*? No dudo que estamos ante una grotesca calumnia retrospectiva.

Que yo sepa, Riquer nunca rectificó.

Más sorprendente es el comentario del ya mencionado hispanista inglés Patrick Harvey. «Cervantes es el portavoz de las *idées reçues* de su sociedad —nos asesgura—. No detecto ironía alguna en estas palabras que pone Cervantes en boca de Ricote.» Y prosigue: «Parece ser que Cervantes compartía la exasperación y falta de comprensión de sus compatriotas cristianos ante el problema morisco, aunque es justo añadir que su buen instinto artístico le evitó caer en la caricatura al retratar a este morisco.»[14]

¡Portavoz [sic] de las *idées reçues* de su sociedad! ¡Buen instinto artístico! Siento discrepar con mi ex colega de Londres. A mí me parece irónica toda la narración del episodio. Y entiendo que este, escrito cuando se acababa de consumir la magna tragedia del éxodo forzoso, no puede dejar indiferente a nadie dotado de un mínimo de sensibilidad. Ricote llora por su «patria natural» perdida, así como siglos después harán los republicanos españoles exiliados a raíz de la Guerra Civil.

Para cerrar este apartado quiero llamar la atención sobre un muy interesante artículo de Antonio Elorza, catedrático de Ciencia Política y empedernido estudioso del Islam, publicado en *El País* el 6 de abril de 2016. Titulado «Sancho Panza, almotacén», contenía una reflexión sobre el espíritu de tolerancia religiosa cultivada por Cervantes, pese a haber sido prisionero cinco años de los turcos. Espíritu quizá no ajeno, en opinión de Elorza, y por paradójico que pudiera parecer, al conocimiento que tenía del mundo islámico.

Elorza encuentra un reflejo de tal espíritu tolerante en la despedida que tiene lugar entre don Guzmán y Alimuzel en *Del gallardo español*, el drama de Cervantes ambientado en el sitio turco de Orán: «"Tu Mahoma, Alí, te guarde", dice el primero, a lo cual el musulmán responde: "Tu Cristo vaya contigo." Un espíritu de tolerancia y reconocimiento mutuo, lejos de verse hoy realizado.»[15]

Que cada uno juzgue y sopese por sí mismo el episodio del moro Ricote. Por lo que me toca a mí, y hasta que no me demuestren con pelos y señales lo contrario, voy a seguir creyendo que Cervantes, no obstante su lealtad al rey Felipe III, se compadece hondamente con los moriscos y entiende que su destierro es una tragedia no solo para ellos, sino para el país que les ha dicho que se busquen la vida fuera y como puedan.

LA CARTA ABIERTA DE MOHAMMAD IBN AZZUZ HAKIM

En 1992, quinto centenario no solo del «descubrimiento» de América y de la caída de Granada en manos de los Reyes Católicos sino también del edicto de expulsión de los judíos, el rey Juan Carlos tuvo el gesto de «revocar» este, y, en nombre de la Nación, de pedir perdón a los sefardíes por el atropello cometido con ellos cinco siglos atrás.

No hubo por parte de la Casa Real, ni entonces ni después, un detalle parecido con los descendientes de los moriscos echados de España. En 2002 llegó a mis manos un impresionante documento que lo ponía de relieve: una carta abierta al rey redactada por el decano de los hispanistas marroquíes Mohammad ibn Azzuz Hakim y publicada en Tetuán a principios de aquel año. Su título: *Tragedia del Andalus. Carta a S.M. el Rey de España Don Juan Carlos I en pro de la reparación del agravio hecho a los musulmanes andalusíes expulsados de España*.

La misiva subrayaba que el 14 de febrero de 2002 se iba a cumplir el quinto centenario del edicto de expulsión, firmado por Fernando e Isabel, de los musulmanes españoles que se negaban a convertirse al catolicismo. Primer acto, o sea, de la tragedia que culminaría con los edictos promulgados entre 1609 y 1610 por Felipe III. Si en 1992 había habido una excepcional iniciativa regia en relación con los judíos, ¿por qué, en 2002 —razonaba el autor de la carta— no una parecida con los musulmanes?

No sabemos si la epístola llegó a manos de don Juan Carlos. Lo cierto, como digo, es que nunca se ha producido el gesto de desagravio solicitado.

La carta reproducía en su totalidad el texto de las Capitulaciones para la entrega de Granada firmadas por los Reyes Católicos con Boabdil el 25 de noviembre de 1491. Documento extremadamente pormenorizado y magnánimo en el que se otorgaba a la población musulmana de Granada toda clase de garantías religiosas y sociales «para siempre jamás» (frase repetida hasta diez veces). Tales garantías se respetaron en su inicio, pero comenzaron pronto los abusos y, con la llegada a Granada, hacia 1499, del cardenal Jiménez de Cisneros, confesor de Isabel, la situación de la población musulmana empeoró gravemente para pronto acabar en desastrosa.

Las fuentes árabes citadas por Mohammad ibn Azzuz Hakim enfatizan que fue la conculcación de las Capitulaciones, que incluyó la violación de las mezquitas, lo que ocasionó la rebelión de los musulmanes: primero, en 1499, en el Albaicín granadino, luego, en 1501, en las Alpujarras. Y tienden a la convicción de que «la Tirana de Castilla», como suelen llamar a Isabel, nunca tuvo la intención de respetar aquellos juramentos tan solemnes. Sea como fuera, una promesa es una promesa, ayer como hoy, y la represión de los moros granadinos fue una traición a la palabra dada personalmente por los monarcas. Por ello la celebración oficial en la ciudad de la Alhambra, cada 2 de enero, de su entrega a los cristianos, reiterada año tras año (con a veces algún mínimo retoque según qué partido político predomina en el Ayuntamiento), nos parece a muchos una afrenta no solo a los musulmanes en general y a los descendientes de los granadinos en particular, sino a la verdad histórica de España.

La carta de Mohammad ibn Azzuz Hakim merecía la respuesta que nunca tuvo. Tres años después, en 2005, me complació leer en *The Times* de Londres que, durante la reciente visita de don Juan Carlos y doña Sofía a Marruecos, el veterano hispanista había vuelto a la carga e insistido sobre la injusticia de que España, que ya había pedido perdón, a través del jefe de Estado actual, a los judíos sefardíes expulsados de su seno quinientos años atrás, no hubiera tenido el mismo detalle con los musulmanes y moriscos, muchísimo más numerosos. «No esperamos que nos devuelvan nuestras casas después de tanto tiempo —manifestó—, pero sí pedimos una compensación moral. Ahora es el momento para que se reconozca públicamente nuestra pérdida y se ofrezcan disculpas.»

No se reconoció aquella pérdida, no se ofrecieron disculpas. Mohammad ibn Azzuz Hakim, que murió en 2014, nunca recibió una respuesta de La Zarzuela. No sé si algún día habrá un gesto magnánimo por parte de un Gobierno de España. Espero que sí. Entretanto podemos releer el episodio de Ricote, y, si tenemos un átomo de sensibilidad, sentir como nuestro el dolor de todos los expulsados de la tierra.

El «lugar» de Esquivias

El 1 de febrero de 2014 conocí en Madrid, en una manifestación, a una militante de Izquierda Unida que trabajaba en el Ayuntamiento de Esquivias, distante 45 kilómetros de la capital. Se llamaba Milagros del Barrio Pérez-Grueso. Me habló de la estrecha relación de Cervantes con la localidad toledana, empezando con su matrimonio allí, en 1584, con la joven Catalina de Salazar y Palacios, hija de un capitán de Felipe II. En Esquivias, me aseguró, el manco tuvo noticias de un tal Alonso Quijada de Salazar, obsesivo lector de novelas de caballerías, costumbre nada habitual entre hidalgos. ¡El modelo evidente de don Quijote! Y no solo esto, sino que coincidió durante sus visitas con otros tres personajes que aparecen en el *Quijote*: el cura Pero Pérez, el licenciado Sansón Carrasco... ¡y un tendero morisco de nombre Ricote! Milagros no tenía la menor duda: Esquivias era «el lugar de la Mancha» que, por las razones que fuesen, Cervantes se negaba a nombrar. Me invitó a visitarlos para ver, en particular, la vivienda, ya convertida en casa-museo, que había albergado al escritor y a Catalina durante sus estancias en la aldea. Le prometí que así lo haría.

Lo apunté todo aquella noche en mi diario. Dos años después, tras mis indagaciones en la Mancha, cumplí con mi palabra. Y cual no sería mi sorpresa al descubrir que Milagros ya era la alcaldesa de la localidad.

Localidad, por cierto, preciosa, muy limpia, muy cuidada, que lleva en cada rincón y rótulo callejero un recuerdo cervantino: «Calle Juan de Palacios. *Sacerdote esquiviano que ofició en la boda de Cervantes*»; «Calle doctor Pedro Recio. *Personaje del Quijote (Médico)*»; plaza de don Quijote, plaza de Catalina de Salazar y Palacios...

Resulta —y paso al tiempo presente— que la guía de la casa-museo, Susana García, es experta en todo lo relacionado con la presencia de Cervantes en Esquivias... y de la presencia de Esquivias, no explícita, en el *Quijote*. Mi primera pregunta es si estamos de verdad en un pueblo de la Mancha, que yo situaba un poco más al sur. Se ríe. ¡Claro que estamos en un pueblo de la Mancha, si la Mancha llegaba hasta Madrid! Me llama la atención sobre el soneto en loor de *Rocinante* atribuido, al final de la Primera parte de la novela, al «Caprichoso», uno de los «académicos» de Argamasilla. ¿No especifica que «la alta Mancha», o sea no la baja, es la patria del hidalgo y su fiel caballo?

Digo para mis adentros que, más que a una precisión geográfica, la presencia allí de «alta» alude a la fama del lugar, comparable —gracias a don Quijote— a la de la Grecia de Amadís.

Susana nos explica que Esquivias tenía entonces 37 casas de hidalgos parecidas a la que estamos viendo, por cierto magníficamente restaurada y cuidada. Entre aquellos caballeros estaban los Quijada, con quienes Catalina tenía parentesco. Era una familia poderosa. El apellido era de origen judío, es decir que los Quijada no eran «cristianos viejos». Imbuido como estoy de las elucubraciones de Francisco Rodríguez, Hermenegildo Fuentes y los otros buscadores de mensajes cifrados en el *Quijote*, el hecho no deja de impresionarme. Susana me recuerda, por otro lado, que a los conversos no se les permitía embarcar para las Indias. ¿No fue el caso de Cervantes, a quien le denegaron el permiso varias veces, pese a sus servicios al rey en Lepanto?

Visitamos la magnífica bodega de la casa, con sus tinajas inmensas. Esquivias no se nombra en el *Quijote* pero, en su última obra, *Los trabajos de Persiles y Sigismunda*, Cervantes deja deslizar los sentimientos que le inspira la localidad: «Sucedió, pues, lector amantísimo, que viniendo otros dos amigos y yo del famoso lugar de Esquivias, por mil causas famoso, una por sus ilustres linajes y otra por sus ilustrísimos vinos...»

Le pregunto a Susana si, a su juicio, el manco fue buen catador de los caldos locales. No lo duda.

Le pregunto también si se puede leer todo lo que ella nos ha dicho en alguna publicación. Me asegura que sí, que en la página web de la Sociedad Cervantina de Esquivias hay mucha documentación, incluido un interesante artículo de Sabino de Diego Romero, autor de un libro sobre Catalina de Salazar y Palacios.

Por la noche, de regreso en Lavapiés, abro la página. Efectivamente, documentación tiene. ¡Y mucho deseo de convencer!

Leo de golpe el artículo del susodicho Sabino de Diego Romero, titulado «Miguel de Cervantes sí desveló cuál era el lugar de don Quijote de la Mancha». Esquivias, claro. La investigación de los papeles del siglo XVI albergados en los archivos parroquiales de la localidad demuestra, señala, que el topónimo iba habitualmente acompañado de la designación de «Lugar» («en este Lugar de Esquivias...»). Según Diego Romero, tan «machacona repetición», insólita en la comarca, demuestra que «el lugar de la Mancha» mencionado en la primera línea del *Quijote* es Esquivias. El *non sequitur* salta a los ojos.

Los «servicios de investigación de documentos» de la Sociedad Cervantina de Esquivias creen poder confirmar, además, que varios personajes de la novela proceden directamente de modelos locales. Entre ellos, amén de los mencionados, el vizcaíno (I, 8), la mujer de Sancho Panza y Aldonza Lorenzo, o sea Dulcinea. En la mayoría de los casos son tenues o más que tenues coincidencias, pero en los de Alonso Quijada de Salazar y Ricote la proveniencia parece segura.

Veámoslo brevemente.

En el capítulo 49 de la Primera parte del libro, don Quijote, en medio de una apasionada defensa de la historicidad de los principales personajes de las novelas de caballerías, se refiere a un valiente soldado de nombre Gutierre Quijada, figura histórica de tiempos del rey Juan II, «de cuya alcurnia —declara— yo desciendo por línea directa de varón». Es una información muy útil, pues los numerosos Quijada de Esquivias, según el erudito Francisco Rodríguez Marín, eran descendientes del tal Gutierre y de posible abolengo judío. La nueva documentación manejada por la Sociedad Cervantina de Esquivias demuestra que dicha familia de hidalgos tenía parentesco con la esposa de Cervantes, Catalina de Salazar y Palacios, como me dijo Susana. A uno de ellos, Alonso Quijada de Salazar (1560-1604), debió de conocer Cervantes. Y recibir de él mismo, o de otra fuente, la noticia de que un antepasado suyo de igual nombre, que terminó siendo fraile de la Orden de San Agustín, había sido asiduo lector de novelas de caballerías.

No me consta, por otro lado, que en los archivos de Argamasilla de Alba o Villanueva de los Infantes hayan encontrado documentación sobre nadie con el apellido Quijada, Quijana o Quijano.

En el caso de Ricote, resulta que, en 1570, llegó a Esquivias, expulsada de Granada, una familia de acomodados moriscos que llevaban aquel apellido. Fueron recibidos con amabilidad por los lugareños e incluso se integraron en la hidalguía esquiviana. Es imposible creer que Cervantes no tuviera trato con ellos y conociera su historia. Cuando llegó el momento de plasmar en la Segunda parte del *Quijote* la tragedia de la expulsión final, que también lo fue para los Ricotes de Esquivias, no es sorprendente que diera su nombre al personaje de la novela en que cifra el desgarro de lo ocurrido.

Se puede añadir que en el valle de Ricote, en Murcia, donde hubo una muy floreciente comunidad morisca, aceptan que Cervantes se basó en una familia de Esquivias, expulsada de Granada, para la creación de su moro exilado. Y que el Ayuntamiento del pueblo de Ojós, situado en dicho valle, ha aprobado por unanimidad el nombramiento de Ricote, el vecino de Sancho Panza, como Hijo Adoptivo.

No nos devanemos más los sesos procurando averiguar quién es quién en el *Quijote* y qué mensaje secreto encierra tal o cual frase. Yo en absoluto voy a seguir haciéndolo. Como todos los grandes creadores literarios que en el mundo ha habido, Cervantes utiliza los ingredientes que encuentra a su alrededor para cocinar sus maravillosas historias, inventando lo que le haga falta. ¿De dónde va a sacar un novelista sus relatos si no es de su propia experiencia, «vivida», soñada o leída, que viene a ser lo mismo? «*Madame Bovary, c'est moi*», confesó Flaubert. Y la pluma de Cide Hamete, ya casi colgada, declara: «Para mí sola nació don Quijote, y yo para él: él supo obrar y yo escribir, solo los dos somos para en uno...»

LA EDAD DE ORO... Y LA ESTUPENDA MARCELA

El sentido del humor de Cervantes es sublime. Por ejemplo, ¿necesitan recibir de don Quijote un discurso sobre la mítica Edad de Oro los seis cabreros que les brindan hospitalidad, a él y a Sancho, en Sierra Morena? En absoluto. Pero lo van a tener que aguantar (I, 11).

Consumidos unos sabrosos tasajos de cabra, regados por numerosos tragos de vino, es el turno de una gran cantidad de «bellotas avellanadas» —es decir, según una nota de Francisco Rico, dulces— y de un medio queso «más duro que si fuera hecho de argamasa». Nada más ver las bellotas, don Quijote coge un puñado de ellas, las mira atentamente y, de repente inspirado, empieza una peroración que no se esperaban para nada sus anfitriones. Estos, por supuesto, son analfabetos, como Sancho. No saben, no pueden saber, que la Edad de Oro es un *topos* literario de la época.

Solo son dos páginas, pero a mi juicio figuran entre las más sorprendentes de toda la novela.

«Dichosa edad y siglos dichosos aquellos a quien los antiguos pusieron nombre de dorados —empieza don Quijote—, y no porque en ellos el oro, que en esta nuestra edad de hierro tanto se estima, se alcanzase en aquella venturosa sin fatiga alguna, sino porque entonces los que en ella vivían ignoraban estas dos palabras de *tuyo* y *mío*. Eran en aquella santa edad todas las cosas comunes.»

¡El comunismo! ¡La ausencia de propiedad privada! ¡El repartir los bienes de la tierra! Es como si Cervantes hubiera interiorizado las palabras iniciales del *Contrato social,* de Jean-Jacques Rousseau, escrito unos 150 años después («el primero que, habiendo acotado un terreno, tuvo la ocurrencia de decir "esto es mío", y encontró a la gente suficientemente tonta como para creerle, fue el verdadero fundador de la sociedad civil»).

Don Quijote se explica a renglón seguido. Todas las cosas eran comunes en aquellos felices tiempos porque las encinas —proveedoras de bellotas como las que acaban de disfrutar— daban comida a cada uno y a nadie le hacía falta trabajar para conseguir «su ordinario sustento». ¿Agua? Allí estaban las fuentes y los ríos, «en magnífica abundancia». ¿Miel? Las abejas ofrecían «sin interés alguno la fértil cosecha de su dulcísimo trabajo». ¡Qué bien, *sin interés alguno*! ¡Cómo se nota que las abejas no son usureros, cristianos o judíos, da igual! ¿Y los alcornoques? Con sus cortezas, libremente regaladas, se cubrían entonces las casas, no para protegerlas de los demás mortales, pues no hacía falta por no haber ladrones, sino de las inclemencias meteorológicas. En tales circunstancias arcádicas todo era paz, amistad, concordia, y la «primera madre», la tierra, sin que ningún arado se hubiera atrevido todavía a hurgar en sus entrañas, surtía a los hombres de todo lo que les pudiera «hartar, sustentar y deleitar». Las zagalas de entonces, «simples y hermosas», no llevaban más vestidos que «aquellos que eran menester para cubrir honestamente lo que la honestidad quiere y ha querido que se cubra». O sea, «algunas hojas verdes de lampazos y yedra entretejidas». A diferencia de las cortesanas de hogaño, con sus púrpuras, sedas y «raras y peregrinas invenciones que la curiosidad ociosa les ha mostrado». ¿Y las declaraciones de concepto amoroso? Eran naturales, sencillas, sin exageraciones, «sin buscar artificioso rodeo de palabras para encarecerlos» (Cervantes siempre recomienda un estilo sencillo, desprovisto de innecesarios adornos). En aquella edad sosegada no existía el fraude ni el engaño y la malicia, «mezclándose con la verdad y la llaneza».

En cuanto a la justicia, tenía libertad absoluta para actuar «en sus propios términos», sin interferencias por parte de «los del favor y los del interese, que tanto ahora la menoscaban, turban y persiguen». ¿De modo que Cervantes se atreve a poner en boca de su héroe una crítica a quienes administran actualmente la ley en España? ¡Cuidado don Miguel, que el terreno es pantanoso, aunque don Quijote esté loco y el autor de su historia sea un musulmán no fiable! ¡Mucho ojo! Pero el hidalgo sigue impertérrito: «La ley del encaje ["la ley arbitraria", explica Rico] aún no se había asentado en el entendimiento del juez, porque entonces no había qué juzgar ni quién fuese juzgado.» ¡Cómo han cambiado las tornas desde entonces!

Terminada la arenga, y habiendo agradecido don Quijote las atenciones recibidas, el narrador comenta que se habría podido excusar «aquel inútil razonamiento» porque los presentes, que le han escuchado «embobados y suspensos», no han entendido absolutamente nada del mismo. Sancho tampoco, y durante la disertación se ha dedicado a seguir comiendo bellotas y de visitar muy a menudo (no se le escapa al hidalgo) el segundo *zaque* de vino, colgado de un árbol vecino.

He dicho que el sentido del humor de Cervantes es sublime. Lo mantengo. Y creo que pocas veces se nota como en esta escena, donde, con una asombrosa evocación de la Edad de Oro en presencia de unos cabreros iletrados, plasma de manera inolvidable el abismo que mide entre realidad y fantasía, entre lo que podría o debería haber y lo que hay.

El episodio conduce inmediatamente al encuentro de don Quijote con la mujer cervantina que a mí más me cautiva, Marcela.

Todo empieza cuando vuelve uno de los cabreros de su aldea, que está cerca, y les cuenta alborotado que acaba de ocurrir allí un triste suceso. Y es que ha muerto el «famoso pastor estudiante», Grisóstomo, que ha estado merodeando últimamente por los alrededores, loco al no lograr conseguir el amor «de aquella endiablada moza de Marcela, la hija de Guillermo el rico, aquella que se anda en hábito de pastora por esos andurriales».

Resulta que la muchacha, cuya madre, bellísima, murió al traerla al mundo y su padre del dolor consiguiente, ha sido criada por un sacerdote, tío suyo, extremadamente bondadoso y discreto.

La historia de Marcela y Grisóstomo, nos recuerda el tan citado Francisco Rico, «es la primera de las varias recreaciones que en el *Quijote* se ofrecen de los motivos básicos de la égloga y la novela pastoril (al modo de *La Galatea*, primer libro de Cervantes), con su visión idílica de la vida y el amor entre rústicos».[16]

Pero en la historia de Grisóstomo y Marcela no ha habido nada idílico.

Estudiante durante muchos años en Salamanca, rico, con pretensiones de astrólogo y talento versificador, Grisóstomo ha dejado escrito en su testamento que quiere ser enterrado al pie de la peña donde, al lado de una fuente, apareciera ante sus ojos por primera vez Marcela. Los curas del pueblo están en contra de esta disposición del testamento, como es obligado, y de otras en él especificadas, pero Ambrosio, el amigo íntimo del fallecido, compañero suyo en dicha universidad y aliado en su empeño amoroso, insiste en que todo se cumplirá según la última voluntad del muerto.

Uno de los cabreros explica que el tío sacerdote de Marcela, asediado por los muchos pretendientes de la hermosa y acaudalada heredera, siempre ha respetado la determinación de esta de no casarse todavía.

Así las cosas, un buen día se le ocurre a Marcela, muy libre ella, la veleidad de abandonar su vida encerrada e irse al campo, vestida de pastora, con las demás zagalas de la aldea. ¡Para guardar ella misma sus cabras! Todo el mundo lo comenta («pueblo pequeño, infierno grande»), su belleza es muy llamativa y, claro, el resultado ha sido que muchos «ricos mancebos, hidalgos y labradores», entre ellos Grisóstomo, se han vestido de pastor ellos también para intentar conquistarla. Sin que Marcela les haya hecho caso alguno.

El entierro está previsto para el día siguiente y, después de lo que ha contado el cabrero sobre el trasfondo del asunto, don Quijote no va a faltar a la cita, pues comparte, con toda la vecindad, el deseo de saber cómo va a reaccionar Marcela.

A la mañana siguiente, antes del sepelio, los presentes asisten a la lectura de la última composición poética del malaventurado Grisóstomo, titulada *Canción desesperada,* consistente en una macabra y alucinante denuncia de la crueldad y desdén de la joven.

En este punto, como era de prever, se produce «una maravillosa visión»: la aparición de Marcela, quien, encima de la peña a cuyo pie se está cavando la zanja mortuoria, ha escuchado el recital de los alocados versos del difunto. Se mete con ella en seguida el amigo de este, Ambrosio, acusándola de ser el «fiero basilisco» de aquellas montañas. ¿Ha venido para comprobar si vierten sangre «las heridas de este miserable a quien tu crueldad quitó la vida»? ¿A ufanarse de su cruel hazaña? ¡Que se explique!

Ha llegado el momento de la verdad, el momento que todos esperaban... que todos los lectores esperábamos.

Marcela empieza argumentando que quienes la responsabilizan de lo ocurrido están «muy fuera de razón». Y les pide que la escuchen atentos, pues no tardará mucho en decir lo necesario. Su pensamiento sobre lo ocurrido es tan sencillo como contundente. Ella es hermosa, el Cielo lo ha dispuesto así, y la consecuencia es que suscita, no por culpa suya, la admiración de los hombres. ¿Ello quiere decir que esté en la obligación de amar a quien la ama a ella? No, en absoluto: «Yo conozco, con el natural entendimiento que Dios me ha dado, que todo lo hermoso es amable; mas no alcanzo que, por razón de ser amado, esté obligado lo que es amado por hermoso a amar a quien le ama. Y más, que podría acontecer que el amador de lo hermoso fuese feo, y siendo lo feo digno de ser aborrecido, cae muy mal el decir: "Quiérote por hermosa; hasme de amar aunque sea feo."»

Marcela no deja allí el asunto. Durante dos páginas del libro, que no voy a parafrasear, Cervantes pone en su boca un razonamiento que se anticipa en siglos a los de las feministas. Solo unos ejemplos. Si Dios, en vez de hacerla hermosa la hubiera creado fea, «¿fuera justo que me quejara de vosotros porque no me amábades?». Claro que no. «A los que he enamorado con la vista he desengañado con las palabras —alega en su defensa—; y si los deseos se sustentan con esperanzas, no habiendo yo dado alguna a Grisóstomo, ni a otro alguno el fin de ninguno de ellos, bien se puede decir que antes le mató su porfía que mi crueldad.» ¿Con qué derecho se atreve a tacharla de cruel y *homicida* «aquel a quien yo no prometo, engaño, llamo ni admito»?

Habiendo terminado su autodefensa, y sin querer escuchar comentario de nadie, Marcela da media vuelta y desaparece en lo más espeso de un bosque cercano. Ha dejado asombrados a todos, entre ellos a nuestro hidalgo. Este, viendo que algunos de los pretendientes de la joven quieren correr tras ella, pone la mano en el puño de su espada y les previene de las consecuencias si continúan. Marcela, sentencia, «ha mostrado con claras y suficientes razones la poca o ninguna culpa que ha tenido en la muerte de Grisóstomo y cuán ajena vive de condescender con los deseos de ninguno de sus amantes». Por lo cual, en vez de ser «seguida y perseguida», debería ser «honrada y estimada de todos los buenos del mundo».

Si don Quijote logra que nadie entre los presentes vaya en busca de la valiente joven, por lo menos en su presencia, él sí determina dar con ella «y ofrecerle todo lo que él podía en su servicio». Las últimas líneas del relato nos previenen de que no va a salirse con la suya. Y así resulta, pues, al principio del siguiente capítulo, Cide Hamete Benengeli nos asegura que, tras dos horas de búsqueda infructuosa, caballero andante y escudero se ven metidos en otra aventura: la de los yangüeses. El hilo de la historia de Marcela se ha roto, no se retomará y no se la volverá a nombrar. ¿Se olvidó de ella Cide Hamete? ¿Se olvidó Cervantes? ¿Se olvidaron don Quijote y Sancho? Solo sabemos que en las páginas que narran su caso, magistrales, el escritor nos ha dado el retrato de uno de sus personajes femeninos más fascinantes, portador de una ética que hoy reconocemos como excepcionalmente avanzada para su época.

EL *QUIJOTE* APÓCRIFO DE 1614

El *Quijote* de 1605 —que se empezó a vender a finales de 1604, pese a la fecha que figura en la portada— fue un *best-seller* inmediato. Solo tres meses después de salir a la calle, y coincidiendo con la segunda impresión madrileña, se preparaban en Lisboa dos ediciones piratas. Por otro lado, el castellano era ya para entonces un idioma de prestigio en Europa, dado el peso internacional de la corona española, y el libro no tardó en ser leído y comentado por las élites culturales del Viejo Continente (la primera traducción al inglés salió en Londres en 1612, la francesa en 1614). Cabe pensar que, ante éxito tan fulgurante, Cervantes no tardaría en sentir la tentación de poner manos a la obra y empezar una Segunda parte.

Además, había dejado abierta la puerta, en las últimas páginas del *Quijote* de 1605, a tal posibilidad. Allí nos enteramos de que hidalgo y escudero, una vez recuperado aquel de sus magulladuras y cansancio, se volvieron a escapar de la aldea con la meta de llegar hasta Zaragoza. Y ello para que don Quijote pudiera participar «en unas famosas justas que en aquella ciudad se hicieron». El narrador ha intentado en vano conseguir información fidedigna acerca de la aventura.

Un buen día, no sabemos cuándo, Cervantes decidió seguir adelante con las peripecias de su caballero andante. Pero antes de que pudiera llevar a buen puerto su empeño, salió a la venta, a mediados de 1614, el ya mencionado volumen apócrifo de Avellaneda, cuya aparición debió de producirle una mezcla de incredulidad, fascinación y rabia.

Nunca se ha podido descubrir con certidumbre quién se escondía tras el el pseudónimo, aunque no han faltado candidatos. Por lo que dice el autor en su prólogo —y por las puyas incluidas en el texto—, Cervantes le inspiraba un desdén que quizá, me malicio, encubría un fuerte componente de envidia. Sus elogios a Lope de Vega hacen sospechar, además, que fuera de su círculo. Pero, en fin, no es un asunto que aquí nos concierne.

En el prólogo de la Segunda parte de su propio *Quijote* (1615), dirigido al lector, Cervantes declara que se niega a arremeter contra su anónimo competidor y anuncia que no le llamará ni asno, ni mentecato, ni atrevido (que es lo que acaba de hacer). Le acusa de cobardía, eso sí, al no haber dado la cara y declarado su verdadera identidad «al campo abierto y al cielo claro». Y se queja de que le haya llamado viejo y manco (desventura ocurrida no en una taberna cualquiera, insiste, sino en la batalla de Lepanto, «la más alta ocasión que vieron los siglos pasados, los presentes, ni esperan ver los venideros»). Quizá le duele ser acusado de envidia ante los éxitos teatrales de Lope de Vega. Lo niega de manera especial. De las dos envidias que se reconocen, declara solo conocer «la santa, la noble y bienintencionada», o sea, en la terminología de hoy, la «envidia sana».

En cuanto al desdichado tomo apócrifo en sí, se limita a sugerir, sin entrar en detalles, que el autor no porfíe más en gastar su ingenio «en libros que, en siendo malos, son más duros que las peñas».

Malo es, ciertamente. Acabo de leerlo por primera (¡y última!) vez y se me caía de entre las manos. Toda la gracia de los diálogos originales ha desaparecido, el estilo es plúmbeo y la inventiva pobre, con alguna excepción, por ejemplo, sacar del magín a una Dulcinea que trata con tanto desdén al hidalgo que este, indignado, la rechaza y da en llamarse el Caballero Desamorado. Avellaneda también se regodea en algún que otro detalle lúbrico que jamás se habría permitido Cervantes

Cuando se publicó el libro de Avellaneda, que hay que suponer leyó en seguida, nuestro manco ya tenía bastante avanzada la redacción de su propia continuación de la novela. Cabe inferir que, superada la desagradable sorpresa inicial, comprendió que la aparición del intruso le abría nuevas e inesperadas posibilidades narrativas.

De hecho, si no se hubiera publicado cuando lo hizo el libro apócrifo, no tendríamos uno de los milagros de la ficción universal.

Don Quijote y Sancho saben, desde el capítulo 2 de la Segunda parte cervantina, que sus aventuras ya se cuentan en un libro escrito por un historiador árabe de nombre Cide Hamete Benengeli. La noticia le ha disgustado a don Quijote, toda vez que «de los moros no se podía esperar verdad alguna, porque todos son embelecadores, falsarios y quimeristas». Habría preferido, claro, un historiador cristiano.

El «milagro» referido ocurre en el capítulo 59 de la Segunda parte, casi al final de la novela. La creación de Cide Hamete ya constituía una hazaña narrativa extraordinaria por parte de Cervantes, con la confusión de realidad y ficción que suponía. Pero ahora el de Lepanto va más lejos y se las ingenia para que don Quijote escuche, a través del tabique de una venta, a dos viajeros hablando del libro de Avellaneda, un ejemplar del cual llevan consigo y han estado leyendo juntos en voz alta. Uno de ellos, don Juan, admirador del *Quijote* auténtico, dice que lo que más le «desplace» de la imitación es que «pinta a don Quijote ya desenamorado de Dulcinea del Toboso». El manchego, al escuchar esto, se llena «de ira y de despecho» y empieza a gritar. Se hacen las presentaciones y don Juan y su compañero de viaje, don Jerónimo, le muestran el libro. Don Quijote lee el prólogo, le hace alguna objeción, hojea un poco el texto y descubre que el autor se equivoca con el nombre de la mujer de Sancho Panza. Si comete con ella un error tan garrafal, razona al devolverles el tomo, ¿qué credibilidad se le puede prestar al resto de la narrativa?

Los dos viajeros quieren saber hacia dónde dirige don Quijote ahora sus pasos. Les contesta que a las justas en Zaragoza. Don Juan le desvela que en el libro espúreo ¡se cuenta aquella proyectada estancia en la ciudad aragonesa, que ha resultado todo menos que afortunada para el hidalgo! La reacción de este es inmediata. «No pondré los pies en Zaragoza —exclama— y así sacaré a la plaza del mundo la mentira de ese historiador moderno, y echarán de ver las gentes cómo yo no soy el don Quijote que él dice.» Don Jerónimo opina que es una buena decisión. Además, ¿no hay otras justas en Barcelona donde podrá mostrar el valor de su brazo? «Así lo pienso hacer», responde don Quijote.

No ha habido indicación previa alguna de que don Quijote tuviera en mente visitar la Ciudad Condal después de Zaragoza. Y es que Cervantes, inspirado por la lectura de Avellaneda, acaba de inventar una excusa formidable para que hidalgo y escudero vean por primera vez, ¡y en ciudad tan preclara!, el mar... y tengan en el camino nuevas y fabulosas aventuras. Entre ellas, y será el colmo, el encuentro de don Quijote con uno de los personajes principales del libro del usurpador, el caballero granadino don Álvaro Tarfe, con cuyo nombre ya tropezara al hojear el ejemplar de don Juan y don Jerónimo en la venta.

José-Carlos Mainer se ha referido al «genial diálogo del *Quijote* de 1615 con el libraco de Avellaneda». Está bien «libraco», creo que no se equivoca el crítico. Sin aquella provocación le habría faltado a la Segunda parte de la novela una fantástica dimensión añadida.

Nunca antes, en la historia de la literatura, se habían confundido hasta tal punto los planos de la realidad y los de la ficción. Lo comentó con acierto a finales de 2015, en vísperas del 400 aniversario, el autor peruano Santiago Roncagliolo: «Cervantes no lo sabe —escribió—, pero con su respuesta [a Avellaneda] da un paso fascinante hacia la modernidad literaria: tal juego de cajas chinas entre la realidad y la imaginación, que postula una ficción "verdadera" y una "falsa", es algo nunca leído antes, un despliegue de metalenguaje inédito en el siglo XVII, que siglos después repetirán autores como Borges o Woody Allen. Su novela ya no solo se ríe de las novelas de caballería: ahora, el *Quijote* mismo es una novela, una invención en competencia con una invención de la invención...»[17]

Me complace recordar, para terminar, que fue mi antiguo maestro en hispanismo, Edward Riley —uno de los mayores especialistas en Cervantes—, quien señaló, quizá con más perspicacia que nadie, el paralelismo que existe entre la estructura narrativa del *Quijote*, con sus distintos planos, y *Las meninas* de Velázquez. Cuadro, casi contemporáneo de la novela, tan repleto de artimañas visuales que el visitante del Prado queda desconcertado (además de deslumbrado) ante su contemplación. Máxime, quizá, cuando se da cuenta de que, escudriñado por el pintor en el acto de ejecutar la obra que tiene delante, tal vez ocupa la posición de los reyes que están siendo retratados y cuyo reflejo se recoge en el espejo del fondo.

¿CELEBRANDO A CERVANTES?

El *Quijote* no solo es la novela más famosa del mundo sino, después de la Biblia, el libro más traducido de la historia. Lo cual equivale a decir más amado. Motivos más que suficientes para que Cervantes sea objeto de intenso orgullo por parte de sus paisanos.

¿Cómo se explica la celebridad internacional de la obra, casi sinónima de la misma España? Hipótesis hay para todos los gustos. Para mí una de las claves fundamentales del fenómeno es el hecho de que los dos personajes entrañables, y tan diferentes, que juntos la protagonizan —el campesino analfabeto Sancho, el muy leído don Quijote—, nunca dejan, mientras van en busca de aventuras caballerescas, de dialogar, de escucharse con mutuo respeto y de aprender, conversando, el uno del otro.

Los españoles no suelen ser buenos escuchadores, lo han dicho muchos y perspicaces testigos, de puertas para adentro y foráneos, y tienden a hablar alto, con énfasis, cuando es cuestión de expresar su opinión. Solo hace falta entrar en cualquier bar para comprobarlo. Don Quijote y Sancho no son de esta manera. Lo ha visto bien el actual director de la Real Academia Española, Darío Villanueva: «Don Quijote y Sancho se escuchan de verdad el uno al otro, y cambian a través de su receptividad, de sus maravillosas conversaciones.»[18]

Otras claves que explican la intensa devoción que suscita la novela son, me parece, la que el escritor chileno Jorge Edwards ha llamado su «trascendente compasión» —lo hemos visto en el episodio de Ricote—, su mezcla de risas y lágrimas y la incomparable gracia de su estilo. Para quienes se sienten especialmente fascinados por el arte narrativo en sí, hay otra: el hecho de que el *Quijote* es la primera novela de la historia que convierte en literatura el tema de la literatura. Cervantes no pudo haberla escrito sin ser él mismo un enamorado de los libros de caballerías —se aprecia desde el capítulo inicial de la novela—, por mucho que él mismo en su prólogo, el narrador y algunos de los personajes arremetan contra ellas. Si Alonso Quijano se ha vuelto loco es porque su creador es un lector impenitente de tales «historias». ¿Y a quién se le ocurriría culparle al menguado hidalgo de ello, tan necesitado como estaba, en medio de la vasta y terriblemente monótona llanura manchega, de imaginar una vida llena de maravillosas peripecias?

Sí, motivos hay de sobra para que los españoles se sientan orgullosos de ser patria de un creador, cuya obra cumbre, hilvanada en torno a un tema literario, ha llegado a todos los rincones del mundo.

Demostró entenderlo así el socialista José Luis Rodríguez Zapatero, entonces líder de la oposición parlamentaria, cuando, el 26 de junio de 2001, subió a la tribuna del Congreso de los Diputados para participar en su primer debate sobre el Estado de la Nación. Desde allí lanzó una propuesta para 2005: hacer del 400 aniversario de la publicación de la Primera parte del *Quijote* «el gran arranque cultural del nuevo siglo».

El PP gobernaba entonces y la idea produjo «la rechifla de la bancada popular», según Francisco Rico.[19]

Tres años después, en 2004, ante la práctica inacción del Ejecutivo de José María Aznar en relación con la propuesta, Rodríguez Zapatero invitó a un grupo de intelectuales y escritores a exponer sugerencias para la misma. Yo me referí, en aquella reunión, al episodio de Ricote, y al extraordinario papel que a mi juicio podría desempeñar, como mediadora entre Oriente y Occidente, una España multicultural reconciliada con su pasado.

A las pocas semanas, los socialistas ganaron las elecciones generales y Zapatero se convirtió en presidente del Gobierno. Se hizo lo que se pudo en el poco tiempo que quedaba, pero ya era tarde y el 2005 cervantino resultó bastante deslucido.

No todo se había perdido, sin embargo, ya que existía la posibilidad de conmemorar en 2016, por todo lo alto, el 400 aniversario de la publicación de la Segunda parte de la novela, así como el fallecimiento, en abril de 1616, de su creador. Tiempo más que suficiente para ir organizando debidamente la efemérides.

Con el Partido Popular otra vez en el poder a partir de 2011, se creó por real decreto, *en abril de 2015*, una Comisión Nacional para Conmemorar el IV Centenario de la Muerte de Cervantes.

Todo fue bastante caótico e improvisado desde el primer momento. Madrid, por ejemplo, no estuvo incluido en la Comisión, pese a su importancia en la vida de Cervantes, aunque Alcalá de Henares sí. Se perdió con ello la oportunidad de que la capital de España tuviera durante 2016 una resonancia literaria mundial. El portavoz de Cultura en el Ayuntamiento del PP, Pedro del Corral, recordaría en febrero de 2016 que ellos (con la alcaldesa Ana Botella a la cabeza) estaban entonces empeñados ante todo en localizar los restos del escritor en el madrileño convento de las Trinitarias (empresa muy costosa y, en opinión de muchos, fútil).[20]

Coincidiendo con la tardía creación de la Comisión Nacional, el Instituto Cervantes y la Real Academia Española sacaron, por méritos propios, una fabulosa edición crítica en dos tomos del *Quijote*, ya mencionada, dirigida por Francisco Rico. Ampliaba y mejoraba notablemente la primera, publicada por Editorial Crítica en 1998, y la segunda de 2005. Parecía un buen augurio... pero no lo fue tanto.

El año cervantino se inició con un contratiempo grave e inesperado. Fue la publicación por *El País*, el 5 de enero, de un breve artículo del entonces primer ministro británico, David Cameron, titulado «Shakespeare vive» («*Shakespeare Lives*») y dado a conocer unos días antes en Londres. La cuestión era llamar la atención internacional, en el 400 aniversario de la muerte del bardo de Stratford, acaecida como la de Cervantes en la primavera de 1616, sobre la actualidad del genial dramaturgo y la programación de los actos conmemorativos que iban a tener lugar en muchos países, a lo largo del año, bajo el lema recogido en el título del artículo. «El 400 aniversario de la muerte de William Shakespeare este año —empezaba Cameron— no es solo una oportunidad para conmemorar a uno de los dramaturgos más grandes de todos los tiempos. Es también una ocasión para celebrar la extraordinaria y persistente influencia de un hombre que —tomando prestada su descripción de Julio César— "se pasea por el mundo, que le parece estrecho, como un coloso".»

Lo irónico era que casi todo lo que decía el primer ministro británico del autor de *Hamlet* lo podría haber firmado Mariano Rajoy, con algún matiz, refiriéndose a Cervantes y, en especial, al *Quijote*. Por ejemplo: «El legado de Shakespeare no tiene parangón: sus obras se han traducido a más de 100 idiomas y han sido objeto de estudio en medio mundo.» O: «William Shakespeare es un hombre dotado de una imaginación inmensa, una creatividad sin fronteras y un instinto de humanidad que abarcan toda la experiencia humana como nadie lo ha hecho nunca antes o desde entonces.»

El nombre de Cervantes no aparecía en el escrito de Cameron, tampoco el título de la novela más célebre del mundo. Pero sí había una alusión a España que hizo mella: «El programa se desarrollará en más de 70 países. España entre ellos. El British Council en Madrid está desarrollando líneas de colaboración con teatros, museos, educadores y artistas en torno a la obra de Shakespeare.»

El año del genial dramaturgo inglés empezaba así con una invitación firmada por el primer ministro del Reino Unido, nada menos. Fue un golpe de efecto magistral... y una llamada de atención brutal para quienes, en este país, deberían de haber tenido ya muy avanzada una programación cervantina de parecida envergadura internacional.

No tardaron en arreciar las críticas al constatarse que la Comisión Nacional no había anunciado todavía iniciativa alguna. El 28 de enero de 2016, *El País* preguntó a varios escritores por su opinión al respecto. Javier Marías, una de las plumas más críticas y combativas de la actualidad española, declaró haber comprobado «que hemos vuelto al desdén, al olvido, a la injuria y en estos últimos cuatro años a una hostilidad equiparables a la que existió hacia el mundo de la cultura en la época del franquismo». Palabras mayores, pero Javier Cercas fue más lejos: «Me había preguntado muchas veces si los españoles nos merecíamos a Cervantes. Ahora ya sé que no. Es más: que los ingleses se queden a Cervantes; lo tratan mejor. Lo prefiero. Fueron ellos antes que nadie quienes pusieron en valor el *Quijote* y lo utilizaron como referencia de los que consideraron la primera novela moderna.»[21]

Cercas no se equivocaba sobre la puesta en valor por los británicos de la obra maestra cervantina. A partir de la primera traducción de 1612, el libro había ido cosechando una inmensa popularidad en la isla y demás países de habla inglesa. El mismo Shakespeare dedicó una obra de teatro, hoy perdida, al episodio de Cardenio, que ocupa tantas páginas de la Primera parte del libro. Desde entonces se han editado más traducciones del *Quijot*e al inglés que a ningún otro idioma del mundo.

Dos días después de publicarse las devastadoras declaraciones de Marías y Cercas (así como de Arturo Pérez Reverte, Manuel Gutiérrez Aragón y otros creadores) —declaraciones durísimas todas ellas para con el desprecio por la cultura demostrado por Mariano Rajoy y su Ejecutivo—, el diario dedicó una editorial titulado: «No hay plan para Cervantes.» «Las comparaciones son odiosas», empezó, antes de contrastar la dejadez del Gobierno al respecto con el patrocinio por el británico del ambicioso proyecto «*Shakespeare Lives*». En el Reino Unido, señaló, se había elaborado una programación nacional de postín, preparada con meticulosidad; en España, solo existía «la vaga afirmación de que están en marcha 131 proyectos —académicos, culturales, turísticos, educativos».

El 1 de febrero entró en liza el Instituto Cervantes anunciando la celebración, a lo largo del año, de más de 500 actividades en homenaje al escritor: exposiciones, simposios, conciertos, talleres, publicaciones, conferencias y otras iniciativas. Los dirigentes de la organización explicaron que llevaban años, «calladamente y sin ninguna improvisación», preparando su programa.[22]

Luego intervino, el 24 de febrero, un peso pesado, el referido director de la Real Academia Española, Darío Villanueva. Expresó su insatisfacción con la actitud del Gobierno, ahora en funciones. Refiriéndose a los fastos en marcha en Gran Bretaña, hasta dijo: «Los ingleses pueden sacar los colores a todos los españoles.» El Reino Unido había preparado, con el debido tiempo, actos conmemorativos alrededor del mundo. ¿Y el Gobierno español? Se escudaba, protestó Villanueva, alegando, ¡claro!, la interinidad de su situación a raíz de las elecciones de diciembre de 2015. Pero había tenido cuatro años para coordinar los preparativos. Además, añadió, no sin retintín, «hace 400 años que sabíamos que este año era el centenario de la muerte de Cervantes».

«Pese a algunas señales de paz en los últimos días —comentó el autor del reportaje, Jesús Ruiz Mantilla—, la herida por lo que muchos consideran un desprecio a la figura de Cervantes sigue supurando.»[23]

No exageraba. Dos días después el alcalde de Alcalá de Henares, el socialista Javier Rodríguez Palacios, explicó al mismo diario que los fondos públicos para la programación cervantina no llegaban, que todo se quedaba en agua de borrajas. O sea, en el bla-blabla. «El único marco que nos han dejado los del Partido Popular —abundó— es: vete a buscar la vida a empresas privadas y que te hagan donaciones para lo de Cervantes.» Luego agregó, tajante: «El relato [sic] es que el Gobierno de España no se ha tomado en serio este tema, porque nunca le ha dado la relevancia que le tenía que dar.»[24]

Nada más cierto (pongo la palabra «relato» entre corchetes porque ya había empezado, entre políticos y periodistas, la manía de echar mano cada minuto al término). Para más inri, y desde hacía meses, el Ejecutivo encabezado por Mariano Rajoy recibía críticas cada vez más acerbas por el miserable trato fiscal acordado, a lo largo de los últimos cuatro años, cuando disfrutaba de mayoría absoluta en el Congreso, al mundo de la cultura en general y, en particular, a los creadores jubilados, a quienes se les prohibía —y les sigue prohibiendo a la hora de escribir— ganar más de 9.300 euros anuales con su actividad so pena de ser multados y de perder su pensión. Y ello cuando el jubilado receptor de ingresos y beneficios de otras fuentes, el mercado de valores por ejemplo, o de un piso o empresa, los podía simultanear sin problemas con su pensión.

El 2 de febrero de 2016 el escritor César Antonio Molina, ministro de Cultura bajo el gobierno de Rodríguez Zapatero, propuso que se suprimieran, en consecuencia, todos los galardones culturales institucionales otorgados en el Estado, empezando con el Premio Cervantes, el más prestigioso del mundo de habla española. Ello por el sarcasmo de colocar al ganador, en el caso de ser un jubilado español, en una situación ilegal ante Hacienda. Molina no cabía en sí de rabia. «Un país sin cultura no existe —remachó—, un país sin cultura no vale la pena que exista. A España, su respetada imagen en el mundo se la han dado siempre sus creadores. No me imagino a Buñuel, Falla, Juan Ramón Jiménez o Tàpies o, en el ámbito también de nuestra lengua, a Borges u Octavio Paz teniendo que dejar de escribir, rodar, pintar o componer por este decreto de censura encubierto que ni siguiera el franquismo impuso como castigo a los indóciles intelectuales.»

Molina sugirió a continuación que, de seguir existiendo tales premios, sería conveniente que se entregasen a los galardonados en la sala del Museo del Prado donde se exhiben los fusilamientos de Goya. Pero lo mejor sería abolirlos todos y acabar con tanta mezquindad. «Sí, lo mejor sería renunciar a los premios —concluyó—, e incluso renunciar a un país que maltrata a sus ciudadanos, incluso a aquellos que contribuyen a su grandeza, con leyes injustas y demenciales que abochornan.»[25]

Cuando he explicado la situación de los escritores jubilados en España a amigos franceses, ingleses e irlandeses se han quedado incrédulos, boquiabiertos y dolidos. ¡Castigar así a quienes crean cultura y, además, están, en muchos casos, en su mejor momento! ¡Desincentivar así a un novelista, a un pintor, a un poeta! ¡Hundirlo en la angustia, en la depresión! No se lo creían.

Escribo estos renglones en agosto de 2016 y trato de ser objetivo a la hora de evaluar lo conseguido con los pretendidos fastos cervantinos. Es cierto que ha habido una magna exposición en la Biblioteca Nacional (del 4 de marzo al 22 de mayo), titulada «Miguel de Cervantes: de la vida al mito (1616-2016)». Pero, en general, hemos podido comprobar los pobres resultados de una previsible ausencia de coordinación. El colmo vino cuando el tan mencionado Francisco Rico se quejó, el 11 de junio, de que no resultaba nada fácil encontrar, en la Feria del Libro, celebrada como cada año en El Retiro de Madrid, «las ediciones más solventes o aceptables del *Quijote*». La ausencia más llamativa era, precisamente... la de la Real Academia Española, dirigida por él mismo. ¡En el 400 aniversario de la muerte de Cervantes y la publicación de la Segunda parte de su *magnum opus*![26]

¡Vaya por Dios!

6

AQUEL AÑO EN GRANADA

> Granada huele a misterio, a cosa que no puede ser y, sin embargo, es.
>
> FEDERICO GARCÍA LORCA*

LA LLEGADA

Marzo de 1965. Yo ya tenía 26 años, era profesor del Departamento de Español de la Queen's University de Belfast y estaba eufórico. Y es que me acababan de conceder una excedencia para rematar en Granada mi tesis doctoral sobre las raíces juveniles y populares de la obra de Federico García Lorca. ¡Qué alivio y qué ilusión! Estaba harto de comités, exámenes y alumnos, así como de la lucha intestina de protestantes y católicos que se libraba por aquellos pagos. Quería dedicarme enteramente a lo mío. Y lo mío era el mundo fascinante del poeta andaluz.

* García Lorca, *Obras completas* (véase bibliografía al final), III, p. 378.

Como iba a ir acompañado de mi mujer e hija de 15 meses, decidí hacer un breve viaje previo a Granada para encontrar alojamiento. Tenía una cosa muy clara: que no me iba a conformar con un piso convencional en el centro.

En el siglo XIX Granada se conocía a menudo como «La Ciudad de los Cármenes». La palabra, que deriva del árabe *karm*, «viñedo», denota la típica casa de sus empinadas colinas, con jardín secreto protegido por altas tapias de la curiosidad ajena. Había visto fotografías de ellos, leído descripciones. Sabía que eran recoletos, íntimos, a menudo muy pequeños, con macetas de geranios, arbustos, juegos de luz, agua y sombra, a veces un parral y, siempre, un mirador desde el cual atisbar el mundo exterior, dominado por el espectáculo maravilloso de Sierra Nevada.

Intuía que García Lorca habría aprobado mi determinación. «Me gusta Granada con delirio —escribió a un amigo en 1924— pero para vivir en otro plan, vivir en un carmen, y lo demás es tontería. Vivir cerca de lo que uno ama y siente. Cal, mirto y surtidor.»[1]

En fin, carmen tenía que ser. ¡O carmen o nada!

Llegado a la ciudad me instalé en un pequeño hotel de la cuesta de Gomérez, el principal acceso a la Alhambra. Tuve suerte porque el dueño del establecimiento conocía a un «corredor» especializado en el alquiler de propiedades. Me lo presentó. Me dijo que acababa de enterarse de que había unas habitaciones libres en un carmen del cercano barrio de la Antequeruela, y que tal vez valdría la pena echarles una ojeada.

Allí me personé sin perder un momento.

Era una casa bastante amplia. Doña María, así se llamaba la dueña, me mostró las estancias. Me parecieron aceptables. Desde las ventanas se veía la Vega, y delante había un jardín lleno de boj que, según me aseguraba, olía divinamente en verano. No me satisfacía tanto la cocina, bastante primitiva, que tendríamos que compartir con ella, pero pensé que quizás haría más llevaderas sus deficiencias la belleza del entorno.

Cerrado el trato dediqué unos días a investigar la ciudad, empezando, por supuesto, con la Alhambra y el Generalife, cuyos patios y jardines recorrí varias veces extasiado. Allí pude apreciar la justicia del refrán: «Quien no ha visto Graná, no ha visto ná.» Y el acierto de la placa, colocada en una de las torres, con su cita del poeta Francisco A. de Icaza: «Dale limosna, mujer, / que no hay en la vida nada / como la pena de ser / ciego en Granada.»

Un día me subí al tranvía de Fuente Vaqueros, el pueblo natal de Lorca situado en plena Vega a dieciocho kilómetros de la ciudad. Tomó su tiempo, parando en cada aldea. Bajo el sol de la primavera que ya apuntaba, la llanura era de un verdor asombroso. No por nada siempre hablaría el poeta con nostalgia de su larga infancia pasada entre los campos, choperas y acequias de su patria chica.

En Fuente Vaqueros pregunté por su casa. Me la señalaron. Estaba cerrada. Hablé con una vecina. Me dijo que su madre, ya muerta, había tratado a la familia pero que ella «no sabía nada». Entré en un bar, intenté conversar con los parroquianos y la reacción fue más bien recelosa. Se palpaba la inquietud, y lo entendí al observar la presencia en la plaza de una pareja de la Guardia Civil, con sus tricornios y fusiles.

Otro día visité la Huerta de San Vicente, la casa de campo de la familia del poeta situada en la linde de Granada con la llanura y a la cual había llegado en julio de 1936, unos días antes de la sublevación que desencadenara la Guerra Civil.

Ya avanzaba la ciudad implacablemente hacia la finca y se levantaba muy cerca una interminable hilera de bloques de pisos que tapaba la vista de la Alhambra que antes disfrutaba. Por suerte coincidí allí con un grupo de jóvenes admiradores de Lorca, entre ellos uno de sus sobrinos, el futuro arabista Bernabé López García. Todos estuvieron muy cordiales conmigo y se comprometieron a presentarme a personas capaces de orientarme en mi investigación, empezando con su prima preferida, Clotilde García Picossi, según ellos muy «lorquiana», sabedora de muchas canciones populares y dueña de una huerta colindante, la del Tamarit. Asimismo, se ofrecieron a llevarme a casa de Miguel Cerón Rubio, que había organizado en 1922, con el poeta y Manuel de Falla, el famoso Concurso de Cante Jondo celebrado en la Alhambra.

Abandoné la ciudad muy contento. Tenía ya concertadas unas habitaciones en mi soñado carmen, había hecho mi primera visita a Fuente Vaqueros y a la Huerta de San Vicente, y mis nuevos amigos me iban a poner en contacto con dos personas quizá clave para mi trabajo. Todo iba viento en popa.

Había heredado unas acciones de una fábrica de galletas de Dublín, justo las suficientes para financiar modestamente nuestro año sabático. Como iba a ser fundamental para mi tarea un coche en condiciones, cambié el que tenía, ya algo renqueante, por un Volkswagen «Variant», que alguien me recomendó por sus, según él, múltiples virtudes, entre ellas su seguridad, su estupendo motor y su espaciosidad. La elección iba a resultar muy acertada. Lo llenamos de trastos y libros y a finales de junio de 1965 nos despedimos de Irlanda.

SANFORD Y HELEN SHEPARD

Diez días después nos instalamos en el carmen de doña María. Si bien mi mujer encontró más o menos adecuadas las habitaciones, no así, en absoluto, la cocina. ¿Cómo podía yo haber imaginado que se conformaría con aquella antigüalla de estufa, que no solo funcionaba con carbón, en pleno siglo XX, sino que además había que compartir con la dueña? Comprendí en seguida que tenía toda la razón, que había sido una insensatez. Por otro lado, el jardín resultaba un desastre: nuestra hija Tracey, muy activa ella, se perdía de vista constantemente entre los setos de boj, que la superaban en altura, y un día se cayó por unos escalones en los que no me había fijado. Le prometí a Carole, compungido, que buscaría en seguida otro carmen más propicio.

Entretanto, puestos en orden mis libros y mis papeles, empecé a investigar. Encontré una mina de información sobre el joven Lorca en la hemeroteca municipal, situada entonces en la Casa de los Tiros, noble edificio antiguo con patio y jardín. Me resultó especialmente útil la colección, casi completa, del diario republicano *El Defensor de Granada*, decano de la prensa de la ciudad. A mí me interesaban mucho los viajes de estudio del joven escritor por tierras de Castilla, León y Galicia con su maestro de Teoría del Arte en la Universidad de Granada, Martín Domínguez Berrueta. El hispanista Claude Couffon me había facilitado generosamente, en París, una fotocopia de su ejemplar de *Impresiones y paisajes*, el primer libro del poeta, fruto de las excursiones y mutilado, por sus pasajes anticlericales, en la edición Aguilar de las *Obras completas* lorquianas. En *El Defensor de Granada* encontré muchas referencias a aquellos viajes, con citas de los reportajes sobre los mismos aparecidos en los periódicos de provincias. Cada día descubría algún dato nuevo. ¡Aquello era vivir! Mientras, en la cocina, Carole bregaba con la maldita estufa de doña María y se ocupaba de nuestra hija.

Unas semanas después de instalarnos en el carmen tan poco satisfactorio, coincidimos, en una conocida ferretería, hoy pasada a mejor vida, de la plaza de Bib Rambla, con dos norteamericanos que hablaban animadamente con el tendero. Por su conversación colegí que eran hispanistas y me presenté. Se trataba de Sanford Shepard, catedrático de Humanidades del Oberlin College, en Ohio, y su mujer Helen, que pasaban el verano en Granada con un grupo de alumnos. Congeniamos en seguida y nos sentamos en una terraza para seguir charlando. El encuentro iba a resultar providencial, y les veríamos casi a diario durante los dos siguientes meses y luego, esporádicamente, a lo largo de treinta años.

Formaban una pareja rara. Sanford era un estrafalario y alto judío ateo nacido en Pittsburgh en 1928 y tan flaco de carnes como liberalmente provista de ellas su mujer. Fue de sus labios que escuché por vez primera el término «criptojudíos». Su conversación solía girar de modo obsesivo en torno a ellos. Andaba entonces enfrascado en los *Proverbios morales* del converso Sem Tob de Carrión (de los cuales publicaría en 1985, con Castalia, una edición crítica hoy descatalogada). Mantenía —como el cazanazis Simon Wiesenthal— que, con la persecución de los judíos, Hitler no había inventado nada y que la obsesión «nacionalsocialista» alemana con la pureza de la sangre procedía directamente de España. Tenía claro que tal actitud, tal porfía, no solo era ajena a la enseñanza fundamental del cristianismo, que preconiza la fraternidad de todos los hijos de Dios, sino que denotaba una amnesia nefasta para la cultura española. Con ello seguía la línea de su admirado (y por más señas nacido en Granada) Américo Castro, a quien yo no había leído todavía. Opinaba, es decir, que España solo se explica por su mezcla de religiones y sangres, y que constituye una insensatez negarlo reivindicando una pureza racial ficticia.

Helen no era judía ni mucho menos, sino hija de un pastor protestante, adscrito como capellán a la Marina Estadounidense. Conoció a Sanford cuando estudiaba español y portugués en Penn State. Allí fue alumna del novelista exiliado Arturo Barea, desconocido en la España de Franco, de quien hablaba con entusiasmo. Me recomendó su *Lorca, el poeta y su pueblo*, publicado primero en inglés, en 1944, que luego leería con provecho. Helen era una persona cálida, de una gran naturalidad, con energía arrolladora y buen humor contagioso. Se preguntaba cada día —así nos lo contaba riéndose— que qué diablos hacía casada con un judío descreído, obsesionado con Sem Tob y los contenidos «crípticos» de los escritos de los conversos.

Los Shepard vivían en lo alto de un destartalado inmueble situado en la calle de Santa Ana, número 6, al lado de la esbelta torre mudéjar de la iglesia del mismo nombre (torre «más para palomas que para campanas» dijo Lorca, con su gracia habitual). Nadie, al visitar a nuestros amigos por primera vez allí arriba, podía imaginar lo que le esperaba. Se llegaba sorteando no sé cuántos peldaños para alcanzar la última planta del edificio. Luego había un estrecho pasillo con una cancela al final. A través de esta se vislumbraba un patio lleno de árboles y flores, con unos escalones que conducían a un arco de herradura seudoárabe.

Comprendí, nada más penetrar en el recinto, que era exactamente el carmen ansiado, con la ventaja añadida de estar a dos pasos de la plaza Nueva, donde el pequeño río Darro entra en el lóbrego túnel que lo oculta a su tránsito por el centro de la ciudad.

Carole y yo pasamos muchas horas inolvidables charlando en aquel encantador patio durante las siguientes semanas con los Shepard y sus amigos, tanto españoles como norteamericanos, y contemplando el maravilloso panorama del Albaicín que se obtenía desde la terraza superior. Acordamos que, al volver ellos a Oberlin a finales de agosto, pasaríamos a ocupar el carmen.

Entre los temas de conversación —cuando Sanford no peroraba sobre los conversos—, figuraba, en lugar de honor, la propia Granada.

Yo ya conocía el capítulo de Richard Ford sobre ella y sabía que no debía su nombre —pese a lo que se solía creer— a la hermosa fruta, sino a un topónimo homófono muy antiguo, prerromano, de significación discutida, algo así como *Karnattah* o *Garnata*, quizá de raíz cartaginesa. Cuando la ciudad sucumbió en 1492 ante Fernando e Isabel había prevalecido la etimología popular, casi inevitablemente dada la frecuente presencia del frutal en los jardines y huertas de la localidad. La granada, por ello, no tardó en convertirse en símbolo oficial del reino y ser añadida al escudo real.

Deduje, por mi parte, que favoreció su incorporación el hecho de que, caída la hermosa flor bermellón del árbol, los puntiagudos sépalos del cáliz se van abriendo, al compás de la maduración de la fruta, para figurar una corona.

Al recibir el encargo de diseñar una entrada monumental a la Alhambra ya cristiana, el toledano Pedro Machuca había decidido adornar su frontón con tres enormes granadas. Muchas veces lo contemplamos juntos Sanford y yo. De puro estilo italiano renacentista, la estructura marca —como nunca dejarían de apuntar en sus cuadernos los viajeros románticos— una tajante línea divisoria entre la prosa y la poesía, entre el bullicio urbano y la frondosidad de un bosque de hermosura única. Muy sucia en 1965 debido a los humos de los coches y autobuses que subían día y noche por la cuesta de Gomérez, la puerta de las Granadas ha recobrado hoy, gracias al nuevo acceso a los palacios desde la autopista de la costa, su prístina belleza.

Siempre con las granadas, alguien —no recuerdo si Shepard o uno de sus amigos— me informó que la bomba de mano así bautizada (en inglés y francés «grenade») fue inspirada por la fruta, cuyo nombre procede del adjetivo latino *granatum*, «repleto de granos, semillas». Aquel otoño pude comprobar que, cuando, ya madura, la granada se empieza a abrir, revela dentro centenares de cápsulas transparentes llenas de zumo color sangre que se parecen, efectivamente, a tantos perdigones. ¿Quién fue el primero en intuir la posibilidad de fabricar un artefacto de hierro, redondo como la fruta, que cupiera en la mano y llevara por dentro semillas *mortíferas*? No lo he podido descubrir. El invento, desde el punto de vista de eficacia guerrera, fue, literalmente, un bombazo.

Hoy, en Madrid, cuando sufro un ataque de nostalgia alhambreña, algo que me ocurre con cierta frecuencia, me voy al Jardín Botánico y saludo allí al viejo granado que hay cerca de la entrada y con el cual me he ido familiarizando hasta el punto de considerarme casi amigo. Contemplarlo siempre me emociona, sobre todo durante los meses de verano cuando, un año más, han brotado sus hermosas flores y el suelo se tapiza con las pequeñas frutas rojas, con su corona puesta, que no han sobrevivido. En mi última visita estaba un poco achacoso, el pobre. Me temo que le queda poco tiempo.

Cuando me invitaron a Atenas en 2006 para participar con Enrique Morente en un homenaje a Lorca, me encantó descubrir que en Grecia la granada se considera símbolo de la amistad y que a los forasteros les regalan, como *souvenir* de su visita, un medallón o amuleto con la imagen de la fruta. El que a mí me dieron me acompaña mientras escribo estos renglones.

MIGUEL CERÓN Y LA ALHAMBRA

Sanford Shepard no fue mi único iniciador en los secretos de Granada. Una tarde, sin esperar a que mis amigos de la Huerta de San Vicente me lo presentasen, dejé una nota para Miguel Cerón en su casa del paseo de la Bomba, explicándole lo de la tesis y pidiéndole que me hiciera el favor de concederme una entrevista. Me contestó con amabilidad y me sugirió un día. Allí acudí. Me abrió la puerta un señor sumamente elegante, de unos setenta años, que me invitó a pasar. Le acompañaban en aquel momento el doctor Rafael Jofré, médico especialista en enfermedades venéreas y férvido aficionado al flamenco —del cual había dibujado un árbol genealógico—, y un frustrado cantante de ópera, Dionisio Venegas. Resultó que se juntaban con Cerón una vez a la semana para escuchar discos y hablar de música. Eran melómanos empedernidos.

Con enorme generosidad, Miguel Cerón me permitió formar

parte de aquel pequeño grupo. Poco a poco él y sus amigos me fueron contando episodios de su vida y proporcionándome información sobre la Granada de antes, durante y después de la guerra. Yo sabía que había habido en la ciudad una represión brutal, y que el asesinato de Lorca fue uno entre miles. Ahora, sin pedirlos, recibía datos concretos al respecto. Nadie había olvidado lo ocurrido y, como el régimen seguía en pie, el terror y la desesperación atenazaban todavía a los perdedores. En cuanto al poeta, Cerón me dijo que había mantenido una amistad estrecha con él hasta que adoptara la costumbre de quedarse demasiado tarde por la noche, lo cual empezó a provocar comentarios entre los vecinos.

Cerón nunca se había casado y se las daba, en sus conversaciones conmigo —a veces le veía a solas—, de haber sido muy varonil, todo un macho. Lo que menos necesitaba, me dijo, era que, por culpa de Federico, se le tildara de «maricón». De modo que se cortaron las visitas nocturnas.

Conocía bastante bien el inglés. Un día le había leído a Lorca, traduciendo directamente, una obra del dramaturgo irlandés John Millington Synge, *Jinetes hacia la mar*, que yo había visto representada en Dublín. Me fascinó aprender que al poeta le había impresionado. También le había leído un ensayo de Chesterton, y se había extasiado ante la frase «la loca sangre de los duendes» (*the mad blood of the elves*).

Don Miguel me habló largamente de los burdeles granadinos de la preguerra. Había toda una zona especializada en ellos, La Manigua, luego suprimida por la dictadura de Franco. Algunos eran lujosos y en ellos él y sus amigos pasaban de cuando en cuando fines de semana enteros. No Federico, por supuesto.

A Cerón le encantaba pasearse por la Alhambra y sus alrededores y a veces me invitaba a acompañarle. Escuchaba con suma atención sus reminiscencias y comentarios, apuntando todo. Admiraba no solo los pabellones árabes, sino también el renacentista palacio de Carlos V, delante del cual se extiende la plaza donde él organizara con Falla y Lorca el Concurso de Cante Jondo de 1922. Me habló con tristeza de aquellos tiempos antes de que todo se volviera dolor y muerte.

Carlos V se había enamorado de la Colina Roja durante el verano de 1526, cuando pasó allí parte de su luna de miel con Isabel de Portugal. Ante el espectáculo de tanta belleza concentrada, concibió la idea de erigir en plena Alhambra un palacio propio, digno del hombre más poderoso del mundo, emperador del Sacro Imperio Romano Germánico, cuyos dominios llegaban hasta los confines de la tierra. Las obras, encargadas a Pedro Machuca, empezaron al año siguiente. Y tuvieron que pagarlas los «moriscos», bajo la amenaza de que, si no lo hacían, el emperador trajera a Granada la Inquisición.

Ahora me pregunto, al redactar estas líneas, si la familia del moro Ricote de Cervantes, quizás inspirada por la desplazada desde Granada a Esquivias, no habría estado entre quienes tuvieron que cargar con los costos de aquel edificio italiano implantado en el corazón de la Alhambra.

Yo sabía que a los viajeros románticos del siglo XIX el palacio de Carlos V les ofendía, y más aún teniendo en cuenta que para su construcción se había hecho tabla rasa de numerosos pabellones árabes. Probablemente, la opinión de Richard Ford era la más razonable. Consideraba que en sí el edificio era espléndido, pero que desentonaba brutalmente con su entorno. Llegué en seguida a la misma conclusión.

Como lección de historia española, de todas maneras, pocas tan llamativas como «el choque de Oriente con Occidente» escenificado, según Lorca, por la yuxtaposición de los airosos edificios árabes y la ingente mole cristiana.

Me llegaron a interesar mucho los esmeradamente esculpidos basamentos del palacio, inspirados en sepulcros o altares romanos, con su extraña mezcla de elementos mitológicos y vivísimas escenas guerreras —algunas brutales—, exaltadoras de las victorias de Carlos. Me llamaban la atención, ante todo, los de la entrada principal, alusivos a la Paz Universal que entonces se llegó a creer podría ser permanente bajo la égida del emperador. No fue así, desde luego, y por lo que le tocaba al edificio, nunca terminado, aquel no lo vería nunca.

Con Miguel Cerón me paseé muchas veces por los jardines árabes. Una tarde memorable me llevó a contemplar, en el Generalife, la célebre escalera por los pasamanos de cuyos pretiles laterales baja presurosa el agua, saltando y gorjeando. Me explicó que le había hecho las delicias a Andrea Navagiero, embajador veneciano, en 1526, en la corte de Carlos V. ¿No conocía yo su libro? No, no lo conocía.

—Pues vale la pena —me dijo—. Entre otras cosas porque describe la decadencia de Granada solo treinta y cinco años después de las Capitulaciones. Todo estaba ya cayéndose: los edificios, la irrigación de la Vega, la industria, la horticultura. Con el Descubrimiento, lo único que les interesaba ya a los españoles, a su juicio, era el oro y la plata de América, el dinero fácil robado a los indios, la posibilidad de hacerse ricos de la noche a la mañana matando a los indígenas y apropiándose de lo suyo.

Navagiero había departido en los jardines del Generalife con el poeta catalán Juan Boscán, me explicó Cerón, y le había sugerido que experimentara en español con el verso endecasílabo. Le hizo caso y los resultados marcaron tan hondamente a su amigo Garcilaso de la Vega que este también empezó a aventurarse por los mismos caminos, con los impresionantes resultados que se conocen.

Cerón no dudaba de que la Escalera del Agua y sus alrededores, que tanto habían impresionado a Navagiero, inspiraron el «Romance sonámbulo» de Lorca, donde el amante herido sube a las «altas barandas» en busca de la novia que ya flota ahogada, bañada de luz lunar, en la superficie de un estanque:

Dejadme subir al menos
hasta las altas barandas,
¡dejadme subir!, dejadme
hasta las verdes barandas.
Barandales de la luna
por donde retumba el agua...

Y es verdad que allí retumba. Cierro los ojos y lo oigo.

Don Miguel me convenció de que la minúscula calle Real de la Alhambra, que termina en el Parador de San Francisco, era uno de los lugares de Europa más densos en recuerdos literarios y artísticos. Allí había vivido su amigo Falla antes de que le encontrasen el pequeño carmen deseado; allí tenía su taberna el guitarrista y cantaor Antonio Barrios, *el Polinario*, frecuentada por todos los artistas y escritores que recalaban en Granada, desde Santiago Rusiñol y Darío de Regoyos hasta el pintor norteamericano John Singer Sargent y el hispanista inglés John Trend; por allí había deambulado el etílico Malcolm Lowry, quien, en 1933, conoció en Granada a quien iba a ser su mujer, Jan Gabrial (en *Bajo el volcán*, la maleta de Yvonne, esposa del cónsul, lleva una pegatina con el nombre de una célebre pensión alhambreña, Villa Carmona, ya desaparecida).

Instado por Cerón devoré las páginas dedicadas a Granada por Théophile Gautier, que había llegado a la ciudad en 1843, en su *Viaje a España*. No puedo resistir la tentación de citar aquí su evocación del bosque de la Alhambra en plena canícula:

> El sonido del agua que murmura se mezcla con el ronco zumbido de cien mil cigarras o grillos cuya música no se calla nunca y que forzosamente recuerda, a pesar de la frescura del sitio, las ideas meridionales y tórridas. El agua brota por todas partes, bajo los troncos de los árboles, a través de las rendijas

de los viejos muros. Cuanto más calor hace, más son abundantes los manantiales, pues es la nieve lo que los alimenta. Esta mezcla de agua, de nieve y de fuego, hace de Granada un clima sin comparación en el mundo, un verdadero paraíso terrenal...[2]

Leí el capítulo allí mismo bajo los árboles, sentado al lado de un chorro de agua que salía, precisamente, de un «viejo muro». Tuve la sensación de que no había pasado el tiempo desde que el buen Théo llegara a Granada unos 130 años antes.

EL VIRAJE INESPERADO

Miguel Cerón me habló de un grupo de republicanos represaliados por el régimen que se reunían cada tarde en el café granadino de más solera, El Suizo, situado en plena Puerta Real mirando hacia Sierra Nevada. Me dijo que sabían mucho de Lorca.

Allí me presenté. Al principio, como era natural, estuvieron un poco renuentes a la hora de hablarme de lo ocurrido en 1936, pero poco a poco, al irme cogiendo confianza, empezaron a comentarlo, así como sus peripecias personales antes y después de la contienda. Entre ellos, recuerdo con especial cariño y gratitud al abogado Antonio Pérez Funes, uno de los hombres más bondadosos que he conocido.

Fue entonces cuando oí por vez primera el nombre de un tal Agustín Penón, que había estado muchos meses en Granada, unos diez años atrás, tratando de aclarar las circunstancias en las que muriera Lorca, su héroe. De la noche a la mañana había desaparecido de la ciudad y nunca regresó. Nadie parecía saber si era español o norteamericano. Hablaba el idioma como un nativo, eso sí. ¿Yanqui hijo de puertorriqueños? Tal vez. Incluso se rumoreaba que trabajaba para la CIA y que había tenido problemas con las autoridades franquistas. Era, según todos, una persona de gran simpatía, entusiasta y carismático.

Penón se había llevado consigo una imponente cantidad de datos y documentos relacionados con el tema que le obsesionaba, pero el libro en el que tenía puesto todo su afán, ¿qué había pasado con él? Nadie lo sabía, solo que no se había publicado. Según Pérez Funes, decían algunos que le había detenido la policía secreta y quitado su archivo, y que, desesperado, había abandonado el país. Otros alegaban que se había suicidado al no lograr dar a conocer los resultados de sus pesquisas. Pero todo eran suposiciones.

Yo solo llevaba cinco o seis semanas en Granada y ya frecuentaba a personas que me hablaban insistentemente de la represión fascista y del asesinato de Lorca. ¡Incluso resultaba que un investigador enigmático había desaparecido unos diez años atrás en el curso de sus indagaciones sobre el crimen! No puedo precisar la fecha exacta, pero una mañana me desperté con la convicción más absoluta de que era mi obligación aparcar la tesis, que podía esperar, y ponerme a estudiar a fondo lo ocurrido en Granada al inicio de la guerra.

Mi vida acababa de dar un brusco e inesperado viraje.

Sobre la muerte del poeta había leído el capítulo de Gerald Brenan en *The Face of Spain*, así como la investigación más pormenorizada del mencionado Claude Couffon, *À Grenade, sur les pas de García Lorca.* Tenía ambos libros conmigo. Sabía, por ellos, que Lorca había vuelto a la ciudad justo antes del estallido de la sublevación militar en julio de 1936. Que, amenazado en la Huerta de San Vicente, había buscado refugio en casa de su amigo, también poeta, Luis Rosales, algunos de cuyos hermanos eran falangistas. Que fue sacado de ella unos días después por una escuadra de esbirros capitaneados por Ramón Ruiz Alonso, ex diputado por Granada de la CEDA, la coalición electoral dirigida por Gil Robles, y conducido al Gobierno Civil. Y que el asesinato se consumó poco después cerca del pueblo de Víznar, situado al pie de la Sierra de Alfacar a unos nueve kilómetros al noroeste de la ciudad.

Allí, según Brenan y Couffon, existía un «barranco» donde se había llevado a cabo una exterminación masiva de «rojos», quizás entre ellos el poeta. Lo primero que hice, sin decir nada a nadie, fue ir a identificarlo, llevando conmigo en el coche, para guiarme, ambos libros. Gracias a ellos no me costó demasiado trabajo dar con el sitio, situado encima de un abrupto codo de la pequeña carretera que unía a Víznar y el colindante pueblo de Alfacar. Aparqué el coche en un lugar discreto, para llamar lo menos posible la atención, y subí hacia arriba, preso de emoción. Cuando Brenan visitó el lugar en 1948 se encontró con que «toda el área estaba salpicada de hoyos de poca profundidad y montículos, sobre cada uno de los cuales se había colocado una piedra pequeña». Pero para 1965 ya no quedaba ninguna piedra. Además, se habían plantado pinos en toda la zona, que crecían con pujanza. Si fue para encubrir las siluetas de las fosas, no se consiguió. Vi varias.

Debido a los dos autores me fue fácil localizar también La Colonia, el viejo molino convertido en cárcel provisional donde los condenados a muerte habían pasado sus últimas horas en este mundo.

Volví a Víznar cuatro o cinco veces aquel verano, tomando mis precauciones. Era necesario. Por un joven arabista escocés, James Dickie, entonces en Granada, sabía que la Guardia Civil había arrestado a un paisano suyo «sospechoso» en los alrededores del «barranco», siendo necesaria, para que lo soltasen, la intervención del excéntrico vicecónsul británico, William Davenhill. No quería tener un percance parecido, no por miedo a pasar una noche en un calabozo de la Benémerita, sino porque habría dado publicidad a lo que hacía, que era esencial mantener lo más posible en el secreto.

Antonio Pérez Funes, a quien ponía al tanto de cada paso de mi investigación, y que ya confiaba plenamente en mí, me habló un día de un tal Manuel Castilla Blanco, asegurándome que fue él, sin duda alguna, quien enterró a Lorca, no en el «barranco» de Víznar sino en el lugar conocido como Fuente Grande, situado no lejos, cerca de Alfacar, al lado de la carretera. Según Pérez Funes y su grupo de amigos, Castilla había llevado allí a Agustín Penón y le había mostrado el sitio exacto donde sepultó a Lorca y a otras tres víctimas de aquella madrugada: un maestro republicano y dos banderilleros.

Mis contertulios de El Suizo estimaban que Castilla tendría unos veinte años cuando empezó la guerra. Por suerte suya, me explicaron, el capitán José María Nestares Cuéllar, «camisa vieja» de Falange y uno de los principales gerifaltes de los sublevados, era amigo de su familia y pudo evitar que le fusilaran por su pertenencia a un sindicato «rojo» (por lo cual se le conocía como «Manolo *el Comunista*»). Nestares mandaba en la zona de Víznar y lo instaló en La Colonia, donde se vio obligado a participar en entierros de fusilados.

Pérez Funes y sus amigos habían perdido de vista al tal Manolo *el Comunista*, pero me dijeron que su madre tenía, o había tenido, un puesto de «tejeringos» —churros— en la cercana plaza de

Mariana Pineda, y que, hablando con los vecinos, no sería difícil conseguir noticias suyas.

Me personé de inmediato en La Mariana. La mujer de los tejeringos había desaparecido, nadie parecía saber nada de ella. Pero unos días después tuve más suerte y alguien me informó de que Manuel vivía en la cercana calle de Varela, número 6.

Llamé a su puerta. La abrió un hombre corpulento, calculé que de unos 60 años. Me miró intensamente y exclamó:

—Pero, ¡usted no es Agustín Penón!

Penón ya me salía a cada paso.

Le expliqué allí en la puerta cómo le había localizado, que me habían hablado de él Antonio Pérez Funes y sus amigos. Me invitó a pasar y hablamos media hora. Me di cuenta en seguida de que no sería fácil que me llevara a Fuente Grande y me mostrara el lugar donde había enterrado a Lorca. Lugar que, unos diez años antes, había enseñado al desaparecido Penón.

Pasaron varias semanas antes de que aceptara hacerlo, creo recordar que tras consultar con Pérez Funes. Su inquietud era normal. El «tema» de Lorca era todavía tabú en Granada, el asesinato del poeta constituía un grave problema para el régimen y la Guardia Civil patrullaba la carretera entre Víznar y Alfacar. Llevar allí a un extranjero suponía un riesgo, podía tener consecuencias muy desagradables.

Allí fuimos en mi coche una tarde. No puedo olvidar mi profunda emoción cuando Castilla me llevó al viejo olivo al lado del cual estaba seguro de haber enterrado al poeta y a las otras tres víctimas de aquella madrugada. Del maestro solo recordaba su nombre de pila, Dióscoro; que tenía una pierna de madera, resultado de un accidente; y que había regentado la escuela del pueblo de Cogollos Vega. Sí se acordaba de los nombres y apellidos de los dos banderilleros fusilados con el maestro y Lorca, anarquistas ambos y bastante conocidos en Granada: Francisco Galadí y Joaquín Arcollas. No le cabía la menor duda acerca del lugar. A dos pasos del olivo me señaló una «barranquilla» por la cual, cuando llovía en invierno, corría el agua. Cerca del olivo, a unos metros más o menos, estaban los restos del poeta. Estaba convencido de ello.

—Por este roal [o sea, rodal] fue, por este roalillo. Por aquí fue.

Unos días después me trasladé al Ayuntamiento de Cogollos Vega. Recurrí a la mentira de que mi padre había conocido, durante una estancia en Granada antes de la guerra, a un maestro de allí llamado Dióscoro. ¿Sabían algo de él? Me aseguraron que nunca había habido en el pueblo un maestro con aquel nombre tan inhabitual. Pero, cuando me iba decepcionado, uno de los funcionarios me dio una valiosa pista. Creía recordar, me informó, que en el no lejano pueblo de Pulianas hubo antes de la guerra un maestro así llamado, luego fusilado por «rojo».

Los dioses me estaban ayudando. Fui inmediatamente a Pulianas. Repetí lo de mi padre. La información resultó cierta. El maestro se llamaba Dióscoro Galindo González, me dijo el secretario del Ayuntamiento. Me di cuenta de que no había que insistir y no lo hice. Volví emocionado a Granada: ya tenía el nombre y los apellidos de uno de quienes acompañaron al poeta en el último trance.

Había que actuar con suma cautela. La gente temía a la policía, a la Guardia Civil, a los delatores. Las palizas eran todavía frecuentes y ser llevado a una comisaría podía suponer un riesgo considerable. No para mí, claro, como extranjero. Mi preocupación era no constituir un peligro para mis informadores. Multipliqué mis precauciones.

LOS INGLESES DE LA ALHAMBRA

En *Al Sur de Granada*, Gerald Brenan evoca cariñosamente a la pequeña y algo excéntrica colonia inglesa que allá por 1920 vivía en los alrededores de la Alhambra, siguiendo la tradición establecida por algunos paisanos suyos durante el siglo XIX. Por desgracia, cuando llegamos nosotros en 1965, casi había desaparecido. Con la excepción del ya referido William Davenhill, el vicecónsul británico, que vivía con su hermana Maravillas en la parte alta del bosque de la Alhambra en una casa que, desde la calle, parecía un carmen pero que, en realidad, era la última planta de un edificio de amplias proporciones inserto en la ladera de la colina.

Los Davenhill, que llevaban toda su vida en Granada, se solían sentar, al ir declinando el sol, en la terraza delante de su puerta y allí recibían a sus amigos, a quienes Maravillas ofrecía un cóctel de potencia explosiva. Una tarde me tomé la libertad de acercarme y saludarles. Me recibieron con afabilidad, probé el temible brebaje de la anfitriona, todo fue bien y a lo largo de los siguientes meses subí a verles con cierta frecuencia.

Cuando ya nos conocíamos un poco mejor, los Davenhill me empezaron a contar algo de su experiencia en Granada al estallar la sublevación y ponerse en marcha la feroz represión fascista de la ciudad. Los fusilamientos «oficiales» tenían lugar en el paredón del cementerio, detrás de la Alhambra. Cada madrugada subían por el bosque los camiones de la muerte, cargados de víctimas, y pasaban, jadeantes, justo delante del viceconsulado. Una vez Maravillas se atrevió a mirar cautelosamente por una ventana. «Fue horrible —me dijo—, en cada camión había veinte o treinta hombres y mujeres, amontonados unos sobre otros, atados como cerdos para el mercado. Diez minutos después oímos disparar en el cementerio, como oíamos cada madrugada, y supimos que una vez más todo había terminado.»

Los sublevados estaban decididos a acabar con todos los que habían tenido alguna significación política de izquierdas en la ciudad, empezando con los concejales. Cuando empezó la represión ejercían funciones veinticuatro. Casi todos fueron fusilados. Con ellos, al lado de muchos cientos de afiliados a las distintas organizaciones obreras, catedráticos y profesores, médicos, abogados y otros profesionales. Fue un régimen de terror en toda regla.

Davenhill me dio una pista estupenda, la de la escritora norteamericana Helen Nicolson, baronesa de Zglinitski, cuya hija, Asta, estaba casada con un granadino muy anglófilo, el historiador Alfonso Gámir Sandoval. Resultaba que, cuando empezó la guerra, Nicolson estaba con ellos en su casa, Villa Paulina, situada cerca de la Alhambra, y que publicó un libro sobre aquellos días titulado *Death in the Morning* (*Muerte al amanecer*). El vicecónsul no lo tenía y me costó mucho trabajo conseguir un ejemplar (hoy, con Internet, otro gallo cantaría). Cuando llegó finalmente a mis manos me lo leí de un tirón. Publicado en Londres en 1937, describía lo ocurrido en Granada durante el primer mes y medio del «Movimiento». Desde Villa Paulina (desaparecida hace años), el ruido de los camiones despertaba cada madrugada a la familia, que, como los Davenhill, no tenían más remedio que escuchar las descargas del cementerio.

En una de sus páginas se lee:

> Desde hacía bastante tiempo las ejecuciones habían ido aumentando a un ritmo que alarmaba y asqueaba a toda la gente ponderada. El guardián del cementerio, que tenía una pequeña y modesta familia de 23 hijos, nada menos, le rogó a mi yerno que le encontrara algún sitio donde su esposa y sus 12 hijos más pequeños, que todavía vivían con ellos, pudiesen recogerse. Su casa, en la portería —situada en la misma entrada del cementerio—, les resultaba ya intolerable. No podían evitar oír los tiros y a veces otros sonidos —los lamentos y quejidos de los agonizantes— que hacían de su vida una pesadilla, y temía el efecto que pudiesen producir en sus niños más pequeños.

Creo que también fueron los Davenhill quienes me hablaron de otro testigo ocular de la brutal represión de Granada: Robert Neville, cronista de bridge del *New York Herald Tribune*, que acompañaba a un grupo de turistas norteamericanos cuando empezó la guerra, y publicó, a su vuelta a Estados Unidos unas semanas después, una crónica al respecto. Me llevó meses, como en el caso del libro de Helen Nicolson, conseguir una fotocopia de su testimonio.

Valió el esfuerzo. El 29 de julio 1936 ya había desentrañado la significación de los disparos que se oían desde el cementerio:

> Hoy cuatro de nosotros jugábamos al bridge en una habitación de la segunda planta del hotel cuando pasaron dos camiones. Desde abajo habría parecido que todos los hombres en aquellos enormes camiones fuesen soldados, pero hoy los vimos desde arriba y observamos que en el centro de cada camión había un grupo de paisanos.
>
> El camino que pasa delante del Hotel Washington Irving va

al cementerio. No va a otro sitio. Hoy los camiones subieron con aquellos paisanos. En cinco minutos oímos los disparos. Cinco minutos después bajaron los camiones, y esta vez no había paisanos. Aquellos soldados eran el pelotón y aquellos paisanos iban a ser fusilados.

Yo sabía por el mencionado libro de Gerald Brenan, *The Face of Spain,* que una joven inglesa había ganado renombre en la Granada de aquellos días al ponerse una camisa azul de Falange, actuar de enfermera e incluso, según algunos, participar en los fusilamientos. Brenan no la nombraba por su nombre, pero los republicanos de El Suizo recordaban que se llamaba Frances Turner, popularmente «La Fanny», y que era amiga del capitán Nestares, el que dirigía las operaciones en la zona de Víznar y había salvado del pelotón a Manuel Castilla Blanco, Manolo *el Comunista*.

Tanteé el asunto con los Davenhill, pero les encontré muy reacios a hablar de ella, creo que por lealtad patriótica, pese a haber abandonado Granada bastante tiempo atrás. Pienso ahora que, si aquella mujer hubiera tenido la voluntad, quizá la grandeza moral, de contar cómo fue la represión de Granada, hoy podríamos estar en profunda deuda con ella. Pero nunca lo hizo y, por lo que a mí me toca, jamás logré conseguir más información acerca de ella. Sería muy interesante que alguien tratara de hacerlo.

William Davenhill (como Miguel Cerón) era un apasionado de Sierra Nevada, a la cual hacía frecuentes excursiones a pie, y raras veces se dignaba «bajar» a Granada. Me habló del horror que experimentó cuando el ingeniero Juan José de Santa Cruz (una de las víctimas de los sublevados) le dijo en el picacho de la Veleta —la segunda cumbre más alta de la cordillera, que se ve desde cualquier punto de la ciudad—, que iba a prolongar hasta allí la carretera. «¡No lo haga usted, no lo haga usted! ¡Por favor! ¡Será la ruina! ¡Llegarán hasta el mismo Picacho los autobuses!», le rogaría sin éxito.

Si Davenhill viera hoy Sierra Nevada estaría desolado, pues con la construcción de la estación de esquí de Pradollano, masivamente concurrida, todas sus previsiones, y cosas peores, se han cumplido.

Parece indudable que en su romance «Preciosa y el aire», Lorca tenía muy presente a «Don Guillermo», como le conocían los granadinos, al hacer que la gitana aterrorizada por el viento lascivo buscara refugio en un consulado inglés ubicado en lo alto de una colina (aunque la escena se sitúa cerca del mar y, en vez de los altos olmos del bosque de la Alhambra —hoy desaparecidos debido a la grafiosis— hay pinos):

Preciosa, llena de miedo,
entra en la casa que tiene,
más arriba de los pinos,
el cónsul de los ingleses.

Asustados por los gritos
tres carabineros vienen,
sus negras capas ceñidas
y los gorros en las sienes.

El inglés da a la gitana
un vaso de tibia leche,
y una copa de ginebra
que Preciosa no se bebe.

Y mientras cuenta, llorando,
su aventura a aquella gente,
en las tejas de pizarra
el viento, furioso, muerde.

La copa de ginebra que Preciosa no se bebe, ¿podría ser una referencia a los referidos cócteles suministrados por los Davenhill a quienes les visitaban en la terraza de su casa, quizá siguiendo una tradición familiar? Nada me impide imaginarlo. Los hermanos solo recordaban haber hablado con el poeta una o dos veces, pero bastaría, seguramente, para que se fijara mucho en ellos, no solo por lo del viceconsulado —heredado por William de su padre—, sino por su condición de raros angloandaluces alhambreños, cuyos avatares se recogían de vez en cuando en las páginas de *El Defensor de Granada.*

ANTONIO MENDOZA LAFUENTE

Le estoy viendo detrás del contador de su papelería en la calle San Juan de Dios: pequeño, calvo, de complexión fuerte, con gafas y un tic nervioso en uno de los párpados. Mis amigos de El Suizo me habían contado que, castigado por ser masón, estuvo en La Colonia de Víznar durante los primeros meses de la represión como enterrador forzoso de los «rojos» fusilados. Se llamaba Antonio Mendoza Lafuente. Cuando fui a verle en su tienda —Pérez Funes ya había conseguido su aquiescencia—, no quiso decirme al principio casi nada, siempre temeroso de que que alguien entrara y nos escuchara. Pero a veces se mostraba más dispuesto a proporcionarme algunos pormenores de aquellos terribles días, pormenores que ya le había trasladado a Agustín Penón. Sí, claro, porque Penón había estado también con él, ¡había estado con todo el mundo!

Mendoza me explicó cómo funcionaba el sistema de exterminio establecido por los rebeldes en Víznar. Una máquina de matar perfectamente engrasada. Cada noche, también a veces de día, llegaban a la improvisada cárcel de La Colonia, desde Granada y sus alrededores, nuevas tandas de víctimas a quienes se les encerraba hasta el momento del «paseo» aquella madrugada. Entonces los verdugos —mezcla de guardias de Asalto y de voluntarios que mataban por el placer de matar—, los llevaban al borde de las zanjas previamente excavadas en «el barranco», donde caían tras desplomarse. Después llegaban los masones para acabar de enterrarlos. Con frecuencia había entre las víctimas algún amigo o conocido suyo.

Muchos años más tarde aparecieron dos o tres fotos de La Colonia en las cuales, entre los enterradores, aparecen Mendoza Lafuente y Manuel Castilla Blanco (con el bebé en la primera fila). Son valiosos —y patéticos— documentos gráficos que confirman la veracidad de los testimonios orales que tenemos acerca de la siniestra utilización del edificio durante la guerra.

Cuando publiqué en París, en 1971, mi investigación sobre la muerte de Lorca —luego contaré cómo fue—, tuve cuidado de no identificar a Castilla Blanco y Mendoza Lafuente por su nombre, para intentar evitar que tuviesen problemas con el régimen, señalando únicamente sus iniciales (lo cual quizás era ya tomarme una libertad excesiva). Luego, muerto Franco en 1975 y en curso la Transición, no tuve reparo en dar sus nombres completos en nuevas ediciones del libro. Lo extraño es que el más reciente investigador sobre el asunto, Miguel Caballero Pérez, insiste en seguir utilizando solo las iniciales del masón cuando en absoluto ya es necesario, máxime en vista de que, en su libro póstumo, *Los últimos días de García Lorca* (1983), el escritor granadino Eduardo Molina Fajardo no se lo pensó dos veces. Lo digo para que no quepan dudas sobre la identidad de quien, más que nadie, nos dejó información de primera mano, y de absoluta solvencia, sobre el funcionamiento de La Colonia y el sistema montado en la zona por los fascistas granadinos para deshacerse de cientos de «rojos». Vale la pena añadir que en el famoso «barranco» de Víznar las catas practicadas hace un par de años han demostrado científicamente que están allí los restos humanos que siempre se ha dicho. No es un bulo más. Espero que un día se abra, con todas las garantías, para que se pueda conocer por fin la dimensión de aquella masacre, identificar dentro de lo posible a las víctimas y darles el digno entierro que se merecen.

SANTA ANA, 6

En septiembre de 1965, los Shepard volvieron a Oberlin y, despidiéndonos de doña María y su maldita estufa, les tomamos el relevo, con inmensa alegría, en el carmen de Santa Ana.

Iba a empezar el año más importante de mi vida. Lo intuía y no me equivocaba.

Acomodé una de las pequeñas habitaciones de la casa —todas eran pequeñas— como improvisado estudio, con una mesa para mi máquina de escribir portátil y unas estanterías donde colocar libros y papeles. Daba al jardín, había unas macetas de geranios en la ventana. Me sentía inmensamente afortunado: me iba a poder dedicar en exclusiva a investigar, durante diez meses, no solo la muerte de Lorca sino el contexto en el que ocurrió: la eliminación por los sublevados contra la legalidad republicana de miles de personas, cuya historia todavía no había sido escrita con rigor.

Empezó a llover a finales de septiembre, torrencialmente, iban abandonando la Alhambra los turistas, los chopos de la Vega amarilleaban y, después del verano de fuego, se apoderaba de la ciudad, o así nos parecía a nosotros, una profunda melancolía. El salón de nuestro carmen tenía una chimenea. Alguien nos recomendó a una persona que se dedicaba a cortar y vender leña de olivo. Hicimos el trato y, poco a poco, nos la fue subiendo penosamente en sacos por los eternos escalones del inmueble.

¡Qué bien olía aquella leña, que empezamos a encender por Navidad! Nos mantuvo calentitos hasta la primavera, con la ayuda de alguna bombona de gas.

Nos hicimos amigos de Juan, que así se llamaba. Nos invitaba tan insistentemente a su casa a ver la «tele», que le tenía hechizado, que decidimos alquilar nosotros un pequeño aparato para que nos dejara un poco en paz. Había un programa nocturno para los niños que terminaba con la cantilena:

Vamos a la cama,
hay que descansar,
para que mañana
podamos madrugar.

La tengo grabada en la memoria. A Tracey le encantaba y se iba a dormir en seguida.

Juan también quería que fuéramos con él un día a conocer su pueblo, Lugros, en la carretera de Guadix, donde vivían sus padres. Así lo hicimos. Nos mostró orgulloso su jardín y sus conejos. Cuando su mujer cogió uno y le rompió el cuello delante de nosotros, la impresión no fue exactamente grata, máxime al tener que saborear luego al animalito en la comida. Procuramos disimular para no herir a aquella buena gente. Años después leería que Gala, la mujer de Dalí, había hecho algo peor en Cadaqués al servir uno de sus gatos a un grupo de invitados.

Los chiquillos de Lugros, pueblo aislado, nunca habían visto un coche tan bonito como mi Volkswagen Variant azul. Llevé a cuatro o cinco de ellos a dar una vuelta por los alrededores. Se pusieron excitadísimos. «Mira, la luna está volando», gritó uno de ellos.

Para mi trabajo era imprescindible escudriñar la prensa granadina de los años veinte y treinta. En la hemeroteca municipal, mientras trabajaba durante las primeras semanas de nuestra estancia en la ciudad con *El Defensor de Granada*, había notado que tenía también una colección encuadernada de *Ideal*, el diario católico fundado en 1932, al poco de iniciarse la República, y que, a diferencia del *Defensor* —cerrado por los sublevados al producirse la insurrección—, siguió publicándose durante la contienda. Tenía, pues, las herramientas fundamentales para mi nueva y urgente tarea. Además, allí no había nadie más investigando y el encargado me dejaba en completa libertad, sin vigilar lo que hacía. Empecé a leer ambos diarios, metódicamente, apuntando todo lo que me parecía de interés —apenas había entonces fotocopias—, y poco a poco me fui familiarizando con la «pequeña historia» granadina de aquellos años.

Era evidente que, desde los mismos comienzos de la República, la ciudad se había ido polarizando cada vez más entre derechas e izquierdas. Si bien García Lorca era objeto de profunda admiración por parte de *El Defensor*, *Ideal* prácticamente le ignoraba. El primero comentó con alegría los éxitos del poeta en Buenos Aires, por ejemplo, mientras *Ideal* ni los mencionó. Cuando se estrenó *Yerma* en Madrid, con enorme éxito, en diciembre de 1934, la prensa derechista de la capital atacó como una piña la obra... y a su autor. Pero *Ideal* ni se dignó mencionar la efemérides. Y eso que Lorca era ya para entonces el joven poeta y dramaturgo más conocido de España, sin comparación alguna. «No hay mayor desprecio que no hacer aprecio», dice bien el refrán.

Día tras día a lo largo de dos o tres meses, mientras, fiel a su nombre, se cubría la sierra de nieve y empezaba a arreciar el frío, me fui formando una imagen cada vez más nítida de una Granada cainita donde los odios y los recelos se habían recrudecido a raíz del triunfo electoral conseguido, en 1933, por la CEDA, la coalición de derechas liderada por Gil Robles, iniciando así el luego bautizado «bienio negro» republicano.

Como he dicho, sabía por Brenan y Couffon que un ex diputado de la CEDA por Granada, Ramón Ruiz Alonso, fue quien protagonizó la detención de Lorca. En *Ideal*, donde trabajaba como tipógrafo, encontré muchas referencias a sus actuaciones políticas entre 1933 y 1936. Y, en *El Defensor*, numerosas críticas a su persona. Era un tipo fuerte, enfático, violento, ultracatólico. Se las daba de ser obrero, aunque procedía de una rica familia salmantina venida a menos. Varias personas me dijeron que durante la guerra publicó un libro. Resultó ser cierto. Conseguí un ejemplar. Lo leí de un tirón. Titulado *Corporativismo*, era un manual fascista editado en 1937 con un prólogo del «Jefe», Gil Robles.

¿Vivía Ruiz Alonso todavía? Nadie parecía saberlo. Pero un día alguien me dijo que sí, en Madrid, y no solo eso sino que tenía tres hijas actrices guapísimas, Emma Penella, Elisa Montés y Terele Pávez, la primera de las cuales había hecho furor, un par de años atrás, en la película *El verdugo*, de Luis García Berlanga.

Era evidente que tendría que localizar al individuo y hacer lo posible por conseguir una entrevista.

Había entrado en contacto, mientras, con tres de los hermanos del poeta Luis Rosales, que vivía en Madrid: José («Pepiniqui»), Miguel y el más joven, Gerardo (Antonio, quizás el más falangista, había muerto). Todos ellos echaban la culpa de lo ocurrido con Lorca a Ruiz Alonso.

Los Rosales habían tratado mucho a Agustín Penón y se referían a él con afecto. Hablaban con acento muy granadino, y dado el ruido de fondo de los bares que frecuentaban asiduamente me costaba un trabajo de todos los diablos entender lo que me decían. A veces, volvía a casa a las tres o cuatro de la madrugada hecho polvo, no tanto por el alcohol ingerido a su lado sino por el intento de asimilar, entre tanta algarabía, la información, o desinformación, recibida. Me imagino que un español anglófono empedernido en recoger datos entre los *cockneys* del este de Londres sufriría igual. Con todo, pude ir formando, paulatinamente, una idea más o menos satisfactoria acerca de la detención de Lorca en la casa del padre de los Rosales, donde Luis le había brindado refugio. No cabía la menor duda de que Ruiz Alonso fue quien se presentó allí para conducirle al Gobierno Civil, ni que Miguel les había acompañado en el breve trayecto. A partir de entonces todo se complicaba, nada encajaba. Y, claro, no había un solo documento. Me instaron a que hablara en Madrid con Luis.

Un día, trabajando como siempre a solas en la hemeroteca de la Casa de los Tiros, encontré en *Ideal* un dato trascendental para mi trabajo: la noticia de la detención en la Huerta de San Vicente de Gabriel Perea Ruiz, casero de la finca, el 10 de agosto de 1936. Yo estaba al tanto, por distintas fuentes, de aquel incidente, pero me faltaba la fecha. Lorca había salido en defensa de Gabriel. Le habían insultado, entre ellos unos tipos procedentes de Asquerosa (hoy Valderrubio), el segundo pueblo de su infancia. Le habían dicho que estaba bajo arresto domiciliario. Incluso quizá le habían tirado al suelo. Ahora, gracias a *Ideal*, tenía la prueba de que su calvario empezó el 10 de agosto, con lo cual su traslado a casa de los Rosales en el centro de Granada, efectuado muy poco después, tendría lugar quizás el mismo 10 y, si no, el 11.

¿Y su detención? Varios testimonios coincidían en que se produjo el mismo día del fusilamiento, aquella madrugada, de Manuel Fernández-Montesinos Lustau, marido de su hermana Concha y alcalde socialista interino de Granada. Pero nadie me podía decir la fecha.

Un día alguien me aseguró que Montesinos tenía un nicho en el cementerio, a diferencia de la mayoría de los fusilados. A la mañana siguiente lo localicé. Mi emoción fue intensa al constatar que la inscripción proporcionaba la fecha exacta de su muerte:

Por los Rosales sabía que Lorca se enteró en seguida de la ejecución de su cuñado y que su detención se efectuó sin lugar a dudas la misma tarde. Ya tenía la fecha de esta: el 16 de agosto de 1936. Mi investigación avanzaba a grandes pasos.

Por otro lado me iban llegando lentamente, por correo, fotocopias de artículos pertinentes aparecidos en la prensa extranjera, recortes y libros. Era evidente que terminar el libro me llevaría dos o tres años, que tendría que seguir trabajando en Irlanda y volver a Granada, quizá varias veces, cuando pudiera. También que sería necesaria una prolongada temporada en la Hemeroteca Municipal de Madrid, para ver la prensa de la Guerra Civil, tanto la franquista como la republicana. Entretanto lo esencial, además de seguir página por página con *El Defensor* e *Ideal*, era localizar al mayor número posible de personas dispuestas a suministrarme información oral acerca de lo ocurrido en la ciudad durante los primeros meses de la sangrienta contienda.

Los hermanos Rosales me ayudaron mucho, cada uno a su manera, aunque no me decían todo lo que sabían, desde luego, cómplices como habían sido de la represión de la ciudad. Miguel, según algunos, incluso se había ganado, por sus proezas, el apodo de «El Tigre del Albaicín». Él y José eran acérrimos noctámbulos, amigos del flamenco y de las juergas, dados a recitar coplas y asiduos del *nightclub* más célebre de la ciudad, El Rey Chico, situado en la ribera izquierda del Darro al otro lado de la plaza de los Tristes. Les acompañé al local en más de una ocasión después de recalar con ellos en otros establecimientos parecidos. Era un sitio de muchas prostitutas y no pocas broncas. Allí, muy populares entre la clientela, estaban los dos en su elemento.

Reflexionando ahora, cincuenta años después, sobre nuestra estancia en Granada me doy cuenta de que, obsesionado como estaba con mi investigación, tuve poco contacto con la Universidad y los jóvenes opositores al régimen de Franco en la ciudad, que por supuesto los había. Y poco contacto con los escritores. Dos excepciones fueron los poetas Juan de Loxa —llegada la democracia, director de la Casa-Museo de Lorca en Fuente Vaqueros —y José García Ladrón de Guevara, después senador del PSOE por Granada, una de las personas más divertidas que he conocido jamás. Otra excepción fueron el escultor Cayetano Aníbal y su mujer María del Mar, con quienes hicimos buenas migas durante nuestra estancia. Cayetano, que falleció hace poco, sería autor del monumento al poeta erigido en la plaza de Fuente Vaqueros.

El padre de Ladrón de Guevara, abogado republicano, fue fusilado por los franquistas en 1938 acusado de «rebelión militar». Pepe, que tenía entonces 9 años, me pasó una copia del texto de la sentencia con los nombres, al final, de los cinco jueces responsables. Lo acabo de releer. Es un documento repelente que dice todo acerca de la mentalidad de quienes dirigían entonces en Granada el Glorioso Movimiento Nacional. Entre los muchos «crímenes» atribuidos a Horacio García figuraban el de ser masón y ateo y de haberle inculcado a su hijo «ese odio a la Religión Católica, induciéndole a que ofendiera a los Sacerdotes» —lo cual, según Pepe, fue mentira— y de no tener en su despacho «cuadros de santos».

Mis investigaciones me iban radicalizando y haciendo cada día más antifranquista. Ayudó el frustrado homenaje a Antonio Machado en Baeza, en febrero de 1966, prohibido por el Gobierno y con una intervención violenta por parte de la policía. Gobierno muy nervioso entonces por el accidente del avión B-52 norteamericano y la caída de cuatro bombas termonucleares, una de ellas al mar de Almería. Con la prensa española amordazada había que acudir a la extranjera para saber qué pasaba, pero a menudo no llegaba. En marzo, Fraga hizo el ridículo bañándose en Palomares para demostrar que podíamos relajarnos, que no había peligro alguno de radioactividad. Daba grima pensar que había todavía en España un régimen dictatorial tolerado por el mundo sedicentemente civilizado. En primer lugar, claro, Estados Unidos.

OTRA PRIMAVERA GRANADINA

Había pasado un año desde mi viaje exploratorio a Granada en 1965, parecía mentira, y la ciudad y sus alrededores ya volvían a lucir su incomparable vestido primaveral. En nuestra terraza superior brotaban con fuerza las hojas de la vieja higuera, apuntaban las brillantes flores bermellón del pequeño granado y empezaban a verdear los bojes. Se sentía llegar una explosión de luz, color y alegría. Era difícil imaginar que hubiera tenido lugar allí, unos treinta años antes, un baño de sangre.

Lo más tremendo fueron los ruiseñores. Los viajeros del siglo XIX se quedaban extasiados ante su abundancia en el bosque de la Alhambra, y no hubo escritor romántico que no los incluyera en su lista de atracciones de la Colina Roja. A mí todo ello me resultaba un poco exagerado y empalagoso hasta que, en una noche de luna llena, nos despertó el estruendo de un pájaro emitido desde un árbol de nuestro patio, a unos metros de donde dormíamos. Y digo estruendo porque, de cerca, el canto del ruiseñor no es nada melodioso, sino todo lo contrario.

Para que no despertara a Tracey tuvimos que espantarlo. Siguió insistiendo más arriba, pero ya eran los trinos tan elogiados por los poetas. Había otros ejerciéndose en el mismo menester no solo detrás de nosotros sino en el Albaicín. Puesto que era la época de celo, cabía inferir que los ruiseñores de la Alhambra no eran, en principio, reacios a buscarse pareja al otro lado del Darro. ¿O es que eran amenazas dirigidas hacia la competencia por machos ya emparejados? Nunca logré encontrar a nadie capaz de explicármelo.

El elegante y antiguo galán Miguel Cerón, con la sangre alterada un año más, como los ruiseñores, por la conmoción primaveral de su Granada natal, me pidió un día que le hiciera el favor de subirle en mi coche al picacho de la Veleta, donde no había estado desde antes de la guerra con el grupo de fervorosos de las altas cumbres nevadas que se habían dado el nombre de «Los Diez Amigos».

Accedí gustoso, recordando lo que me había dicho William Davenhill, el vicecónsul inglés, del ingeniero Santa Cruz, el responsable de haber llevado hasta el Veleta la carretera de la Sierra.

Cerón me había preguntado, unas semanas antes, si conocía el pasaje en *Los trabajos del infatigable creador Pío Cid,* la novela del granadino Ángel Ganivet, donde había una magnífica evocación de la vista que a veces se obtiene desde el Veleta al amanecer. No sabía nada del libro. Me lo prestó.

El párrafo en cuestión, que creo debía de conocer Lorca, vale la pena. Me permito reproducirlo aquí para gozo del lector que no lo conozca:

No tardó el sol en coronar la cúspide del Picacho, surgiendo majestuosamente como una evocación, y esparciendo su cabellera rubia sobre las faldas nevadas de la Sierra. Pío Cid sintió nuevos deseos de encaramarse en la cima para contemplar el vasto y confuso panorama de la lejana ciudad, entregada aún al sueño, y la ancha vega granadina, cercada por un fuerte anillo de montañas, recinto infranqueable como el huerto cerrado del cantar bíblico. Luego se sentó y se quedó largo tiempo absorto, con los ojos fijos en las costas africanas, tras de cuya apenas perceptible silueta creía adivinar todo el inmenso continente con sus infinitos pueblos y razas; soñó que pasaba volando sobre el mar, y reunía gran golpe de gente árabe, con la cual atravesaba el desierto, y después de larguísima y oscura odisea llegaba a un pueblo escondido, donde le acogían con inmenso júbilo. Este pueblo y noble espíritu atraía a sí a todos los demás pueblos africanos, y conseguía por fin libertar a África del yugo corruptor de Europa...[3]

No tuvimos suerte Cerón y yo: aquella mañana una calima impedía vislumbrar las costas africanas. Pero las vistas hacia el interior eran asombrosas. Sobre todo de la Vega, lujuriosa alfombra verde que contrastaba con la dureza y aridez de las montañas circundantes. Lorca, estaba claro, había nacido en un paraíso.

—Ganivet era un escritor y pensador de enorme talento —me comentó Cerón mientras contemplábamos el inmenso panorama que se desplegaba ante nuestros ojos desde tan enhiesto mirador—. ¿Sabe usted lo que dijo de la tendencia anárquica que tenemos todos los españoles?

Recordaba vagamente haber leído algo al respecto en su *Idearium español.*

—Consideraba que era consecuencia del relajamiento de las obligaciones jurídicas que tuvo lugar durante los largos siglos de lucha contra los musulmanes. Según su criterio se llegó a una situación en la que cada uno quería llevar en el bolsillo un fuero con las palabras: «Este español está autorizado para hacer lo que le dé la gana.»

Me reí de la ocurrencia. Comprobé después que procedía, en efecto, del *Idearium español*, que había leído en Dublín sin apenas entender nada.

Nuestra subida al Picacho fue cuestión de media hora, o así, incluyendo las paradas a diferentes alturas para disfrutar las vistas. Cuando subió Richard Ford, allá por 1833, le costó nueve horas a lomos de mulos, siguiendo el llamado Camino de los Neveros. O sea el de quienes se dedicaban a bajar bloques de hielo para las casas y los comercios de la ciudad. En 1966 apenas había empezado en España la era de las neveras eléctricas, y en Granada seguía funcionando el viejo sistema de refrigeración. Pero, por supuesto, los neveros iban ya con camionetas.

Al rememorar nuestra excursión al Veleta me doy cuenta, una vez más, de cuánto iba a deber mi carrera de hispanista a Miguel Cerón. No solo me transmitió información impagable sobre Granada, Lorca y Falla, sino que sus recomendaciones de lecturas me abrieron numerosas ventanas insospechadas. Murió hace años. Me acuerdo de él con verdadera gratitud.

MARCELLE AUCLAIR

Con el verano de 1966 llegó a Granada una mujer que iba a resultar un tremendo acicate para mi trabajo: la escritora francesa Marcelle Auclair, que entonces preparaba su biografía de Lorca, publicada dos años después en París.

Nacida en Chile en 1899, casada durante doce años con Jean Prévost, Marcelle Auclair era ya, para 1965, muy conocida en Francia, no solo por sus biografías del socialista francés Jean Jaurès y Teresa de Ávila, sino por su popularísima columna en la revista *Marie-Claire.* Había estado durante los años de la República en España, donde entabló amistad con Lorca y otras destacadas figuras de la llamada Generación del 27. Incluso, al parecer, se había enamorado de ella el torero Ignacio Sánchez Mejías. Bella y sofisticada, muy francesa, no era difícil imaginar el impacto que produjo en los cafés madrileños de la época, frecuentados por muy pocas mujeres. No recuerdo exactamente cómo ocurrió nuestro encuentro, pero el hecho es que vino varias veces a nuestro escondite de la calle de Santa Ana, donde, sentados en el jardín, hablamos sin parar del poeta, especialmente de su muerte.

Marcelle tenía la teoría, creo que la correcta, de que el asesinato fue el resultado, en primer lugar, de la rivalidad que existía entre Ramón Ruiz Alonso y sus correligionarios de la CEDA, por un lado, y los jerarcas locales de la Falange por otro. Según ella, al descubrir Ruiz Alonso que los hermanos Rosales protegían a un «rojo» tan nocivo como Lorca, puso en marcha, desde el Gobierno Civil, una persecución doble: la de un pernicioso escritor antifascista, enemigo del Movimiento, y la de unos falangistas que, al protegerle, traicionaban, a su juicio, la causa que decían defender.

Intercambiamos información, papeles. Marcelle me confirmó que Ruiz Alonso vivía en Madrid. Había hablado con él por teléfono en 1964 y otra vez en marzo de 1965, cuando el ex diputado, pese a haberle prometido una entrevista, no acudió a la cita. Me recomendó que hiciera todo lo posible por conseguir lo que para ella había resultado hasta la fecha imposible.

Una tarde Marcelle y yo visitamos a Clotilde García Picossi, la prima predilecta del poeta, en su Huerta del Tamarit. Yo había estado ya varias veces con ella. Era, como me habían dicho, muy «lorquiana», con una risa inolvidable que daba paso, cuando surgía el tema de la Guerra Civil, a momentos de honda melancolía. Fue un privilegio escuchar a las dos mujeres intercambiar sus recuerdos de Federico, y conservo como oro en paño la foto en que aparezco entre ambas (con Marcelle a mi derecha), acompañados de una sobrina de Clotilde y del médico y escritor granadino Manuel Orozco:

Llevé a Marcelle en mi coche a Fuengirola, donde me presentó al pintor José Caballero, tan amigo del poeta, y a su mujer María Fernanda. Luego fuimos a Nerja a ver a Francisco García Lorca y a su mujer, Laura de los Ríos. Los acompañaban otros miembros de la familia, entre ellos la tía Isabel de Federico, a quien él consideraba «maestra artística» de su juventud. Cantó unas habaneras acompañándose a la guitarra. Fue emocionante. Nos sirvieron boquerones en vinagre. Fue la primera vez en mi vida que los probé.

Me siguen pareciendo uno de los platos más exquisitos del Mediterráneo.

Marcelle Auclair había intentado obtener, a través de la embajada española en París, una copia de los documentos oficiales relativos a la muerte del poeta que, según sus noticias, obraban en algún ministerio de Madrid. No lo logró. Hoy aquel expediente se encuentra, quizá no completo, en el Archivo Histórico Nacional. O se encontraba. La petición fue cursada el 25 de junio de 1965 por el titular de Asuntos Exteriores, Fernando María Castiella, al de la Gobernación, Camilo Alonso Vega. «Debo confesar a usted francamente —le contestó este el 21 de julio— que me inquieta un poco la idea de desenterrar con ese motivo tan desdichado asunto; mi opinión, por tanto, es contraria a la concesión que se solicita.» La carta terminaba: «Si nos interesa verdaderamente conocer la forma en que encontró la muerte, y quiénes fueron los autores, podríamos comenzar por solicitar cuantos datos pueden existir en el Gobierno Civil de Granada, y formar un documental [sic] juicio. De tal comisión puede hacerse cargo este Departamento; aun cuando yo por las noticias que a mí me llegaron, en distintas ocasiones, entiendo "que peor es meneallo".»

El libro de Marcelle Auclair, prohibido en España, iba a demostrar que los recelos de Alonso Vega tenían una justificación sólida, y que, en efecto, por lo que tocaba a «tan desdichado asunto», valía más no *meneallo*, ya que no cabía la menor duda de que Lorca fue fusilado «oficialmente» por los sublevados y no por unos «incontrolados», como había declarado el propio Franco en una entrevista. Al poeta, como a quizá 5.000 granadinos más, lo había matado un sistema de terror deliberadamente instalado por los rebeldes. Alonso Vega lo sabía, Fernando María Castiella lo sabía... y lo sabía, por supuesto, el propio Caudillo.

ANGELINA... Y MANUEL ÁNGELES ORTIZ

Antes de irse, Marcelle me puso sobre la pista de Angelina Cordobilla, la criada de la familia de Lorca que estaba con ellos cuando, en agosto de 1936, irrumpieron los fascistas en la Huerta de San Vicente. La localicé en un barrio de las afueras de Granada, donde vivía con una hija. Al principio no me quería contar nada, tenía mucho miedo. Pero su hija confió en mí desde el primer momento y en mis siguientes visitas Angelina estaba mucho más relajada. Grabé todas nuestras conversaciones. Un día le pregunté por los aviones republicanos que de vez en cuando lanzaban pequeñas bombas sobre objetivos en la ciudad. ¿Se oían desde la Huerta?

—El señorito Federico, sí, él era muy gallina —me contestó.

—¿Muy gallina?

—Que era muy cobarde —explicó la hija.

—Cobarde. Él no tenía espíritu. Sabe usted que sabía tanto, él, que cuando golpeaban y fusilaban nos decía a nosotros: «Si me mataran a mí, ¿lloraríais vosotras mucho?» Y yo le decía: «¡Ande usted, que siempre está usted con lo mismo!»

Me contó Angelina a continuación cómo se metían ella, la hermana del poeta, Concha, y los niños debajo del piano de cola cuando llegaban los aviones.

Yo la escuchaba fascinado.

—Cuando se sentían las bombas, era de noche, la señorita Concha y yo bajábamos y pillábamos un sitio debajo del piano de cola y allí nos metíamos... Debajo del piano nos metíamos cuando sentíamos los aparatos. Y él, pues, pobrecito, bajaba con el albornoz y decía: «Angelina, me da mucho miedo, yo me meto con vosotras que me da mucho miedo», y se metía allí con nosotras.

Una tarde me relató Angelina que, ya detenido «el señorito Federico», su madre, doña Vicenta, le mandó varias veces al Gobierno Civil con una cesta de comida y tabaco. Allí los guardias lo miraron todo antes de permitirle subir a la habitación donde estaba encerrado, abatido, el poeta. La última vez le dijeron que ya no estaba, que no valía la pena subir. Pensando que quizá lo habían trasladado a la cárcel provincial, atravesó toda la ciudad y entregó allí la cesta. Se la devolvieron. Federico García Lorca no estaba entre los presos.

Me contó muchas más cosas. Todo ello tenía una autenticidad innegable. Se podía confundir en algún matiz, por supuesto, pero no me cabía la menor duda de que no mentía.

Me alegro profundamente de haber grabado aquellas declaraciones con mi pequeño (para entonces) magnetófono japonés, comprado en Gibraltar. Angelina, que tenía veintitrés años cuando empezó la guerra y cincuenta y tres cuando la conocí tres décadas después, murió hace ya tiempo. Para quien quiera escuchar las grabaciones, hay copias de ellas en mi archivo del Museo-Casa Federico García Lorca de Fuente Vaqueros. Son documentos de enorme valor histórico.

También llegó a la ciudad aquel verano de 1966 desde París, para mi alegría y mi provecho, el pintor Manuel Ángeles Ortiz, íntimo amigo del Lorca joven, que había alquilado un pequeño estudio cerca del Hotel Alhambra Palace. Le vi con frecuencia durante dos meses. Pintaba obsesivamente, o dibujaba, pequeñas obras inspiradas por el Albaicín. Hombre de mil anécdotas, con una risa inolvidable y una retentiva elefantina, me evocó como nadie los días heroicos de la tertulia del Rinconcillo, que se reunía en el Café Alameda de la plaza del Campillo —hoy Café-Bar Restaurante Chikito— y fue el caldo de cultivo de todo lo que vino después, no solo en el caso de Lorca sino de un amplio grupo juvenil, de mucho talento, que luego se desparramaría por medio mundo.

Ortiz se trasladó muy pronto a París para engrosar las filas de la colonia de pintores españoles agrupados en torno a Picasso, de quien pronto se hizo buen amigo. En 1926 llevó al estudio del malagueño a Dalí, que se desvivía por conocer al maestro y poder presumir de ello. Y, algo que yo no sabía: en *La edad de oro*, la segunda película de Buñuel, Manolo había desempeñado el papel del guardabosques que mata con una escopeta a su hijo, por la nimiedad de quitarle de la boca un cigarrillo.

JOSÉ RODRÍGUEZ CONTRERAS

¿Fue Ángeles Ortiz quien me presentó al doctor José Rodríguez Contreras? Creo que sí. Conservo unas fotografías, sacadas por mí durante el verano de 1966, en la finca que poseía el médico, Darro arriba, en el hermoso paraje de Valparaíso. En una de ellas, luciendo su habitual corbata, conversa animadamente con el pintor:

Rodríguez Contreras y yo hicimos muy buenas migas y resultó ser una fuente incomparable de información sobre la Granada de vísperas y principios de la guerra. Pertenecía a Izquierda Republicana, el partido de Azaña, lo detuvieron el primer día de la sublevación y estuvo a punto de ser fusilado. Se libró por el hecho de estar casado con la hermana de uno de los rebeldes más destacados, el teniente de la Guardia Civil Mariano Pelayo. Me dijo que con lo que vio en la cárcel durante aquellas semanas se le había puesto blanco el pelo. Le soltaron el día 16 de agosto de 1936. Al volver a su casa, cerca del Gobierno Civil, se encontró con que la calle Angulo, donde vivían los Rosales, estaba rodeada de milicianos y otras fuerzas. Alguien le explicó que iban a proceder a la detención del poeta García Lorca.

Un día me dijo algo tremendo: que en la oficina del cementerio, donde trabajaba un joven amigo suyo, se conservaba un libro de registros con los nombres de todos los fusilados allí «oficialmente» durante la guerra. Apenas me lo podía creer. Prometió subir conmigo un día. Cumplió. Cincuenta años después me acuerdo de aquella visita como si hubiera tenido lugar ayer. Mientras entretenía al empleado, hablándole sin parar, yo, intensamente emocionado, fui repasando hoja por hoja aquel libro encuadernado y apuntando las cifras de muertos. El total, entre 1936 y 1939, sumaba unas 2.200 víctimas, con sus nombres y apellidos. En la columna «causa de la muerte» figuraba, durante los primeros días, el cínico eufemismo «disparo de arma de fuego», luego sustituido por la fórmula «orden del tribunal militar».

Se trataba de la cifra mínima de abatidos en el cementerio. Por el testimonio posterior de uno de los antiguos funcionarios del mismo, José María Arquelladas, me enteré de que también fueron enterrados en el recinto muchas víctimas de las escuadras de la muerte que operaban en la ciudad y sus alrededores. Sus nombres, me aseguró, no figuraban en el libro, tampoco los de los cadáveres que aparecían cada mañana en las calles de la ciudad y eran subidos en coches o camiones para ser arrojados a una fosa común.

Yo era muy consciente de la necesidad de que el registro de entierros no se destruyera. Empecé a elaborar un plan estrafalario, nunca llevado a cabo, para robarlo una noche y mandarlo fuera del país. Lamenté luego no haberlo hecho, pues nada más publicarse en París, en 1971, mi libro sobre el asesinato del poeta, con las cifras, mes por mes, de los fusilados, las autoridades subieron al cementerio, recogieron el libro y desapareció de la vista. A mí alguien me dijo que el entonces alcalde de Granada, José Luis Pérez Serrabona, ordenó su destrucción. Me sentía muy culpable. Luego, doce años después, resultó que todavía existía, pues Eduardo Molina Fajardo, en su libro póstumo *Los últimos días de García Lorca* (1983), reproducía en un apéndice, con fotocopias, los nombres de todas las víctimas que constaban en el mismo.

Claro, como dirigente de *Patria*, periódico granadino falangista y falangista él mismo, Molina Fajardo pudo consultar papeles inaccesibles a los demás mortales, yo entre ellos.

Esperemos que un día reaparezca aquel registro espeluznante, para luego no desaparecer más.

Yo, obsesionado con mi proyecto para ponerlo a salvo, iba inspeccionando detenidamente el cementerio, pensando en vías de escape si todo salía mal. Un día penetré en el patio de San José, destinado a los caídos nacionales, donde estaba enterrado el comandante José Valdés Guzmán, gobernador civil rebelde a principios de la guerra y máximo responsable de la represión de Granada. No me costó mucho trabajo localizar su nicho y fotografiarlo. Había muerto, a los 48 años, en marzo de 1939 —un mes antes de la victoria de Franco—, víctima de heridas de guerra y, al parecer, de cáncer. Y, claro, según rezaba la inscripción, «por Dios y por la Patria». Algunos años después de publicado mi libro, que incluía una fotografía del nicho, alguien quitó o borró la inscripción. Hoy el último paradero de Valdés resulta imposible de identificar.

Sabía por *The Face of Spain*, de Gerald Brenan, que había en el cementerio un osario, visitado por él en 1948, donde se amontonaban los restos de centenares de fusilados en cuyas calaveras, en muchos casos, se podían observar los agujeros de los tiros de gracia. Cuando escalé las altas tapias del siniestro recinto una tarde sofocante del verano de 1966 —después de cerciorarme de que no nos observaba nadie (mi mujer y mi suegra actuaron de centinelas)—, me encontré con una visión digna de Dante o El Bosco, pero las víctimas de la represión ya habían desaparecido bajo una nueva capa de esqueletos y mortajas.

El paredón donde se llevaron a cabo los fusilamientos estaba entonces todavía intacto. Lo visité muchas veces. Se veían aún algunos impactos de balas al lado de las cuales familiares de las víctimas habían dibujado cruces o escrito pequeños mensajes. Fotografié cuidadosamente el lugar. Un día un farmaceútico, cuyo nombre lamento no haber apuntado, me dijo que había subido hasta allí con su pequeño hijo en brazos para que este presenciara cómo morían «los enemigos de España». Me lo dijo como si fuera la cosa más normal del mundo. Me sentí enfermo.

En 1996, dos décadas después de la muerte de Franco, hubo aquí un primer homenaje oficial a los fusilados. En los años siguientes el Partido Popular obstaculizó una y otra vez la colocación de una placa. Hoy, gracias a una decisión tajante al respecto del Tribunal Supremo de Andalucía, la situación ha cambiado y el paraje ha sido declarado LUGAR DE MEMORIA HISTÓRICA DE GRANADA.

No me podía quitar de la cabeza la visión del osario y del paredón. A veces, tenía pesadillas, soñando que subían los fascistas por los interminables escalones de nuestra casa en busca mía. Un amigo, no sé si Antonio Pérez Funes, me recomendó que anduviera con cuidado, que le constaba que ya se iba sabiendo lo que hacía, que a lo mejor la policía secreta me seguía. A menudo, cuando tardaba en volver por la noche, mi mujer temía que algo me podía haber pasado. ¡No existían teléfonos móviles entonces! No me pasó nunca nada, pero tuve buen cuidado de ocultar mis papeles más importantes en otros lugares e incluso de enviarlos fuera por si acaso.

CLASES DE INGLÉS

Mediado el verano de 1966 tuve un golpe de suerte bárbaro cuando un día, para mi sorpresa, tropecé en la calle con un alumno mío de Belfast. O sea del Departamento de Español que me había permitido ausentarme un año para terminar la tesis que ahora se había convertido en investigación sobre el asesinato del poeta.

—Pero, Robert, ¿tú por aquí?

Me explicó que llevaba un mes en Granada mejorando su dominio del idioma. Me había buscado sin éxito. Para ganarse los garbanzos enseñaba inglés a unos particulares. Entre ellos a la hija de un militar por lo visto muy conocido en la ciudad, un tal Nestares.

¡Nestares! No me lo podía creer. Llevaba tiempo dándole vueltas a cómo conocer a aquel individuo, cuyo nombre salía a relucir en todas mis conversaciones con los republicanos de El Suizo. ¡El hombre que había mandado y cortado en la zona de Víznar, con su máquina de eliminación de «rojos», y que le había salvado la vida a Castilla Blanco, Manolo *el Comunista*!

Le expliqué a Robert que había aparcado mi tesis, que ahora me dedicaba lo más sigilosamente posible a indagar sobre la muerte de Lorca y que tenía un interés enorme en hablar con Nestares.

—Yo me voy dentro de quince días a Madrid —me dijo—. ¿Por qué no me tomas el relevo?

Una semana después le acompañé a los Hoteles de Belén, la acomodada colonia de chalets ubicada en el barrio del Realejo, detrás de la calle Molinos, donde vivía con su familia el antiguo jefe falangista.

Se hicieron las presentaciones en el jardín. Me esforcé por disimular mi nerviosismo, tan intenso como en la oficina del cementerio. El ya coronel de Infantería retirado me trató con afabilidad. Moreno y no muy alto, calculé que tendría unos 65 años. Robert les caía muy bien, se notaba, y comprendí que no iba a haber ningún problema para que yo, como amigo suyo, le supliera en su puesto de profesor de inglés.

Le dije a Nestares que estaba en la ciudad para completar una tesis sobre arte barroco, y que me interesaba mucho el escultor granadino Alonso Cano. Se ofreció a buscarme bibliografía al respecto, diciendo que él también admiraba al artista. Sentí un escalofrío porque mi conocimiento de Cano era mínimo. Por suerte no me hizo ninguna pregunta concreta al respecto. Después de veinte minutos se levantó, excusándose: tenía que desplazarse urgentemente a Almuñécar por un asunto de negocios. Me pidió que le acompañara a su despacho. Observé, fascinado, que en la mesa había una fotografía suya con Pilar Primo de Rivera, la hermana de José Antonio, sacada durante la guerra. No dije nada, por supuesto, y cerramos el trato.

El azar, actuando otra vez a mi favor, quiso que las clases, que se extendieron a lo largo de mes y medio, se diesen en aquel despacho donde colgaba, en un marco, un llamativo diploma en alemán en el que constaba la concesión de una medalla del Reich al «*Oberst-Leutnant*» José María Nestares.

Un día, al tanto de que estaba de viaje y que no regresaría hasta la semana siguiente, me arriesgué a fotografiar, durante una breve ausencia de mi alumna, la instantánea con Pilar Primo de Rivera. En 1971 la publiqué en mi libro, sin señalar su procedencia. ¿Me produce rubor recordar tal fechoría? No excesivo. Consideraba que en aquellas circunstancias era necesario y legítimo mentir, disimular y, si hacía falta, incluso robar en aras de conseguir la documentación imprescindible para mi trabajo y que, por otro lado, con facilidad podía desaparecer con el paso del tiempo o incluso ser deliberadamente destruida.

Me había hecho imprimir, para mi trabajo de espía, unas tarjetas de visita falsas a nombre de un catedrático de la Universidad de Grenoble. Utilicé una de ellas en la Comandancia Militar, con la esperanza de que me facilitasen planos detallados de toda la zona de Víznar, alegando que me interesaban unas cuevas que, según se decía, había en la zona. Menos mal que nadie en la Comandancia me pidió mi pasaporte. Me atendieron con cortesía, proporcionándome todo el material que necesitaba. Me di cuenta del peligro que suponía lo que acababa de hacer y creo que no volví a utilizar aquellas tarjetas, algo muy arriesgado.

El último día con Nestares y su familia, otra vez en el jardín, me atreví a preguntarle, haciendo de tripas corazón, por la muerte de Lorca. Llevaba en mi carpeta mi grabadora japonesa. Alguien me había dicho, le expliqué, que él sabía algo del caso. ¿Era verdad? Creí leer en sus ojos la repentina convicción de que yo no era quién aparentaba, y de que le había preparado una trampa. Pero apenas se le movió un músculo de la cara. Me contestó que sí, que algo sabía de lo ocurrido, que él estaba entonces destacado en Víznar, que era amigo del poeta y que, cuando se enteró de que lo habían detenido, fue corriendo a Granada para salvarlo pero que llegó demasiado tarde. En fin, que fue una tragedia pero que esas cosas pasan en todas las guerras civiles... Yo no podía insistir, claro, habría sido demasiado obvio, y la conversación fluyó a continuación por otros cauces menos peliagudos.

Nunca volvería a ver a Nestares, que murió a finales de diciembre de 1975.

SE ACABA EL VERANO

Un día Miguel Cerón encontró la dirección de Agustín Penón en Nueva York unos ocho años atrás. Me la pasó jubiloso. Me faltó tiempo para escribirle, pues mi curiosidad al respecto era ya insaciable. A las pocas semanas el sobre —hoy en mi archivo de Fuente Vaqueros— me fue devuelto. «Se ha ido, no sabemos adónde», rezaba un sello oficial. «No figura en la guía telefónica», aseguraba otro.

Me puse en contacto entonces con la embajada estadounidense en Madrid. «No sabemos nada del señor Agustín Penón», me contestó el vicecónsul.

Había llegado el momento de conocer a Luis Rosales, cuyo teléfono en Madrid me había facilitado uno de sus hermanos. Le llamé, estuvo muy amable y me explicó que se iba en seguida a su casa de verano en el pueblo de Cercedilla, en las faldas de Guadarrama. ¿Estaría dispuesto a visitarle en tan apartado lugar? Le dije que sí, claro, cómo no, y nos pusimos de acuerdo sobre la fecha: el 2 de septiembre de 1966.

Allí fui en tren. Rosales me acogió con una cordialidad que ahora me parece asombrosa, pues a mí no me conocía de nada. Noté que tenía los mismos ojos azules de sus tres hermanos y la voz casi idéntica. Me invitó a sentarme a su lado en el jardín, me ofreció una cerveza. Fue una larga entrevista, la primera de las muchas que le haría durante los años siguientes, y resultaría clave para mi reconstrucción de los hechos, máxime por su evocación de la tremenda confrontación que tuvo con Ramón Ruiz Alonso, la noche de la detención de Lorca, en el Gobierno Civil de Granada. Confrontación que luego me confirmarían, independientemente, otros testigos.

Penón había hablado con Rosales, aunque este no conservaba un recuerdo muy nítido de la entrevista. No era sorprendente: desde hacía años le preguntaban periodistas extranjeros por la muerte de Lorca, e incluso recibía sustanciales ofrecimientos en metálico para que dijera «toda la verdad» sobre un caso que, con la creciente fama del poeta y dramaturgo, ya interesaba internacionalmente. Para él, Penón había sido uno más.

Tras la conversación con Rosales yo no lo dudaba: mi próximo, y muy difícil, reto era procurar entrevistar a Ramón Ruiz

Alonso. Pero no iba a resultar posible antes de mi regreso a Irlanda.

Aproveché mi breve estancia en Madrid para visitar por vez primera la Hemeroteca Municipal, instalada en un viejo caserón de la pintoresca plaza de la Villa, frente al Ayuntamiento (que hoy, claro, está en la Cibeles). Sabía que en la prensa republicana la noticia del asesinato del poeta había tenido una enorme repercusión. Urgía empezar la tarea de rastreo. Alegué, para conseguir el necesario permiso, que llevaba a cabo una investigación sobre la intervención en la Guerra Civil, al lado de Franco, del general fascista irlandés Eoin O'Duffy. Incluso creo recordar que les dije que era mi abuelo (mi pasaporte avalaba mi condición de irlandés). No hubo ningún problema. Tanto el director como el personal me atendieron amablemente e inicié mi indagación.

Las primeras «calas» en la prensa de los meses iniciales de la guerra me brindaron tanta información sobre la resonancia del asesinato que me di cuenta de que sería necesario volver a la Hemeroteca Municipal cuanto antes y por más tiempo. Fue un calvario tener la obligación de regresar a Belfast en plena investigación. Pero no había más remedio. El titular del departamento, Arthur Terry, gran catalanista, me había escrito para ponerme al tanto de los contenidos del nuevo curso. A mí me tocaba dar un curso, entre otros, sobre... ¡Jacinto Benavente! El dramaturgo no me interesaba nada. Recuerdo mi desesperación.

Carole, preñada de tres meses, había vuelto a Belfast con nuestra hija en agosto y yo pasé las últimas semanas de mi estancia granadina, procurando atar cabos sueltos antes de emprender en coche el viaje de retorno.

Me dolía profundamente tener que abandonar el carmen de Santa Ana, que nos había cobijado durante un año y que amaba con pasión. Acariciaba la idea de poder seguir alquilándolo. No resultó posible y me resigné. ¿No había dicho Lorca, en un poema temprano, que las cosas que se van no vuelven nunca? ¿No insistía Antonio Machado sobre el inexorable paso del tiempo, que todo se lo lleva por delante?

Nuestro año en Granada cambió completamente la dirección de mi vida. Ya no me iba a conformar con ser un mediocre profesor universitario de Literatura Española. Quería seguir siendo hispanista, eso sí, qué duda cabía, pero por libre. Habría que ir preparando la manera de escaparme. Si lograba terminar mi libro, sería el primer paso.

POR FIN, RAMÓN RUIZ ALONSO

Belfast me resultó, como había previsto, muy oneroso. Mi obsesión era seguir con mi investigación, ya «veía» el libro acabado y publicado, y cualquier otra actividad, o casi, me estorbaba. ¡Sobre todo comentar con mis alumnos la obra de Jacinto Benavente! Cada momento libre se lo dedicaba a mi proyecto, escribiendo infinidad de cartas, pidiendo fotocopias, leyendo sobre la Guerra Civil, siguiendo nuevas pistas...

Lo más urgente era la entrevista con Ramón Ruiz Alonso. Alguien me informó desde Madrid, a principios de 1967, que el ex diputado de la CEDA trabajaba entonces en el Instituto Balmes, situado en el edificio del Consejo Superior de Investigaciones Científicas en la calle de Medinaceli, al lado del Hotel Palace.

Fue una gran noticia. Se la conté a Arthur Terry y me permitió hacer una breve visita a España. Estaba de acuerdo con lo que hacía, quería ayudar dentro de lo posible. Es otro de mis muertos y le recuerdo con gratitud.

Ruiz Alonso trabajaba, efectivamente, en el Instituto Balmes, donde iba todas las tardes.

Me presenté delante de su puerta, sin aviso previo, la tarde del 20 de marzo de 1967.

Consciente de que nadie creería que lo hubiera entrevistado si no conseguía grabar la conversación, llevé conmigo en la carpeta, ya puesto en marcha antes de penetrar en el edificio, mi fiel aparato japonés. No era minúsculo como los de ahora, pero, para entonces, muy pequeño (medía unos 8 × 15 × 21 centímetros). El problema era que chirriaba un poco, de modo que había que evitar silencios.

Tenía una imagen bastante clara de cómo sería Ruiz Alonso, gracias a mi lectura de su libro sobre el corporativismo, que, repleto de exclamaciones triples y dobles, rezumaba odio hacia el marxismo y sus aledaños. Además, había visto fotografías suyas en el *Ideal* de los años treinta —se apreciaba que entonces era un tipo alto y corpulento— e incluso había leído en el mismo diario granadino artículos y discursos suyos muy agresivos.

Al otro lado de la puerta alguien hablaba con voz potente por teléfono, explicando de qué iban las clases de sociología que entonces ofrecía el Instituto.

Cuando acabó de perorar, llamé. La voz potente me dijo que entrara.

Detrás de una mesa llena de papeles y folletos estaba Ramón Ruiz Alonso, el hombre que detuvo a Federico García Lorca, convertido ahora en secretario de cursillo.

Se levantó para tenderme la mano, me invitó a sentarme y me pidió amablemente en qué me podía servir.

Le dije quién era y le expliqué sin ambages el motivo de mi visita. Que investigaba la muerte del poeta, que los hermanos Rosales me habían hablado de él en Granada, que alguien me había dicho dónde trabajaba, que, en fin, me había tomado la libertad de venir a verle sin presentación alguna, y que le pedía disculpas por mi atrevimiento...

No se inmutó para nada. Me dijo que yo era solo la segunda persona que había tenido la valentía de preguntarle abiertamente por su participación en los hechos. Me agradeció mi franqueza. Él también, me dijo, era un hombre de «al pan pan y al vino vino», de decir las cosas por su nombre. El primer investigador que le había buscado, me aclaró a continuación, era un norteamericano que, como yo, había llamado sin previo aviso a su puerta.

—¡Agustín Penón! —exclamé.

—Sí, Agustín Penón, había olvidado su nombre.

De modo que una vez más se me había adelantado el enigmático personaje.

Le dije que todo el mundo en Granada me hablaba de Penón. ¿Sabía qué había pasado con él? No, no lo sabía. Y siguió, enfático, muy seguro de sí mismo:

—Yo le voy a hablar a usted con toda sinceridad, como si me fuera a morir. Ahora bien, llegará un momento en que yo ya no pueda hablar, no por ocultar nada sino porque de verdad no sé. Yo le voy a hablar a usted honradamente, ya digo, como si me fuera a morir, como si estuviera delante de Dios. Yo soy católico, apostólico y romano. Entonces yo, como si me fuera a juzgar ante Dios Nuestro Señor, le voy a hablar a usted con esta confianza.

Lo ocurrido, según me siguió contando, fue que un día, cuya fecha no podía fijar exactamente, se presentó en el Gobierno Civil de Granada, al cual estaba entonces adscrito, y le dijeron, en ausencia del gobernador civil, el comandante Valdés Guzmán —que estaba inspeccionando unas trincheras y no volvería hasta la noche— que «había una misión delicada que cumplir».

Ya sabía lo que me iba a decir: que la «misión delicada» consistía en sacar al poeta de la casa de los falangistas hermanos Rosales y conducirlo al Gobierno Civil.

Y así me lo dijo, alegando que, al salir de este en dirección al domicilio que le habían indicado, no sabía de quién era y solo se enteró, con gran sorpresa, en el camino. Me aseguró que llamó desde la casa de los Rosales al cuartel general de Falange para hablar con el hijo que ostentaba el cargo de «jefe provincial» de la organización y decidir con él lo que había que hacer.

Yo sabía que ninguno de los Rosales había sido nunca «jefe provincial» de la Falange granadina, y que quien se encontraba de servicio en el cuartel en aquel momento era el casi sin relevancia Miguel.

La decisión fue que Ruiz Alonso, acompañado de Rosales, llevara a Lorca al Gobierno Civil.

En toda mi entrevista con el ex diputado de Gil Robles, este evitó utilizar la palabra «detención». Solo se trataba, me dijo, de que una «persona de prestigio», que era él, garantizara la llegada del poeta sano y salvo al edificio.

Le pregunté si la casa de los Rosales se había rodeado de fuerzas para impedir que se escapara la presa. No, en absoluto. ¡Él, Ramón Ruiz Alonso, no necesitaba a nadie más para cumplir con su misión! ¡Lo de las fuerzas era mentira!

¿No era verdad tampoco que fueran con él a la casa de los Rosales algunos compañeros suyos de la CEDA? No, era otra mentira.

Una vez terminada su «misión», continuó, le pidió al poeta si podía hacer algo más por él. Y dijo Lorca: «No, señor, nada más que darle a usted las gracias y que me permita usted que le abrace por lo bien que me ha atendido y me ha traído aquí de la casa de Rosales. Nunca le agradeceré bastante su comportamiento...»

Yo ya había perdido mi nerviosismo. Mi grabadora registraba unas declaraciones únicas, cuidadosamente ensayadas, que además me producían asco. Apenas interrumpí el relato. Le dejé hablar, condenarse de su propia boca.

Me dijo que a la mañana siguiente volvió al Gobierno Civil, donde le informaron de que aquel señor «ya no estaba». Y sin dejarme hacer una pregunta, continuó:

—Yo le juro a usted delante de Dios que ya no sé más. He oído..., me dijeron..., supongo..., parece ser que...; con la mano puesta sobre los Evangelios no puedo decir otra cosa, porque no la sé. Eso es todo, y le juro a usted como si ahora mismo estuviera delante de un crucifijo, que esta es toda, toda, toda la verdad, como si yo, como le dije a usted antes, me fuese a presentar ahora delante de Dios. Yo le dejé en manos del *jefe provincial de Falange,* señor Rosales, en el despacho: esto es toda mi actuación desde el principio hasta el final.

Le iba a explicar que, según me constaba, ninguno de los Rosales fue nunca jefe provincial de la Falange granadina. Pero ya seguía él con su monólogo:

—Ahora, me preguntará usted —y aunque no me lo pregunte me adelanto yo—: «¿Usted aprueba o condena?», y le digo esto: Como católico, como ser humano, tengo que condenar y reprobar lo que con este hombre se hizo. Por católico y por humano, reprobarlo con toda mi alma, porque para mí no hay ni blancos ni rojos en este aspecto moral. La vida de un hombre, para mí, vale tanto la de un rojo, como la de un amarillo, o como la de un verde, o como la de un azul. Todos somos seres humanos hechos a imagen y semejanza de Dios, y el alma del señor García Lorca, por lo menos, en el peor de los casos, puede valer exactamente lo que la mía. Posiblemente, a lo mejor, puede valer más. Esto es hablarle a usted con toda sinceridad, con toda nobleza, y puede usted tener la seguridad de que ahora, por lo que respecta a mí, conoce usted absolutamente todo.

Terminada su declaración, Ruiz Alonso consultó su reloj y me dijo que en nuestro próximo encuentro, si yo quería, me contestaría todas mis preguntas, pero que en aquel momento no podía porque tenía un compromiso urgente.

Nos dimos la mano. El hombre parecía contento con mi visita. Me tendió una tarjeta del cursillo, que aún conservo en mi archivo, y me pidió que le llamara para acordar otra cita.

Tuvimos tres breves encuentros más. Se ratificó en lo que me había declarado la primera vez. Le conté lo que me había dicho Luis Rosales acerca de una confrontación aquella noche en el Gobierno Civil. Lo negó tajantemente. ¡Si no volvió allí hasta la mañana siguiente! Los Rosales eran unos mentirosos, él tenía la conciencia totalmente tranquila, toda la culpa era de ellos.

Y empezó otra vez con Dios y el crucifijo.

El último día, demasiado confiado, me percaté de que, en el suelo, la carpeta con la grabadora estaba mal orientada, y traté de ajustarla con el pie. Ruiz Alonso se dio cuenta, se levantó furioso y me increpó. Se había dado cuenta desde el primer día que le grababa, me dijo, alzando la voz.

—¡Usted ha roto las puertas de la comunicación entre nosotros! —me espetó—. ¡Estaba decidido a contarle más cosas y ahora no le voy a decir ni una palabra más!

Por un momento creí que iba a coger el teléfono y llamar a la policía. O intentar arrancarme la carpeta. Decidí que, si lo hacía, le iba a dar un puñetazo contundente, o los necesarios, y salir corriendo. Pero no lo hizo, afortunadamente. Murmuré unas disculpas y me despedí.

Al día siguiente volví a Belfast consciente de haber conseguido una primicia extraordinaria.

HERBERT SOUTHWORTH Y RUEDO IBÉRICO

El libro estaba casi terminado y había que pensar en dónde o cómo publicarlo. Mi ignorancia del mundo de la edición inglesa era absoluta. No conocía a nadie que me pudiera orientar. Ninguno de mis colegas hispanistas sabía nada al respecto, publicaban en revistas de nuestra especialidad... y punto. Mandé el manuscrito por mi cuenta, pues, sin presentación alguna, a varias editoriales y me fue devuelto al poco tiempo, cada vez, con una nota diciendo más o menos que «no cabía en su lista». Probablemente ni lo habían leído. Tuve la suerte, después de otras tantas tentativas fracasadas, de conocer a John D. Stewart, autor de un libro sobre Gibraltar. Me dijo que lo que necesitaba era un *agente literario.* Yo no sabía lo que era un agente literario y me lo explicó. Me recomendó el suyo, David Higham, en Londres, y que le mandara mi trabajo. Lo hice. La contestación fue positiva, les interesaba y procurarían colocarlo.

Un año después todavía no lo habían conseguido. Era desesperante.

Entretanto alguien me habló de Ruedo Ibérico, editorial del exilio republicano radicada en París que había publicado con éxito el libro de Hugh Thomas sobre la Guerra Civil, *El laberinto español* de Gerald Brenan y *El mito de la Cruzada de Franco* del norteamericano Herbert Southworth. Conseguí un ejemplar del último. Me pareció magnífico. Me puse en contacto con Ruedo

Ibérico. Resultó que Southworth vivía en París. Le escribí. ¿Le podía enviar mi manuscrito? Me contestó que sí, encantado.

Lo hice sin perder un segundo.

Un mes después recibí una larga carta suya. El libro le había gustado mucho, me mandaba más bibliografía, me hizo varias sugerencias para mejorar el texto y me prometió que le iba a recomendar a su amigo José Martínez, dueño de Ruedo Ibérico, que lo diera a conocer cuanto antes.

¡Qué felicidad después de tanto esfuerzo! ¡Qué emoción!

Mediaba entonces el mes de julio de 1968. La gran noticia coincidió con nuestras preparaciones para mudarnos a Londres, donde acababa de conseguir un puesto en el Departamento de Español de Birkbeck College, uno de los numerosos colegios de aquella Universidad, situado justo detrás del Museo Británico. Yo estaba cansado de Irlanda del Norte, la situación con el IRA era muy tensa, tenía vocación europea y el primer paso obligado era dar el salto a la capital británica. Una vez más mis dioses me habían echado una mano.

José Martínez aceptó entusiasta la recomendación de Southworth. Fui a verle a París. Como el libro estaba escrito en inglés, decidió que lo tradujera al español uno de sus colaboradores, José Simoes, bajo mi supervisión.

Fue un proceso lento —hoy, en la época del correo electrónico, casi inimaginable— con un intercambio constante de cartas, comentarios, correcciones y modificaciones.

El libro se publicó por fin en julio de 1971, titulado *La represión nacionalista de Granada en 1936 y la muerte de Federico García Lorca.* La portada y la contraportada reproducían una de mis fotografías del osario del cementerio de Granada, y el pliego de ilustraciones incluía un plano indicando el «barranco» de Víznar, La Colonia y el lugar del entierro en Fuente Grande que me había señalado Manolo *el Comunista*.

Recogí en Hendaya una caja de ejemplares para mis amigos en España y, acompañado de Carole y nuestros hijos, puse proa otra vez hacia Andalucía.

Al poco tiempo el Gobierno de Franco prohibió el libro —el ex ministro José Solís me hablaría veinte años después de la reunión en que se tomó la decisión—, y empezaron a salir algunas alusiones al respecto en la prensa española.

El gran momento vino el verano siguiente, en 1972, cuando se le otorgó, en Niza, el Premio Internacional de la Prensa. Se trataba de un galardón concedido por nueve diarios y revistas europeos de primera fila, entre ellos *Triunfo,* de Madrid, cuyo director, José Ángel Ezcurra, había luchado con denuedo en favor de un libro que sabía molestaría profundamente al régimen, como de hecho fue el caso.

A partir de entonces tuvo un éxito extraordinario y fue traducido a unos diez idiomas. Revisé a fondo el original inglés. Lo publicó W. H. Allen en Londres y lo reseñaron muy generosamente Hugh Thomas, Cyril Connolly, Stephen Spender y otras plumas notables. También fue muy bien recibida la edición norteamericana.

El triunfo del libro me convenció de la necesidad de romper con la vida universitaria y dedicarme exclusivamente a escribir. Una locura, claro. Me estimuló a hacerlo el proyecto de un largometraje sobre la muerte del poeta, basado en mi investigación. Proyecto promovido por un rico empresario español, Rafael Torrecilla, amigo de José Martínez, que vivía en Italia y tenía contactos allí con el mundo cinematográfico.

En 1975 dejé mi puesto en Birkbeck College, vendimos la casa que teníamos en Londres y nos trasladamos al sur de Francia, cerca de Toulon, donde alquilamos, en Sanary, una pequeña vivienda al lado del mar. Nuestra llegada coincidió con la muerte de Franco. Y, aunque yo no lo sabía, con la salida de Ramón Ruiz Alonso de España, rumbo a la casa de una de sus hijas en Las Vegas, donde moriría al año siguiente.

Aquella Navidad fui a Roma, invitado por Rafael Torrecilla. Me esperaban en el hotel el escritor Daniel Sueiro, que había hecho un borrador de guion, y Basilio Patino, que iba a ser el director. Torrecilla nos explicó que había hablado de la película con el famoso actor Gian Maria Volonté, estimando que haría muy bien el papel de Lorca. Fuimos a verle en su chalet de Ostia Antica. Fue un desastre, se preparaba una fiesta, Volonté estaba de muy mal humor y no parecía interesarle nada el asunto.

Otra vez en el hotel se produjo una escena tremenda entre un iracundo Patino y Torrecilla. Me di cuenta de que todo era una chapuza y volví a Francia muy desilusionado.

La película no se hizo. Fue una decepción pero no el fin del mundo. Torrecilla me había comprado los derechos del libro por una cantidad razonable, teníamos el dinero de la venta de la casa en Londres y calculé que podríamos seguir un año o dos, modestamente, mientras nuestros hijos aprendían bien francés y ponderábamos el próximo paso.

La decisión se tomó en la primavera de 1978 cuando tuve, en la cocina, algo así como una repentina iluminación. Fue la certeza de que, habiendo investigado la muerte de Lorca, ahora me incumbía acometer, en España, su biografía «completa». Escribí en seguida a su hermana Isabel y le pedí si apoyaría mi proyecto. Me contestó que sí, con mucho gusto, y que, además, podría ayudarme a ordenar el archivo.

Con esa garantía inmejorable, mi nuevo agente literario en Londres, John Wolfers, no tardó en encontrarme un editor inglés, Faber and Faber, uno de los más prestigiosos del mundo, que además nos ofreció un anticipo si no generoso por lo menos aceptable.

En agosto nos despedimos de Francia y nos dirigimos a Madrid, donde, casi cuarenta años después, escribo estas líneas.

Todo ello a consecuencia de aquella estancia de 1965-1966 en Granada con la cual, desde entonces, nunca he dejado de soñar.

Ah, ¿y Agustín Penón? Mi predecesor seguía siendo un misterio total. Pero dejó de serlo aquel otoño de 1978 cuando conocí en Madrid a William Layton, maestro de tantos actores españoles, que resultó haber sido su amigo más íntimo.

Layton me explicó que Agustín, que era de Barcelona, había vivido muchos años en Estados Unidos y que murió en San José de Costa Rica en 1976, desesperado al no haber logrado llevar a buen puerto su libro sobre la muerte del poeta.

Después de hablar varias veces conmigo de Penón y su investigación, me entregó una pequeña maleta con sus papeles, muy desordenados y redactados en una mezcla de español e inglés. Me pidió que los leyera y que, si a mi juicio tenían interés suficiente, procurara darles forma y publicarlos. Descubrí que entre ellos había documentos e información de indudable relevancia, pero todo muy revuelto y caótico. Acepté el cometido, que resultó más oneroso de lo previsto. El libro se publicaría finalmente en 1990, con poca resonancia.

Hay quien afirma que Penón se suicidó. Si fue así, y no lo sé, me siento en parte responsable, pues me imagino que tuvo la amargura de comprobar que en mi libro, publicado en 1971, aparecía muchísima información que, sin saberlo yo, él había recopilado diez años antes.

7

POR CATALUÑA Y ALEDAÑOS FRONTERIZOS

Cataluña, el país clásico de la rebelión, siempre dispuesta a irse.

RICHARD FORD (1845)

Las Fuerzas Armadas, constituidas por el Ejército de Tierra, la Armada y el Ejército del Aire, tienen como misión garantizar la soberanía e independencia de España, defender su integridad territorial y el ordenamiento constitucional.

Constitución Española (1978), Art. 8.1

MONTSERRAT DALÍ PASCUAL

Era la prima adorada de Salvador Dalí, nacida como él en 1904, hija del tío Rafael Dalí Cusí, hermano del padre del pintor. Sin su colaboración yo nunca habría logrado descifrar el extraño caso del abuelo Gal Dalí Vinyes, ni profundizar en la infancia de Salvador... ni entender muchas cosas de Cataluña. Recuerdo con profunda gratitud mis visitas a su piso alto de la Barceloneta en 1991-1992, con todo el despliegue del puerto delante, y unas animadas comidas en el mítico y cercano restaurante Les Set Portes. Ser aceptado por ella, escuchar sus anécdotas y comentarios, era todo un privilegio, toda una aventura.

Me explicó que su padre y su tío Salvador les transmitieron tanto a ella como a su primo un catalanismo implacable que, en el caso suyo, no había hecho más que acentuarse con el transcurrir de los años. Su elocuencia al respecto era impresionante, máxime cuando se le subía la *rauxa*.

Le obsesionaba, en especial, la «Nueva Planta», el orden impuesto en 1714 por el primer Borbón español, Felipe V, como contestación al apoyo prestado por los catalanes al archiduque Carlos, pretendiente de la casa de Habsburgo al trono. El 11 de septiembre de 1714, día en que Barcelona se rindió a las tropas borbónicas, marcó, en efecto, una línea divisoria en la historia de Cataluña. Cada vez que visitaba a Montserrat me repetía la misma letanía, para que me aprendiera bien la lección. O sea, que un tercio de la ciudad fue arrasado como represalia; que se abolieron las instituciones catalanas, en primer lugar la Generalitat y las universidades; que se incurrió en el mayor ultraje posible al imponer el castellano como lengua de la administración, disposición según la cual los documentos oficiales, hasta entonces redactados en catalán, debían hacerse obligatoriamente en español; y que, pese a los intentos de las autoridades borbónicas por socavar el uso del idioma en otros ámbitos, todos los catalanes ricos y pobres por igual porfiaron en seguir hablándolo. De hecho, terminaba este apartado de su diatriba habitual, fue tal determinación la principal forma de resistencia al opresor.

La subyugación de los catalanes al lejano Madrid —me solía recordar también— tuvo como máximo símbolo la inexpugnable ciudadela mandada levantar por Felipe V justo delante de los muros de Barcelona. ¿Cómo podía esperarse —me decía— que los catalanes no sintieran repugnancia por Madrid, la lengua castellana y la monarquía centralista? ¿No era cierto que, cuando ella y su primo Salvador iban al colegio, el catalán seguía sin enseñarse en las aulas, que era despreciado? ¿Que aún hoy los ignorantes creían que era un dialecto del español, no una lengua por derecho propio con una valiosa literatura? No había que olvidar tampoco que Cataluña, que antes se extendía más allá de la actual frontera con Francia y formaba parte del Reino de Aragón, con un imperio mediterráneo, fue reducida por los malditos borbones a la condición de mero apéndice de España, pese a que su capital era tan populosa como Madrid, amén de más rica y civilizada. Compara las dos ciudades, me decía, casi exigiendo mi aprobación: en Barcelona hay orgullo cívico, todo funciona de manera ordenada, la gente se interesa apasionadamente por su ciudad, por los edificios de Gaudí, por el Ensanche, mientras Madrid, en cambio, es caótico, sucio, ruidoso y se tira todo al suelo. Las finas aletas de Montserrat temblaban mientras hablaba, al tiempo que casi echaban chispas sus ojos. «¡En Cataluña llamamos esto el *fet diferencial*! —exclamaba—. ¡Es que nosotros somos diferentes, no somos como los demás españoles!» ¿Y su primo Salvador? Sentía exactamente lo mismo que ella. ¿Cómo podía ser de otra manera? En sus familias nunca hablaban castellano porque el idioma se asociaba con sus años de colegio, con la represión. Era una lengua impuesta desde Madrid, y sus abuelos, sus padres y ellos habían llegado a odiarla profundamente. Por eso, siempre que podían, evitaban usarla. Y punto.

Le dije, en uno de nuestros intercambios, que en el archivo parroquial de Cadaqués había visto con mis propios ojos cómo un ancestro suyo, Pere Dalí, se convertía de la noche a la mañana en Pedro Dalí. Era grotesco.

Durante nuestras conversaciones sobre la Nueva Planta, le solía recordar que se había perpetrado una barbaridad parecida con los moriscos tras la conculcación, por los Reyes Católicos, de la letra y el espíritu de las Capitulaciones de 1492. También le recordaba que los irlandeses algo entendíamos del *fet diferencial*, ya que, debido a la brutal política seguida por los ingleses en la isla, se extirpó el celta hasta tal punto que nunca resultó posible resucitarlo. Fue un intento de genocidio cultural en toda regla.

Por lo que tocaba a lo ocurrido con el abuelo Gal Dalí, yo había averiguado algo del caso por mi cuenta en Cadaqués. Sabía que tenía unas pequeñas empresas en el pueblo, que había huido a Barcelona con su familia ante el temor de que la tramuntana le volviera loco —como ocurre con cierta frecuencia en la zona—, que allí había invertido en la bolsa —eran los tiempos de *la febre d'or*—, perdido mucho dinero y muerto no mucho después en una fecha todavía no comprobada. Lo que me contó Montserrat era que se había *suicidado* a raíz de su desastre bursátil, hecho rigurosamente ocultado a la siguiente generación. «En Inglaterra se dice que todas las familias tienen "un esqueleto en el armario" —me dijo—; en la nuestra fue el suicidio del abuelo. Cuando me enteré de lo ocurrido, yo ya era mayor y supuso para mí un auténtico golpe. Mi primo Salvador se enteró más o menos en la misma época.»

Gracias a Montserrat localicé, no sin dificultad, la tumba de Gal Dalí en el Cementerio del Este de Barcelona. Revelaba que había muerto el 10 de abril de 1886. Con la fecha en la mano, la búsqueda en la prensa no me costó mucho trabajo. A Gal no se le identificó allí por su nombre y apellidos —los Dalí tenían poderosos amigos en la capital catalana, entre ellos la familia Serraclara, que presionaron para que se silenciase—, y solo constaba que un loco, después de varios intentos, se acababa de suicidar gritando que le perseguían unos ladrones y tirándose al patio interior de una casa de la Rambla de Catalunya. Según el diario *El Barcelonés*, el «infeliz demente», que padecía alucinaciones, iba a ser internado ese mismo día en un manicomio.

Tenía la intuición de que en algún diario se habría publicado una esquela de Gal Dalí, aunque sin mencionar para nada, evidentemente, la causa de su muerte. La localicé, con emoción, en el *Diario de Barcelona.* Contenía un dato más: había fallecido con solo 36 años.

Podemos tener la más absoluta seguridad de que la revelación de aquel penoso suceso afectó profundamente al pintor, que no lo mencionó ni por asomo en su *Vida secreta* (1942) ni en sus escritos autobiográficos posteriores. Jamás, que sepamos, dijo una palabra al respecto a Lorca, Buñuel, José Bello o cualquier otro amigo íntimo. En su infancia debió de oír historias de personas suicidadas en Cadaqués por influencia de la tramuntana; ahora se enteraba de que su abuelo, que había huido del pueblo precisamente por miedo al feroz viento, no había conseguido evitar lo que más temía. No es de extrañar, pues, que años más tarde declarara que los *cadaquesencs* eran «los paranoicos más grandes producidos por el Mediterráneo».[1]

A la vista de lo anterior, tenemos buenos motivos para suponer una relación estrecha entre el empecinado silencio de Dalí sobre su abuelo, su famosa insistencia en que, aunque parecía que sí, él no estaba loco («la única diferencia entre un loco y yo es que yo no estoy loco») y el desarrollo, cincuenta años después del suicidio, de su famoso y nunca bien definido «método paranoico-crítico». Además, su terror ante la posibilidad de haber heredado una tendencia paranoica (y depresiva) estaba justificado: unos años más tarde, según me explicó Montserrat, su padre, Rafael, intentaría matarse utilizando el mismo método que Gal, o sea tirándose desde una ventana. Determinación solo impedida en el último momento por la repentina aparición de una criada.

Hay algo más. En la Residencia de Estudiantes de Madrid, donde coincidieron Lorca, Dalí y Buñuel, todo el mundo leía a Freud, a quien entonces se traducía al español. En los primeros tomos, conforme fueron saliendo, Salvador se enteró de que, para el fundador del psicoanálisis, la paranoia era una defensa contra la homosexualidad. Profundamente angustiado por la posibilidad de ser gay, así como de haber heredado una tendencia paranoica, la ecuación era devastadora. ¿Qué hacer? Decidió crear un *alter ego* exhibicionista —él, que era de una timidez patológica— con el cual defenderse contra los impulsos contradictorios que le desgarraban. Aparentar estar loco, o medio loco, era una manera de adelantarse al peligro real de sucumbir ante la paranoia.

Montserrat Dalí murió en 1993 unos meses después de nuestra última entrevista. Tengo sobre la conciencia el haberle hecho sufrir con la publicación, en *El País*, de mis descubrimientos acerca de la muerte del abuelo Gal y su relación con la obra de Salvador. Me escribió una carta apenada. Traté de disculparme alegando que no había nada vergonzoso en lo ocurrido, que además vivíamos en otra época mucho más abierta en que estas cosas se podían decir sin que el mundo se viniera abajo. Su reacción me hizo reflexionar sobre el quehacer del biógrafo y la necesidad de tener en cuenta las reacciones de los parientes, de suavizar, a veces, los contenidos que pudiesen hacer daño. También es verdad que las familias a menudo estorban deliberadamente el trabajo del biógrafo o destruyen, por el hecho de considerarlos perjudiciales, documentos imprescindibles. Más de veinte años después, de todas maneras, creo que Montserrat, católica ella, ya me habrá perdonado. Además, ¿no dijo Cristo que conoceréis la verdad y la verdad os hará libres?

EL TERRITORIO Y SU IDIOMA

El lector sabe que a mí me fascina conocer la procedencia de las palabras que utilizo, o con las cuales voy tropezando. Apenas hay día en que no se me ocurra averiguar alguna. En el caso de los topónimos, comprobar de dónde vienen y cuál es su raíz añade mucho, para mí, a su disfrute. Cuando, por ejemplo, me enteré hace décadas de que el nombre de mi ciudad natal, Dublín, significa en celta «charca negra» (*dubh linn*) —como su homónimo inglés Blackpool—, fue toda una revelación. El otro día, al buscar la derivación de Barcelona, me intrigó descubrir que procede casi seguramente de un topónimo ibérico, *Barkeno*, que dio *Barcino* o *Barcinon* en latín, y que luego recibió la denominación más completa de *Colonia Iulia Augusta Faventia Paterna Barcino*.

Sus habitantes, claro, eran *barcinonses*.

El llamado Barrio Gótico de la ciudad está construido justamente encima de Barcino, donde restos de cuyas murallas y torres asoman en distintos puntos del mismo. Si yo viviera en la capital catalana, frecuentaría asiduamente el Museu d'Història de Barcelona (MUHBA), situado en la Plaça del Rei, al lado de la catedral, encima de un subsuelo de 4.000 metros cuadrados, abierto al público, con importantes restos de talleres del barrio romano. Cuando estuve la última vez, los recorrían con sus profesores centenares de niños. Escuché con atención explicaciones y preguntas. Todo, por supuesto, en catalán. O sea en una versión posterior del latín que por aquí se hablaba hace dos mil años. A los niños parecía encantarles ante todo la zona donde se preparaba el *garum*, la salsa de pescado que tanto se apreciaba en el imperio. Reflexioné una vez más sobre la increíble aventura de la conquista romana de Hispania y la perdurable impronta de su presencia en la Península Ibérica sobre la vida y cultura futuras de sus habitantes.

¿Y el topónimo Catalunya? Hay distintas teorías al respecto, pero dos principales. Según la más aceptada procedería del latín *castellum*, castillo, a través del francés antiguo *chastelain*, gobernador o dueño de un *chasteau* (catalán *castell*), para devenir, dejando caer la ese de una hipotética *Castalonia*, en *Catalonia* o *Catalaunia*. Si fue así, los topónimos Castilla y Cataluña, con los sustantivos y adjetivos correspondientes, son homologables, lo cual no deja de tener su ironía a la vista del debate sempiterno en torno a la relación del «Principado» con «España». ¡Todos castellanos!

La segunda teoría más aceptada aboga por el antecedente de *Gotholandia*, «tierra de godos» (cf. *land*, «tierra», en alemán e inglés, Scot*land*, Ire*land*, Fin*land*, etc.). Es un hecho, según leo, que antiguamente el topónimo se escribía en latín como *Cathalonia* o *Cathalaunia*, formas muy parecidas a *Gotholandia*.

No tengo elementos de juicio para decidir el caso. Lo cierto, venga de donde venga el topónimo, es que el catalán, el idioma —que no dialecto, como se solía alegar con desprecio durante el franquismo—, es una lengua románica que confirma, con las otras, que el latín no es el «idioma muerto» como a menudo se dice, sino uno más vivo hoy que nunca, hablado por millones y millones de personas, aunque no siempre lo sepan, en Europa y las Américas.

Empecé a estudiar el catalán cuando trabajaba en mi biografía de Dalí y alguien me dijo que era imprescindible que conociera cuanto antes el estupendo libro de Josep Pla sobre Cadaqués. Le hice caso. Pero ¿cómo leerlo traducido al español? Habría sido un sacrilegio. Me di cuenta pronto, metido en él, de que, menos algún uso verbal, y de vez en cuando una palabra que no parecía tener relación con las que sabía de otros léxicos románicos (*trucar, bugaderia, tancar, prou*...), no había mayores problemas. El latín es el latín y el hecho de que hoy casi no se enseña constituye, ya lo he dicho, una tragedia cultural.

Añado que apenas he tenido que expresarme oralmente en catalán, pero que, si a mí me desterraran a una comarca rural donde fuera el único idioma, podría conversar en él, tras unos días de prácticas, sin demasiada dificultad. Tropezando a cada paso, de acuerdo, pero haciéndome entender. Supongo que me pasaría igual en Sardinia. Es la ventaja de ser de románicas.

He dicho arriba que Montserrat Dalí me hablaba con insistencia del *fet diferencial* catalán, en primer lugar el idioma. Siempre he envidiado a la gente que nace con dos lenguas, y que, sin tener que hacer esfuerzo alguno, va cambiando alegremente de una a otra. Uno de los grandes problemas de España, a mi modo de entender, es la división entre los bilingües y los monolingües. División que habría que intentar suavizar.

Hace veintidós años, en 1994, Pedro Laín Entralgo pedía que los españoles fuesen educados «para el conocimiento y la estimación de las culturas que con la común forman la total y unitaria cultura española».[2] Petición muy sensata y razonable. Se refería, claro está, a la catalana, la gallega y la vasca. Desde entonces la situación en las comunidades monolingües sigue igual. ¿Quién estudia catalán, gallego o euskera en, pongo por caso, Andalucía, Extremadura, Aragón, La Rioja o Murcia? Casi nadie. Y en las comunidades bilingües —donde viven, según acabo de leer, el 47% de la población nacional actual, estadística a tener muy en cuenta—,[3] ¿quién, al margen del castellano, otro idioma del Estado? Casi nadie tampoco.

La ignorancia de las comunidades monolingües al respecto del euskera y del catalán es abismal (el gallego, tan influido por el castellano, es más abarcable sin conocimiento previo). Se entiende en el caso del euskera, de procedencia no indoeuropea e imposible de entender para los demás, tan imposible como el galés para el resto de los británicos. El catalán es relativamente fácil, aunque necesita un esfuerzo, un pequeño esfuerzo que, en mi experiencia, muy pocos están dispuestos a hacer. He inventado una pequeña trampa para irme informando sobre el particular. Consiste en preguntar a la persona con quien estoy hablando, no si sabe catalán, que sería demasiado directo, sino —de la manera más inocente posible— cuál es la última novela que ha leído en él. Suele haber una reacción de incredulidad, seguida de la admisión de que ninguna.

Desde hace tiempo se viene hablando, dentro del contexto de posibles cambios en la Constitución de 1978, de convertir el Senado, de comprobada inutilidad, en una cámara territorial de verdad donde se utilizasen a fondo todos los idiomas del Estado autonómico. Sería un buen paso adelante y podría encajar dentro de la futura España prevista por el PSOE y el PSC en su propuesta conjunta *Hacia una estructura federal del Estado* (Granada, 6 de junio de 2013), más conocida como *Declaración de Granada*.

El 7 septiembre de 2015, Pedro Sánchez dio cuenta en la SER de su asunción de la misma. «Necesitamos reformar la Constitución —dijo— para incorporar los hechos diferenciales y las singularidades políticas, institucionales, territoriales y lingüísticas que son expresión de nuestra diversidad.»[4]

Unas semanas después, en un artículo de *El País*, Sánchez ratificó el compromiso del PSOE a trabajar por una reforma de la Carta Magna que hiciera posible «el perfeccionamiento federal de nuestro Estado autonómico».[5]

Las elecciones de diciembre de 2015, con el avance de Ciudadanos y Podemos, quebraron dramáticamente el bipartidismo. El intento de pacto entre el PSOE y la formación de Pablo Iglesias fracasó, debido sobre todo, me parece, a la egolatría de este, obsesionado con el *sorpasso*. Se perdió así una oportunidad de oro para acabar con el mandato de Rajoy —para Soledad Gallego-Díaz «ocasión formidable»— e iniciar una etapa de reformas urgentes, entre ellas la del Senado.[6] Luego Podemos hundió con su abstención la tentativa de acuerdo entre el PSOE y Ciudadanos, otra oportunidad irrepetible. Y llegó el 26 de junio y el mantenimiento en el Gobierno del PP. Ahora estamos otra vez en una situación de espera, de provisionalidad, con el problema catalán sin resolver y el PSOE desgarrado. ¡Cómo cansa tanta carencia de soluciones de compromiso, de acuerdos sensatos, de diálogo creativo, cuando lo que urge es poner juntos el país a la altura de los tiempos!

DON QUIJOTE EN BARCELONA

Antes de iniciar la redacción de la Segunda parte del *Quijote,* ¿tenía ya previsto Cervantes llevar a su hidalgo a la Ciudad Condal? ¿O fue tal determinación acaso el resultado de la publicación en 1614, cuando ya avanzaba con buen ritmo su propia continuación de la novela, del apócrifo Segundo tomo atribuido a Avellaneda? Como ya hemos recordado, don Quijote, el auténtico, al enterarse de que, según el volumen usurpador, pasa un mal rato en las justas de Zaragoza, decide no asistir a ellas y, a modo de desquite, participar en unas fiestas parecidas en Barcelona. Ello tendrá la ventaja, explica, de demostrar al mundo que el falso historiador miente al decir que ha estado en la ciudad aragonesa.

Naciera como naciese la idea de la visita a Barcelona, el hecho de llegar don Quijote hasta allí contribuye a que la novela contenga unos ingredientes sin los cuales habría sido mucho más pobre.

Caballero andante y escudero arriban a su destino en la víspera de San Juan, por la noche, escoltados por el famoso bandido Roque Guinart (que también aparece en *La cueva de Salamanca*) y su cohorte. Han venido, para esquivar encuentros con la autoridad, por «caminos desusados, por atajos y sendas encubiertas». A la mañana siguiente, atendidos por amigos de Roque debidamente puestos al tanto, ven por primera vez en su vida el mar, que les parece «espaciosísimo y largo, harto más que las lagunas de Ruidera que en la Mancha habían visto». Sigue una brillante descripción de los engalanados barcos reunidos en el puerto, descripción que, según

Francisco Rico, «responde con notable exactitud a las celebraciones del día de San Juan en la Barcelona de la época».[7]

Julio Llamazares, en *El viaje de don Quijote*, nos asegura que la gran urbe catalana tenía entonces 33.000 habitantes, algo insólito para la época. Y nos recuerda que, en su «novela ejemplar» *Las dos doncellas*, Cervantes ya la había elogiado: «Flor de las bellas ciudades del mundo, honra de España, temor y espanto de los circunvecinos y apartados enemigos, regalo y delicia de sus moradores, amparo de los extranjeros, escuela de la caballería...»

Si el episodio de la cabeza encantada, desarrollado en la suntuosa casa del caballero Antonio Moreno, podía haberse insertado en cualquier lugar o momento de la narración, por no tener nada de específicamente barcelonés, no así el del establecimiento cuyo letrero, «AQUÍ SE IMPRIMEN LIBROS», imanta al manchego en el curso de una deambulación por las calles del casco antiguo.

Cide Hamete nos informa que don Quijote jamás se ha encontrado ante una imprenta. Y ello porque, que sepamos, y a diferencia de Cervantes, no ha pisado nunca una ciudad grande (ni Sevilla, ni Valencia, ni Madrid, ni Lisboa). Teniendo en cuenta que la mayoría de sus libros de caballerías han sido impresos en Barcelona, se comprende que penetre sin pensárselo dos veces en el taller que le acaba de llamar tanto la atención, no identificado por su nombre.

Fascinado, mira, escudriña, inquiere. Y entabla una conversación erudita sobre el arte de la traducción, estimulado por la versión castellana que se está tirando allí de un libro italiano (lo cual le brinda a Cervantes la posibilidad de demostrar sus conocimientos de aquel idioma). Es muy divertido el intercambio entre don Quijote y el traductor, quien insiste: «Yo no imprimo mis libros para alcanzar fama en el mundo, que ya en él soy conocido por mis obras; provecho quiero, que sin él no vale un cuatrín la buena fama.»

¡Un literato práctico! ¡Quiere ganar algo con sus esfuerzos!

Al final de su visita, el manchego descubre que están corrigiendo una nueva edición del falso *Quijote* de Avellaneda. Aunque el pie de imprenta de la primera edición de este reza «En Tarragona en casa de Felipe Roberto», Francisco Rico opina que «debió de confeccionarse materialmente en Barcelona, en los talleres de Sebastián de Cormellas, que, por otra parte, estaba especializado en publicar en la Corona de Aragón las obras literarias castellanas de mayor éxito».[8]

La imprenta de Cormellas —cuyo padre era natural de Alcalá de Henares, como Cervantes— se hallaba en el carrer del Call, número 14, en el corazón del antiguo güeto judío, a tiro de piedra de la hoy Plaça de Sant Jaume, y es posible que el escritor la frecuentara durante su visita a Barcelona en 1610. Cormellas no era ajeno a reimprimir *best-sellers* sin la debida autorización de sus creadores, y Cervantes se aprovecha de la visita de don Quijote al taller para lamentar el trato económico otorgado entonces a los autores, víctimas de infinitos abusos por parte de impresores y libreros.

«Yo ya tengo noticias de este libro —comenta el hidalgo al hojear brevemente las páginas de Avellaneda—, y en verdad y en mi conciencia que pensé que ya estaba quemado y hecho polvo por impertinente; pero su San Martín se le llegará como a cada puerco, que las historias fingidas tanto tienen de buenas y de deleitables cuanto se llegan a la verdad o la semejanza de ella, y las verdaderas tanto son mejores cuanto son más verdaderas.»

Dicho esto, «con muestras de algún despecho», sale pitando a la calle.

En 2015, Julio Llamazares visitó la casa del Call donde antiguamente se ubicaba la imprenta de Cormellas. Se encontró con que acogía una tienda de bisutería y complementos llamada Dulcinea, y que los chinos que la regentaban desconocían el porqué del nombre. Menos mal, musitó, que un panel de azulejos recordaba que allí estaba, entre 1591 y 1670, aquella célebre «oficina tipográfica».[9]

Hoy, deslumbrante de miles y miles de objetos de bisutería, Dulcinea sigue en manos de los chinos. Les pregunto, como antes el escritor leonés, por el nombre del establecimiento. Siguen sin saber nada del asunto, aunque les ha llegado la noticia de que es algo «histórico».

Llamazares se quedó desolado al constatar el poco caso que en Barcelona se le hace en general al autor del *Quijote,* pese a los encendidos elogios a la ciudad contenidos en los cinco capítulos que dan cuenta de los días pasados en ella por el hidalgo y su escudero: «Toda la gente a la que pregunto, tanto barceloneses como turistas, que son millares, lo ignoraban por completo.»[10]

Fue a ver la llamada Casa de Cervantes (Passeig de Colom, número 2, frente al puerto). Yo también. Fuera hay una placa recordando la estancia en el inmueble del autor del *Quijote*, pero de ella no hay constancia documental. Si el curioso logra penetrar en el inmueble, se encontrará en el *hall* con una fotografía ampliada de la primera página de la novela, en una edición antigua, colocada por la comunidad de vecinos. Habría sido más apto, me parece, algún párrafo de los episodios barceloneses.

Llamazares apunta que en la Biblioteca Nacional de Catalunya tienen una magnífica colección de *Quijotes*, y que apenas hay nada más en Barcelona que recuerde a Cervantes. Por mi parte añado que, después de pagar mis respetos a la pretendida casa del escritor en el Passeig de Colom, tropecé en el Barrio Gótico con una calle que lleva su nombre, lo cual me reconfortó no poco.

Durante la visita de don Quijote a Barcelona, Cervantes retoma, atando hilos, la historia del morisco Ricote, el antiguo vecino de Sancho Panza, y desarrolla la de su hermosa hija Ana Félix, desprovista de cualquier asomo de realismo. Se nos pone al tanto de que, tras el encuentro con Sancho a orillas del Ebro, Ricote ha vuelto, efectivamente, al pueblo de ambos y recogido su tesoro (cuya procedencia no se explica). Tal es su liberalidad con el mismo que se derrumban todas las resistencias relativas a su condición de morisco, hasta el punto de que don Antonio Moreno influirá en la Corte para que se pueda quedar en España («por medio del favor y de las dádivas, muchas cosas dificultosas se acaban», comenta el narrador).

Cervantes carga excesivamente las tintas con Ricote en estas páginas, quizá para mitigar la fuerza de su relato anterior, tan sentimental, ya comentado. Ahora, tras elogiar otra vez la política de expulsión de Felipe III, hasta adula a Bernardino de Velasco, conde de Salazar, el escogido para organizar el éxodo, quien, como «ve que todo el cuerpo de nuestra nación está contaminado y podrido, usa con él antes del cauterio que abrasa que del ungüento que molifica». Salazar ha procedido con enorme eficacia, sigue Ricote, «sin que nuestras industrias, estratagemas, solicitudes y fraudes hayan podido deslumbrar sus ojos de Argos, que continuo tiene alerta porque no se le quede ni encubra ninguno de los nuestros, que como raíz escondida, que con el tiempo venga después a brotar y a echar frutos venenosos en España, ya limpia, ya desembarazada de los temores en que nuestra muchedumbre la tenía. ¡Heroica resolución del gran Filipo Tercero, e inaudita prudencia en haberla encargado al tal don Bernardino de Velasco». Rico comenta en una nota las palabras «a todas luces inconcebibles» en Ricote, y señala a continuación que «a muchos lectores atentos les ha parecido que los diversos puntos de vista y actitudes posibles a propósito de la expulsión (la voz de la ortodoxia y las voces de los individuos, la regla y las excepciones...) no llegan a articularse en una trama novelesca convincente».[11]

Convincente no es. Mejor, solo es convincente si recordamos las circunstancias muy peligrosas en las que publica Cervantes su texto y su constante recurso a la ironía: ironía consustancial con su manera de entender la vida y la sociedad en que se encuentra inmerso. Sigo pensando que no podía estar a favor con lo cometido contra los alrededor de 300.000 moriscos expulsados entonces de su tierra con la excusa que cada uno de ellos constituía un riesgo para la seguridad de España.

Viene luego el contundente encuentro de don Quijote con el bachiller Simón Carrasco, disfrazado de Caballero de la Blanca Luna, que le vence en la playa de la Barceloneta delante del virrey, don Antonio Moreno, y otras notabilidades. Ello no sin haberle hecho jurar previamente que, si pierde el combate, aceptará retirarse un año a su aldea sin volver a tomar las armas.

Parece realmente asombroso que en la playa de la Barceloneta, donde hoy disfrutan y retozan miles y miles de barceloneses y turistas, no haya indicación alguna, y mucho menos una estatua o un monumento, informando a vecinos y foráneos que aquí se libró «la aventura que más pesadumbre dio a don Quijote de cuantas hasta entonces le habían sucedido», según la cabecera del capítulo correspondiente (II, 64). Pero ya lo sabemos: España, y en este caso hay que incluir a Barcelona, es un país a menudo muy ingrato con sus hombres y mujeres preclaros.

EN CREUS CON DALÍ, LORCA Y BUÑUEL

Creo, con el poeta inglés Wordsworth, que «el niño es padre del hombre», y que, para profundizar en la producción de los creadores, es imprescindible descifrar, hasta donde sea posible, las circunstancias de su infancia que la nutren. Que es lo que, como biógrafo, he procurado hacer con Lorca, Machado, Dalí y Buñuel.

En el caso de la obra del catalán, tanto la pictórica como la literaria, no se entiende sin conocer Cadaqués, la tramuntana que volvió loco a su abuelo y los alrededores inmediatos del pueblo amado. Entre estos el cabo de Creus, que aparece obsesivamente en sus dibujos y cuadros, desde los más tempranos hasta los últimos.

El pintor nos recuerda en su *Vida secreta* que este imponente promontorio es «exactamente el épico lugar donde los montes Pirineos llegan al mar en un grandioso delirio geológico».[12] Es también, a veces, sombrío e intimidatorio, con sus vientos endiablados y sus mares bravíos, responsables de incontables naufragios.

A Dalí le gustaba señalar que Creus es el punto más oriental de la Península Ibérica, el que, por ende, recibe los primeros rayos solares del día que acarician España.

Los acantilados, riscos y peñas del cabo, penetrado por incontables calas, se componen básicamente de pegmacita y una roca metamórfica, micacita, formada por láminas alternadas de mica y cuarzo. A menudo la micacita se yuxtapone con gruesas vetas de cuarzo puro, y se dice que, de los billones de pequeñas placas plateadas incrustadas en las mismas, el relumbre que les saca el sol se puede divisar desde los barcos en altamar.

A lo largo de los milenios, las lluvias, la sal y la tramuntana han esculpido las rocas de Creus hasta arrancarles formas alucinantes, entre ellas las conocidas localmente como «El Águila», «El Camello», «El Monje», «La Mujer Muerta» o «El Rinoceronte». Aquí ni siquiera la persona más escéptica dejará de percibir cosas raras, aquí nada es lo que parece ser a primera vista:

Creus es un inmenso teatro natural de ilusiones ópticas, y la contemplación desde joven de sus metamorfosis alimentó, y tal vez originó, la tenaz obsesión daliniana con los trampantojos, los espejismos y la imagen doble (y triple).

Su «paisaje mental», dijo una vez, se parecía a «las rocas fantásticas y proteicas del Cabo de Creus».[13] En otro momento explicó que se consideraba la «encarnación humana» de la geología del promontorio.[14]

Dalí no fue el primer artista hondamente conmovido por Creus, y quedaría muy complacido al enterarse de que, como ya sospechaba, «el sublime Gaudí» lo había visitado en su adolescencia y se había «alimentado de las rocas suaves y barrocas, duras y góticas de ese paraje divino».[15]

Sería difícil que no estuviera al tanto, también, de que Narcís Monturiol había experimentado en Creus con el primer submarino del mundo.

No es extraño, por todo ello, que acabara construyendo su casa en la pequeña aldea de pescadores de Port Lligat, situada al pie del cabo muy cerca de Cadaqués.

Creus, hoy, es Parque Natural y se han desmantelado las edificaciones instaladas hace años por el Club Méditerranée en el lugar, al lado del mar, denominado Pla de Tudela (Llano de Tudela).

Todo admirador de la obra de Dalí debe recorrerlo, vivirlo. El pintor expresó el fervor que le suscitaba en un breve texto epistolar, reproducido en una de las esculturas de hierro levantadas aquí hace algunos años en su honor:

> Aquesta part compresa entre el Camell i l'Àguila que tu coneixes i estimes tant com jo mateix és i ha de continuar per sempre essent geologia pura, sense res que pugui mixtificar-ho; en faig qüestió de principi. És un paratge mitològic que és

fet per a déus més que per a homes i cal que continuï tal com està.*

La voluntad de quien convirtió a Creus en epicentro de su universo mental y creativo se ha respetado. Hoy el Pla de Tudela, y todo el cabo, están a salvo. Hay que agradecerlo a quienes han logrado el milagro.

¿Y las «cruces» que le dieron su nombre? Dalí no nos dice nada al respecto. Según escuché hace años en Cadaqués, hubo antaño muchas por estas escarpadas soledades, pero nunca conocí a nadie que me asegurara haberlas visto con sus propios ojos. Son un misterio.

Dalí hablaba en la Residencia de Estudiantes a todos los que le quisiesen escuchar de las maravillas de Cadaqués y su entorno: de su amistad allí con la numerosa familia Pitxot, casi sin excepción artistas, de las visitas de Picasso, Derain, Eugeni d'Ors, de su amiga la paranoica Lidia... De modo que cuando invitó a Lorca a pasar la Semana Santa de 1925 con él y su familia en la casa que tenían al lado de la playa de Es Llané, el poeta, ya prendado de Salvador, aceptó de inmediato.

La visita le marcó indeleblemente. Amó a Barcelona desde el primer segundo —¿cómo no, acompañado del pintor?—, al llegar a Figueres lucía un sol maravilloso, la llanura de l'Empordà le pareció casi tan bella como su Vega de Granada natal, la familia era un encanto, sobre todo la radiante hermana de Salvador, Anna Maria, que entonces tenía 15 años, y Cadaqués, en su aislamiento del resto del mundo al pie de su enhiesta montaña, el Pení, era, como le había dicho Dalí, único en su hermosura.

* «La parte comprendida entre el Camello y el Águila, que tú conoces y amas tanto como yo, es y tiene que seguir siempre siendo geología pura, sin nada que pueda falsificarlo. Para mí es una cuestión de principios. Se trata de un sitio mitológico más hecho para los dioses que para los hombres, y hay que conservarlo tal cual.»

Las cartas del poeta a casa rebosan felicidad. ¡Si hasta está aprendiendo palabras catalanas! ¡Si Anna Maria es la chica más guapa a quien ha conocido nunca! ¡Que si los pasteles, que si las sardanas, que si la iglesia, que si el vino, que si el padre, tan generoso!

Salvador no quería que Federico se marchara sin conocer Creus (tampoco, como ya dijimos, los restos griegos y romanos de Empúries), y a tal fin se organizó una excursión en barca que produjo en el poeta, con su terror a morir ahogado, una mezcla de placer y aprensión. Unos meses más tarde, en una carta a Anna Maria, recordaría «aquel verdadero conato de naufragio» —no hubo tal cosa— y el delicioso conejo sazonado con sal y *arena* que habían saboreado en el Pla de Tudela, debajo de El Águila.[16]

Pero hay más, mucho más. Dalí y Lorca volvieron a Madrid eufóricos, y en la Residencia de Estudiantes contaron sus aventuras, sin duda exagerándolas, a todos sus compañeros. Buñuel estaba ya en París, pero cabe inferir que recibió noticias puntuales sobre la estancia de Federico con Salvador, incluso alguna postal que le habrían enviado desde l'Empordà o Barcelona.

Lorca nunca olvidará sus primeras impresiones de Cadaqués, tampoco las de Barcelona. A principios del año siguiente, en una carta a su amigo granadino Melchor Fernández Almagro, tan harto como él del régimen dictatorial del general Primo de Rivera, evocará así a la Ciudad Condal:

> Allí está el Mediterráneo, el espíritu, la aventura, el alto sueño de amor perfecto. Hay palmeras, gentes de todos los países, anuncios comerciales sorprendentes, torres góticas y un rico pleamar urbano hecho por las máquinas de escribir. ¡Qué a gusto me encuentro allí con aquel aire y *aquella pasión*! No me extraña el que se acuerden de mí, porque yo hice muy *buenas migas* con todos ellos y mi poesía fue acogida como realmente no merece. [Josep Maria de] Sagarra tuvo conmigo deferencias y camaraderías que nunca se me olvidarán. Además, yo que soy *catalanista furibundo* simpaticé mucho con aquella gente tan *construida* y tan harta de Castilla.[17]

Bajo el impacto de su idilio en Cadaqués, Lorca no había tardado en empezar su *Oda a Salvador Dalí*, publicada en abril de 1926 en la muy prestigiosa *Revista de Occidente*, dirigida por Ortega y Gasset. Canto de amor acendrado —con los riesgos que ello sobrellevaba en una sociedad tan homofóbica—, elogio del arte «higiénico» y libre de «niebla impresionista», era además un panegírico del pequeño pueblo catalán tan amado del pintor:

> *Cadaqués, en el fiel del agua y la colina,*
> *Eleva escalinatas y oculta caracolas.*
> *Las flautas de madera pacifican el aire.*
> *Un viejo dios silvestre da frutos a los niños...*

Lorca volvió a Cadaqués con Dalí en el verano de 1927, tras varios meses intensos en Barcelona preparando el estreno de *Mariana Pineda*, con decorados de Salvador. Abandonó el pueblo con profunda tristeza, creo que ya convencido de la imposibilidad de aquella relación. Fue un «amor trágico», me dijo Dalí en 1986, tres años antes de su muerte, un amor que hubiera querido compartir plenamente pero que no pudo al no ser homosexual.

Salvador estaba obsesionado entonces, por otro lado, con dar el salto a París, donde, en una breve visita en 1926, había conocido a Picasso, y desde el cual Buñuel le instaba a que abandonara al «nefasto García» y se juntara con él cuanto antes.

Dalí empezaría a realizar su sueño en la primavera de 1929, con el estreno exitoso en la capital francesa de *Un Chien andalou*, la pequeña película revolucionaria que, partiendo de un esbozo de un guion suyo, luego reelaborado entre ambos, había rodado Buñuel con dinero de su madre.

Unos meses después ocurrió para Salvador el milagro tan largamente esperado. Había invitado a visitarle aquel verano en Cadaqués a René y Georgette Magritte, al poeta Paul Éluard y a su mujer rusa, Gala —a quien todavía no conocía—, y a su marchante Camille Goemans. Allí él y Buñuel iban a trabajar en el guion de su segunda cinta, *L'Âge d'or*, ya mucho más ambiciosa gracias al generoso mecenazgo del vizconde de Noailles y su mujer Marie-Laure. Pero la colaboración fue casi imposible porque, cuando llegó el aragonés, Dalí ya estaba locamente enamorado de Gala e incapaz de pensar en otra cosa que no fuera su conquista.

Como había hecho con Lorca, llevó a Buñuel al Pla de Tudela, acompañado de Gala y su pequeña hija Cécile. Allí, preso de un ataque de rabia, quizá mezclada con celos, el cineasta arremetió contra la rusa, amenazando que la iba a estrangular. Cincuenta años después, Cécile Éluard me dijo que todavía recordaba vagamente aquella escena.

A Buñuel le impresionó el Pla de Tudela y decidió rodar allí, más adelante, las secuencias ya pensadas de los arzobispos convertidos en esqueletos, de los bandidos —que serían capitaneados por Max Ernst— y, lo más divertido, de la fundación de la Roma fascista. En cuanto a la llegada de la flota con los «mallorquines» (militares, curas, atildados burgueses, monjas y demás «putrefactos»), se filmaría, seguramente a instancias de Dalí, en la no lejana Cala Prona.

He pasado muchas horas de mi vida, muy feliz y como en un sueño que fuera verdad, buscando y rebuscando entre los recovecos minerales de Creus las exactas localizaciones del rodaje. He dado con la mayoría. He escalado El Águila —no se lo recomiendo a los proclives al vértigo— y ocupado allí la posición del vigía de los bandidos (interpretado por el pintor Juan Esplandiu); he identificado el rincón de la playa donde los enamorados (Lya Lys y Gaston Modot), tratando ineficazmente de hacer el amor, son separados por las gentes de orden llegadas para presenciar dicha fundación de Roma; y, lo más emocionante, he encontrado la roca donde se filmó la secuencia de los arzobispos, que empiezan entonando sus latines y terminan como esqueletos:

La filmación en Creus trastornó Cadaqués en abril de 1930. Según relataba poco después la pequeña revista de la localidad, *Sol ixent*, el pueblo se había convertido brevemente en Hollywood. ¡Qué cosas! ¡Enriquet de la Maula, el abuelo Firmo, Mario Coll y algún otro vecino haciendo de arzobispos en Pla de Tudela! ¡Manel de la Maula como cura! ¡La hija de Enriquet, toda una monja! ¡Es que ni John Gilbert, ni Lon Chaney, ni los Barrymore, ni Mary Pickford podían competir con aquellos histriones improvisados, monstruos del cine!

Dalí había decidido no asistir al rodaje y se escapó a Torremolinos con Gala, tal vez para no tener que enfrentarse con su padre, el tonitronante notario de Figueres, fuera de sí al enterarse de que su díscolo retoño acababa de comprar una cabaña de pescadores en Port Lligat: la cabaña que luego se iría convirtiendo en el esperpéntico laberinto luego mundialmente famoso y que ningún visitante a la zona se querrá perder. Dalí Cusí, que se consideraba patriarca de Cadaqués, no estaba dispuesto a compartir sus dominios con el hijo a quien había echado de casa y desheredado —por un alegado insulto a su madre difunta—, y quien, para más inri, tenía como pareja a la mujer desvergonzada y adúltera de un poeta francés.

Buñuel, al tanto de todo ello, aprovechó para rodar unas pequeñas secuencias documentales del corpulento notario con su segunda mujer, Catalina Domènech, hermana de la esposa muerta. Y viéndole en su casa, escuchando el gramófono mientras fuma su pipa, regando sus plantas y engullendo erizos de mar —plato favorito de la familia—, se entiende el problema que suponía para su hijo. Donado a la Filmoteca de Catalunya por Anna Maria Dalí, el corto ha sido titulado *Menjant garotes* (*Comiendo erizos de mar*).

Hoy no queda en Cadaqués ningún testigo de la presencia allí en 1930 de Buñuel y su equipo. ¡Habría que tener unos noventa y cinco años como mínimo! Es probable que contribuyera al olvido del episodio, además, el rodaje en la localidad, en 1971, de *El faro del fin del mundo,* basado en la novela de Julio Verne. La fama de sus protagonistas, Kirk Douglas, Yul Brynner y Samantha Eggar, garantizó el apasionado interés de los ribereños, y dio lugar a una multiplicidad de anécdotas que todavía se siguen repitiendo en el pueblo.

El faro del fin del mundo, que iba de piratas, fue un fracaso desde todos los puntos de vista, el taquillero incluido. Mientras la rápida supresión de *L'Âge d'or* por la censura francesa, debida a presiones de la embajada italiana, casi logró hundir la carrera cinematográfica de Buñuel, apenas iniciada.

Cada vez que vuelvo a poner la película y a disfrutar viendo a Max Ernst y sus bandidos soñolientos, tropezando entre las rocas de Creus, revivo las horas pasadas allí investigando. *L'Âge d'or* es una pequeña obra maestra satírica donde los dos amigos lograron poner a parir el fascismo y el apoyo que le prestaba el Vaticano. Lo ruin fue que Dalí, unas décadas después, y para congraciarse con el régimen de Franco, lo negara todo. ¡Buñuel había traicionado su guion conjunto!

A la muerte del padre, Anna Maria, que nunca se casó, heredó la vivienda de Es Llané, ya para entonces separada de la playa por una calle que antes no existía. Vivienda repleta de recuerdos de los felices tiempos previos a la llegada de la atroz Gala, que trajo consigo el alejamiento definitivo, pese a intentos de reconciliación, de Salvador. Anna Maria llevaba con estoicismo su íntimo dolor, y estuvo siempre generosa con quienes nos acercábamos a ella para que nos hablara de su amistad con Lorca, reflejada en una entrañable correspondencia epistolar. Murió en 1989.

Delante de la casa hay una pequeña y discreta escultura de Josep Maria Subirachs. Nos recuerda que aquí pasó el poeta granadino dos estancias inolvidables al lado del amigo predilecto de las «horas oscuras y doradas». Del amigo cuyo «bello esfuerzo de luces catalanas» celebró en una oda que Dalí rememoraría, con intensa nostalgia, hasta el día de su muerte.

MORIR EN COLLIOURE

Antonio Machado nunca estuvo en Cadaqués... pero llegó muy cerca, en circunstancias de terrible angustia.

Ocurrió el 27 de enero de 1939 durante la desbandada hacia la frontera francesa ante la inminente caída en manos de los sublevados de Barcelona, donde el poeta llevaba viviendo con su familia desde abril de 1938.

La caravana de ambulancias en que iban Machado y los suyos atravesó la llanura de l'Empordà en dirección a la sierra costera, enfiló la escarpada carretera de Cadaqués y, al llegar a Perefita, torció a la izquierda para bajar a Port de la Selva. Iba en el grupo el filósofo Joaquín Xirau, natural de Figueres, que conocía bien el territorio. «Al pasar por Llançà —recordaría— las campanas tocaban alarma. Las mujeres y los niños buscaban refugio en las cavernas y en las torrenteras. Había en la carretera grupos de soldados armados. Aparecieron los aviones. Un pequeño grupo de soldados detuvo las ambulancias. Pretendían subir para pasar la frontera. Les mostramos el interior atestado y les explicamos la calidad de las personas que iban en ellas. Saludaron respetuosamente y nos abrieron paso.»

Francia estaba ya a solo veinticinco kilómetros pero el trayecto fue un calvario. A cada momento la carretera se hacía más intransitable por la multitud de vehículos de todo tipo y de gente a pie. El tiempo había empeorado, empezaba a rugir la tramuntana y caía una lluvia helada.

No solo había el terror a la aviación, que ametrallaba sin piedad a quienes trataban desesperadamente de alcanzar la frontera, sino a ser bombardeados desde el mar. Cada vez que se apreciaba el zumbido de los aparatos, la caravana se paraba y los ocupantes se tiraban a las cunetas. Al poeta, que por lo visto bajaba siempre el último, se le oyó murmurar, relata su hermano José, «que era muy natural tener miedo, pero que aunque no fuese más que por decoro, no había para qué dar este espectáculo y que..., por lo demás, si le cayera una bomba, como esta llevaba en sí misma la solución definitiva del problema vital, no había para qué apresurarse tanto».[18]

Cerca de la frontera los chóferes de las ambulancias, ante la imposibilidad de seguir adelante, los abandonaron a su suerte en medio de la carretera.[19]

Parece que aquel momento se produjo, después de cruzar por Port Bou, a la mitad de la empinadísima pendiente que culmina en el alto de Els Balitres («Los Límites»), a unos quinientos metros del país vecino. Los Machado y sus acompañantes no tuvieron más remedio, según José, que dejar en el vehículo sus mínimos equipajes. Allí se perdieron para siempre los papeles personales que, presumiblemente, más valoraba el poeta, entre ellos las cartas recibidas de su amada Pilar de Valderrama, «Guiomar».[20]

La subida por aquella pendiente fue atroz, con la madre desvariando y preguntando cuándo iban a llegar a Sevilla. Y la frontera, donde se agolpaban miles de personas sin documentación y se comportaban con dureza los guardias senegaleses, un caos. José Machado y su esposa tuvieron que pasar un control sanitario pero, gracias a las gestiones previas en España, a Antonio y a la madre no se les pusieron pegas.[21]

Llegaron unos días después, exhaustos, al cercano pueblo costero de Collioure, réplica francesa, casi se podría decir, de Cadaqués, con su pequeño puerto, su colonia de artistas, la famosa torre de su iglesia y su imponente castillo.

El pequeño grupo de refugiados fue albergado generosamente por la dueña del modesto hotel Bougnon-Quintana. Se llamaba Pauline Quintana y merece no ser nunca olvidada. El edificio existe todavía tal cual y hay un proyecto de casa-museo. En él falleció el poeta el 22 de febrero de 1939. Encontraron en el bolsillo de su gabardina un papel con el verso: «Estos días azules y este sol de la infancia.» Treinta años antes había terminado su poema autobiográfico «Retrato» con la estrofa:

Y cuando llegue el día del último viaje,
y esté al partir la nave que nunca ha de tornar,
me encontraréis a bordo, ligero de equipaje,
casi desnudo, como los hijos de la mar.

Así resultó. Ana Ruiz, su madre, había dicho que no se moriría hasta que no lo hiciera «su Antonio». Dormían en la misma habitación. Intuyendo, al observar su ausencia, que se había muerto —le dijeron que estaba hospitalizado con una neumonía—, ella falleció dos días después. Ambos recibieron sepultura en el pequeño y recoleto cementerio de la localidad, donde siguen.

Al lado del sepulcro hay un buzón donde los admiradores del poeta dejan sus mensajes, que son recogidos y conservados por el Ayuntamiento. Suelen ser conmovedores. También es frecuente que lleguen grupos de alumnos españoles con sus profesores, algunos que incluso han seguido, punto por punto, la ruta de las ambulancias desde Barcelona hasta su estremecedor fin de viaje en una frontera donde hoy no hay un solo guardia civil o gendarme, y se pasa de España a Francia sin apenas notarlo.

En toda la zona, barrida por la tramuntana, las autoridades tanto españolas como francesas han garantizado que al viajero se le recuerde lo ocurrido aquí en 1939. En Port Bou se ha levantado, junto al cementerio, un imponente monumento a la memoria de Walter Benjamin —que se suicidó en la localidad antes de ser entregado a los nazis—, así como a los éxodos en general. En el interior de la estación de Cerbère reza un panel en francés, castellano y catalán: «Del 28 de enero al 10 de febrero de 1939, más de 1.000.000 españoles, hombres, mujeres y niños, pasaron por este túnel y esta estación de Cerbère forzados al exilio después de tres años de lucha contra el franquismo. Fueron las primeras víctimas de la Segunda Guerra Mundial.»

Hoy, con el horror y la vergüenza de la situación de nuevas oleadas de refugiados llamando a las puertas de Europa, estos monumentos y recuerdos a ambos lados de la frontera cobran una nueva y dolorosa relevancia.

Hay quienes reivindican el retorno de los despojos de Machado y su madre a España. No estoy de acuerdo. En Collioure él y su familia recibieron un trato amable, les dieron digno entierro y se cuida su tumba, se organizan cursos y actos relacionados con el poeta sin olvidar que fue profesor de francés. Por ello, los ribereños merecen nuestra gratitud y respeto.

Pero hay otras razones para que los restos se queden donde están. Entre ellas, en primer lugar, la expuesta hace un par de años por un bloguista argentino que dejó correr su fantasía imaginando lo que podría ser la vuelta de los mismos a España: «Le harán un parque temático y, tal y como funciona la amnesia colectiva, dentro de 50 años nadie sabrá que Machado tuvo que morir en Francia, en pleno destierro...»

Vale la pena que quien vaya a ver la tumba de hijo y madre en Collioure se aventure un poco más allá para visitar Argelès-sur-Mer, donde, en febrero de 1939, en una playa convertida en infecto campo de concentración, se hacinaban unos 100.000 españoles que huían de la represión fascista. Los Machado tuvieron suerte al no ser llevados hasta allí. El escritor mexicano Jordi Soler, hijo de exiliados, ha recordado con indignación las espantosas condiciones existentes en «ese gran corral a la intemperie», donde no había ni barracas, ni letrinas, ni apenas comida ni agua, con vientos helados y temperaturas nocturnas que caían brutalmente bajo cero (fue un invierno crudelísimo). Por otras fuentes sabemos que murieron en el paraje, de enfermedades, hambre y frío, miles de refugiados españoles.

Hace algunos años, según recoge Soler —yo no lo sabía—, el alcalde de Argelès, hijo de uno de los presos, erigió una lápida en homenaje a aquella muchedumbre ultrajada. La inscripción termina así: «Su desgracia: haber luchado para defender la Democracia y la República contra el fascismo en España de 1936 a 1939. Hombre libre, acuérdate.»[22]

¿Acuérdate? En la España de hoy los herederos del franquismo nos aconsejan todo lo contrario: incumbe olvidar, mirar hacia el futuro, no «remover» el pasado.

En el estupendo documental de Trisha Ziff, *La maleta mexicana* (2011), hay unas conmovedoras entrevistas con supervivientes de Argelès. Y la película alcanza cotas de máxima emoción al contar cómo llegó hasta el campo de concentración la generosa oferta de ayuda por parte de México, gracias a su admirable presidente Lázaro Cárdenas, ayuda concretada en el envío del buque *Sinaia* y el rescate de unos 2.000 republicanos.

Cerbère, Collioure, Argelès y, no lejos, al lado de Perpignan, el que fue vil campo de concentración de Rivesaltes (600 hectáreas), con sus barracones y el impresionante museo subterráneo inaugurado en 2015 por el primer ministro Manuel Valls: el recuerdo de la infamia perpetrada contra medio millón de refugiados españoles en el Languedoc-Rosellón, la «Cataluña francesa», no ha sido borrado. Hay que celebrar que Francia haya hecho por fin los deberes y afrontado la verdad de Vichy y la colaboración con el fascismo.[23]

PLANETA Y YO

Mi relación con Cataluña, ahora me doy plenamente cuenta, es inseparable de la que he tenido con Editorial Planeta y, en particular, con Rafael Borràs Betriú.

Me explico. Cuando, en el verano de 1971, Ruedo Ibérico sacó en París mi libro sobre el asesinato de Lorca, recogí cincuenta ejemplares en Hendaya, los oculté lo mejor que pude en mi coche y crucé la frontera temiendo lo peor. No era para menos, pues el régimen prohibía rigurosamente las publicaciones de Ruedo, como se conocía familiarmente entre sus afines, y los aduaneros, al revisar las pertenencias y vehículos de los compatriotas que entraban en el país, iban siempre en busca de ellas. Como extranjero yo no estaba en peligro alguno, lo más grave que me podía pasar era que, al encontrar mis ejemplares y comprobar que era el autor del libro, consultasen con la «superioridad», me los quitasen y me pusieran otras pegas. Por suerte no pasó nada y los pude ir distribuyendo tranquilamente entre quienes me habían ayudado con mis pesquisas, máxime en Granada.

A raíz del importante galardón otorgado al libro al año siguiente en Niza (el Premio Internacional de la Prensa) no se pudo seguir silenciando en España su existencia. Se comentó en no pocos periódicos, con resultados en algunos casos sorprendentes e incluso con polémica entre las distintas facciones del *status quo*. Recuerdo en particular un conato de disculpa entonado por José María Pemán en *Abc*, alegando que, hasta no leer el libro, había ignorado las verdaderas circunstancias de la muerte del poeta.

Yo trabajaba entonces en el Departamento de Español del Birkbeck College, de la Universidad de Londres, y no había vuelto a España desde la salida de mi libro, ni, habiendo entregado aquellos ejemplares, lo haría hasta cuatro años después.

En marzo de 1975 me enteré de que Editorial Planeta acababa de conceder su nuevamente creado Premio Espejo de España a un libro titulado *García Lorca, asesinado: toda la verdad*, cuyo autor se llamaba José Luis Vila-San-Juan. La composición del jurado llamaba la atención por la inclusión de algunos prohombres, presentes o pasados, del régimen: José María de Areilza, Manuel Aznar Zubigaray, Manuel Fraga Iribarne, Torcuato Luca de Tena, Ramón Serrano Súñer y, por parte de Planeta, su dueño, José Manuel Lara Hernández, y el director de la colección Premio Espejo de España, el mencionado Rafael Borràs. La celebración multitudinaria había tenido lugar por todo lo alto en el Hotel Ritz de Madrid.

Me faltó tiempo para conseguir el libro. Y cuál no sería mi sorpresa, antes de empezar su lectura, al descubrir que reproducía, sin mención alguna de su procedencia, varias fotografías publicadas en el mío cuatro años antes, algunas de ellas sacadas por mí, otras no. Lo leí de un tirón. Me pareció flojo, fruto de una investigación muy superficial y repleto de errores. Decidí dirigir una carta abierta a su autor. ¿Y donde mejor que en *Triunfo*, gracias a los esfuerzos de cuyo director, José Ángel Ezcurra, mi libro había recibido el premio en Niza? La revista publicó la carta el 31 de mayo de 1975 a bombo y platillo, con llamativa portada incluida. La acompañaba una crítica durísima del libro por José Monleón. La respuesta de Vila-San-Juan a ambos textos no se hizo esperar y salió el 14 de junio. Yo contesté el 28 y Monleón el 12 de julio. Y allí acabó el intercambio de acusaciones y autojustificaciones.

Yo no conocía a Rafael Borràs. No recuerdo si le escribí desde Londres para protestar contra el uso descarado de mis ilustraciones, creo que sí. El hecho, de todas maneras, es que tenía ganas de conocerle en persona y expresarle mi incomodidad por el que consideraba un proceder indigno.

En agosto de 1978 me trasladé con mi familia a Madrid con el proyecto de escribir una «biografía completa» de Lorca, como ya he referido. Necesitaba urgentemente dinero, solo me quedaba para seis meses o así, había que costear la escuela de mis hijos Tracey y Dominic, el alquiler del piso y todo lo demás, y era urgentísimo resolver la situación. El anticipo del editor inglés en absoluto era suficiente para financiar los cinco años de dedicación exclusiva que calculábamos iban a ser necesarios para llevar a buen puerto el libro. Habría que buscar el apoyo de una potente editorial española. ¿Y cuál mejor que Planeta?

Yo confiaba mucho en mi agente literario John Wolfers, que representaba profesionalmente a Gerald Brenan, a quien visitaba con cierta frecuencia en Málaga. Era un tipo entrañable, muy inteligente pero soberbio, y capaz, cuando bebía, de convertirse en una fiera. Empedernido francófilo, solo le interesaba de manera relativa este país. Entre los editores españoles, conocía, en Madrid, a Jaime Salinas y, en Barcelona, a Mario la Cruz y Carlos Barral. Estaba seguro de que iba a conseguir para mi proyecto un anticipo pingüe. ¿No teníamos la carta de Isabel García Lorca como garantía? Además, ¿no acababa de publicar con éxito la editorial Crítica una versión revisada y ampliada de mi libro sobre el asesinato del poeta? El momento era idóneo. Iríamos juntos a Barcelona y convenceríamos a Planeta. Tenía tanta seguridad en sí mismo y en el proyecto que me dejé convencer.

En nuestro encuentro con Rafael Borràs estuvo presente el escritor Carles Pujol, uno de los asesores de la editorial, que hablaba bien francés, el idioma en el cual Wolfers, que no sabía español, iba a exponer sus exigencias, que es lo que eran. Al escucharle comprendí inmediatamente que estábamos perdidos.

—*Monsieur Gibson a besoin de 50.000 dollars* —dijo después de un enfático preámbulo—. *Y si vous ne voulez pas lui en donner, nous irons ailleurs.*

Nunca he podido olvidar aquel momento, el tono de su voz. ¡Si no nos daban los 50.000 dólares que necesitábamos, peor para ellos! ¡Nos iríamos a otras editoriales!

Al ir traduciendo Pujol para Borràs las razones y condiciones de Wolfers, vi que el editor reaccionaba con el ceño ligeramente fruncido. Terminada la exposición sugirió que siguiéramos hablando después de una comida con otros escritores, concretamente un homenaje al historiador Rafael Abella, a la cual tenía la obligación de asistir. Nos invitó a que le acompañáramos. No podíamos decir que no. El ágape resultó para mí un calvario porque sabía que todo se había estropeado y no tenía ganas de participar para nada en la conversación. Como había intuido, la continuación del encuentro fue un fracaso. Borràs nos explicó que la editorial en absoluto podía pagarnos la cantidad pedida, que en España no había anticipos astronómicos para proyectos tan largos, no era como en Inglaterra o Estados Unidos... que lo sentía pero no podía ayudarnos.

Unos 25 años después le conté lo ocurrido aquel día y aquella noche al escritor y periodista Arcadi Espada, que publicó la entrevista, bajo el título «La peor comida de su vida», en el suplemento «Cataluña» de *El País* (12 de enero de 2004). Acabo de releerla y casi me he muerto de risa. Pero el episodio, cuando ocurrió, no tenía nada de divertido. Le dejo hablar a Espada:

> Un día de tal calibre necesitaba la erupción final. Así que en el hotel [Gibson] se encontró con Paul Preston. Siempre pre-

sumiendo de chicas. «Te veo mal», le dijo el expansivo. «En realidad nunca te he visto peor», concluyó. Preston: lo mejor que podía pasarle. El mismo, enorme, que le profetizaría en otra ocasión, con tono inexorable: «Ahora eres más famoso que yo, pero espera cinco años y verás cómo pasa lo contrario.» Subió a la habitación. Era una habitación doble y el que la completaba era Wolfers. «¿Qué has hecho, qué has hecho?», le iba repitiendo con la franqueza de la noche. Wolfers lo miró con su poquito de humanidad. Y dijo: «Ian, todo el mundo está equivocado en España.»

Luego se dio la vuelta en la cama y se durmió.[24]

Sí, se durmió, y además se puso a roncar como una bestia. En el fondo a él le daba más o menos igual lo que acababa de ocurrir, pero a mí no: había abandonado mi puesto en Londres, había vendido la casa, apenas tenía seguridad de nada, veía fracasar todo mi gran proyecto lorquiano y a mi familia en la penuria. ¡Ojalá hubiera tenido un *orfidal* u otro ansiolítico para poder dormir y quitarme de por encima el terror que me atenazaba, siquiera durante unas horas! Pero entonces no había nada parecido, o por lo menos no lo tenía yo. Después de la peor comida, fue la peor noche.

En los siguientes días vimos a otros editores, con el mismo resultado. Nada. En España no había anticipos para proyectos de largo plazo. Era impensable.

Antes de la llegada de Wolfers a Barcelona yo había pedido una subvención a varias fundaciones, entre ellas la del Banco Exterior de España. Siempre sin éxito. Todas habían contestado que lo sentían, pero que no podían colaborar.

La situación era dramática y yo al borde de una crisis de nervios o algo más grave.

Antes de irse Wolfers me dijo que volvería dentro de algunas semanas y que no me preocupara, que cerraría el trato con otro editor. Pararía en un hotel de postín para que, los tontos, se diesen cuenta. Pero no le esperé. Se me había ocurrido una idea. Borràs me había caído bien, creía haber percibido un «algo» entre nosotros, quizá por el asunto del libro de Vila-San-Juan, ¿quizás por algún remordimiento suyo?, y decidí volver a verle solo. Me dio una cita. Había, efectivamente, cierta empatía. Y le dije:

—Puesto que no vais a poder apoyar mi biografía de Lorca, y lo entiendo, tengo otra propuesta. Os haré en nueve meses un libro sobre un personaje que me interesa mucho: José Antonio Primo de Rivera.

La reacción de Borràs fue positiva, inmediatamente. A mí no se me había ocurrido que el libro podría ser candidato al Premio Espejo de España. Pero él no tardó dos segundos en entenderlo así. Me subió, no sé si entonces o al día siguiente, al despacho de los jefes, los Lara. La oferta fue un sueldo mensual durante ocho o nueve meses y la posibilidad, si salía bien el libro, de que ganara el famoso premio.

Apenas me lo podía creer. Acepté, claro, en el acto.

Aquella decisión supuso un cambio radical en mi vida y la de mi familia. Me dio un alivio, un respiro. Hizo posible que, durante los meses acordados, pudiera trabajar, día tras día, en el libro sobre el fundador de la Falange y, en mis horas «libres», seguramente pocas, en la biografía de Lorca. Había la ventaja añadida, además, de que todo lo que fuera aprendiendo sobre el fascismo español me iba a servir para conocer mejor los cinco años de la Segunda República, en cuya vida cultural participara de modo tan enérgico el poeta granadino.

Logré hacer el libro... ¡y el libro ganó el premio! El más divertido relato de la noche del acto fue el publicado por el periodista Tino Blanco en una revista satírica llamada *Sal y pimienta.* Prevengo al lector que el traje que me puse para la ocasión, el único que entonces poseía, no era amarillo sino beige, y que tampoco creo haber proferido exactamente las burradas que constan. El resto es más o menos exacto:

El auténtico irlandés

Los salones del hotel Ritz estaban repletos. Se iba a entregar la sexta edición del Premio Espejo de España para obras de investigación histórica patrocinada por José Manuel Lara. Por allí deambulaba un irlandés de aspecto despistado, el único que se había saltado a la torera lo del «riguroso traje oscuro» y que vestía un amarillo hortera. Gastaba bromas a todo el mundo y decía que había presentado un libro bajo el seudónimo de «Ramón». Nadie le hacía puñetero caso. Nos sentamos a su lado y empezó a largar: «Lo del premio está bien, pero la cena es una mierda. Además, no me gusta el pollo», «a ver si dan pronto el premio porque me estoy meando desde el principio». Y cosas por el estilo. Al final del acto, el irlandés del traje amarillo, Ian Gibson, recibía de manos de Ricardo de la Cierva un cheque de dos millones y medio de pesetas. ¡Había ganado!

No fue exacto que Ricardo de la Cierva me entregara tal talonazo. No hubo talón alguno, de hecho, ya que Planeta llevaba meses pagándome un sueldo, a modo de anticipo, para que el proyectado libro se convirtiera en realidad. Por otro lado, las ventas no iban a ser nada del otro jueves, nada en absoluto en comparación con el libro de Vila-San-Juan sobre la muerte de Lorca. ¿Por qué? Pues porque la derecha no lo quería, al ser su autor un «rojo», y los «rojos» tampoco porque el mero nombre de José Antonio Primo de Rivera les producía vómitos. Nunca gané una peseta más con el libro.

La cobertura mediática de mi «triunfo» fue inmensa, eso sí, y consiguió que a partir de entonces tuviera más o menos abiertas las puertas del mundo editorial español. A lo largo de los siguientes años Planeta me editaría otros libros y se forjaría entre Borràs y yo una amistad que creo superó con creces las dificultades iniciales y alguna posterior. Le debo más de lo podría decir porque creyó suficientemente en mí para darme aquella oportunidad sin la cual mi traslado a España habría sido un fracaso en toda regla.

Repasando la relación de agradecimiento de *En busca de José Antonio* me doy cuenta de la larga lista de personas clave con quienes me puso en contacto Borràs para poder llevar a buen puerto (relativamente) el proyecto, desde Ernesto Giménez Caballero —que me ayudó mucho—, José María de Areilza, Pedro Sainz Rodríguez y Ramón Serrano Suñer hasta Alfonso García Valdecasas, Raimundo Fernández-Cuesta y Trinidad Ledesma Ramos, pasando por Pilar y Miguel Primo de Rivera. De todos ellos apenas queda nadie, si es que queda alguien. Y yo mismo casi tengo ochenta años. *¡O tempora, o mores!*

Termino añadiendo que el hecho de tener Planeta su sede principal en Barcelona y no en Madrid me facilitó de una manera extraordinaria el contacto con el mundo cultural catalán, lo cual redundaría luego en beneficio no solo de mi biografía de Lorca —editada más adelante por Juan Grijalbo—, sino de la de Dalí. En todo lo que hice, en años posteriores, siempre pude contar con los consejos de Borràs, aunque no fueran para un libro editado por él, y me alegro de tener la oportunidad de reconocerlo aquí.

En cuanto a Wolfers, decidí prescindir de sus servicios y nunca más le volvería a ver (falleció en el sur de Francia en 1998). Unos años después de publicado *En busca de José Antonio* tuve la suerte de conocer a Ute Körner, agente literaria establecida en Barcelona, que hasta su intempestiva muerte en 2008 iba a ocuparse con gran eficacia de mis asuntos profesionales. Mi mujer y yo nos hicimos grandes amigos suyos, así como de su campechano asistente Guenny Rodewald, y jamás tuvimos con ellos la más mínima discrepancia profesional. La echo mucho de menos, también a Guenny, que no ha mucho volvió a Alemania.

EL *PROCÉS*

Mientras corrijo estas páginas, sigue su curso el famoso *procés* secesionista, exacerbado, durante los cuatro años de mayoría absoluta del PP, por la renuencia de Mariano Rajoy y los suyos a trabajar por una *entente* razonable con la Generalitat. Renuencia mantenida a lo largo de 2016 por los mismos, entonces en funciones. Quizá tal inmovilismo tenía su parcela de cinismo y de cálculo, por sus más que probables réditos electorales. Como ya comentó Xavier Vidal-Folch en *El País* a mediados de 2015, «si hubiese Gobierno, el Gobierno abordaría la cuestión catalana como un problema a encauzar, como *el* problema, junto al paro [...] nunca más hablaría de la mera defensa de la legalidad —algo esencial e ineludible, pero insuficiente según se va viendo— sin acompañarlo de ideas, sugerencias, aptas para seducir a virginales, reconducir a desencantados y desconcertar a quienes considere irreductibles». Llevo un año siguiendo a Vidal-Folch, tan atento siempre al desgarro de la coexistencia pacífica, a la destrucción de la transversalidad que hasta hace poco venía caracterizando a Cataluña. En el mismo artículo recomendaba, refiriéndose a Rajoy, que «si el Gobierno tuviese presidente, se instalaría en Barcelona y escucharía a la gente».[25]

Hoy el Ejecutivo del PP, con el político de Pontevedra aún a la cabeza, ha cambiado de táctica y no habla más que de diálogo y pactos, ¡ellos que con su mayoría absoluta no dialogaban ni pactaban con nadie! Con todo, la situación ha variado y la vicepresidenta Soraya Sáenz de Santamaría —¡no sé si lee a Vidal-Folch!— tiene despacho en la Ciudad Condal. Algo es algo.

El Artículo 2 de la Carta Magna de 1978 reza: «La Constitución se fundamenta en la indisoluble unidad de la Nación española, patria común e indivisible de todos los españoles, y reconoce y garantiza el derecho a la autonomía de las nacionalidades y regiones que la integran y la solidaridad entre todas ellas.» *Indisoluble* unidad, patria *indivisible*: son adjetivos que llevan una fuerte carga ideológica procedente, aunque no se dice, de la larga tradición según la cual la unidad de España se sobreentiende «sagrada» y su «esencia» católica. ¿Quién, en sus cabales, puede seguir creyendo al pie de la letra este dogma, que es lo que es? Tal porfía denota, además, una inseguridad subyacente, un no querer ver la realidad histórica con los ojos abiertos, un no querer escuchar a los otros, a los disidentes, a los que ven la historia nacional de distinta manera. Comparto la opinión de Josep Ramoneda, buen entendedor en la materia: hay que aceptar que «ni España ni Cataluña son entes trascendentales», esencias intemporales, y proceder a la «desacralización» de dogmas monolíticos. «En una sociedad democrática —recalca—, los problemas histórico-culturales enquistados durante siglos primero se reconocen y después se buscan soluciones que no tienen porque ser definitivas, sino nuevas metamorfosis del conflicto.»[26]

Pedir esto a la derecha española, ¿es pedir peras al olmo? Cuando tienen mayoría absoluta en el Congreso, sí, la experiencia lo demuestra. Por mucho que el PP se las dé de demócrata, siguen los tics procedentes del franquismo. Y con ellos, inevitablemente, el recrudecimiento de los nacionalismos periféricos. Lo comentaba José María Ridao en 1998, hablando de quienes «se sienten confortables con la visión de la España de los siempre vencedores, de quienes sienten orgullo y no pudor por heredar su discurso y enarbolar sus mismos símbolos».[27]

En el Estatuto de 2006, Cataluña fue proclamada «nación», hecho que el Tribunal Constitucional aceptó y asumió el 28 de junio de 2010 en su sentencia (restrictiva) número 31.[28] A los «esencialistas», obsesionados con la «sagrada unidad» de España, la mera noción de que el «principado» pudiera ser considerado como nación les saca de quicio. Me imagino que la cláusula 8.1 de la Constitución, citada al inicio de este capítulo, nunca está ausente de sus elucubraciones al respecto.

¿Cabe la posibilidad de que el Gobierno suspenda la autonomía de Cataluña?

¿Cabe imaginar una intervención eventual del Ejército en Cataluña para garantizar la «integridad territorial» de España?

Esperemos que prevalezcan el sentido común y el *seny* antes de que sea demasiado tarde.

8

ESPAÑA AMOR, ESPAÑA TRISTEZA

¡Cuídate, España, de tu propia España!

CÉSAR VALLEJO,
«España, aparta de mí este cáliz»*

GENERALIDADES

Creo que apenas es necesario que vuelva a decir que esta península me parece un minicontinente fascinante, y que sueño, quizás ingenuamente, con el día en que, previo acuerdo con los portugueses, se metamorfosee en República Federal Ibérica. Un minicontinente tan diverso, en su variedad geográfica, lingüística y cultural, que nadie lo puede abarcar en su totalidad presente o pasada. Ramón Menéndez Pidal, por ejemplo, príncipe de los filólogos españoles, obsesionado con el Cid Campeador, era incapaz, al no saber árabe, y menos árabe medieval, de leer en su idioma original los comentarios sobre aquel «héroe» debidos a los

* César Vallejo, *Poesías completas (1918-1938)*, Buenos Aires, Losada, 1949.

cronistas musulmanes (no así, me apresuro a añadir, el malogrado medievalista británico Richard Fletcher, autor de *La búsqueda del Cid*).

En un mundo perfecto habría que preparar desde la niñez a los futuros investigadores encargados de intentar la magna tarea de interpretar «la realidad histórica de España», dotándoles casi desde la infancia de un progresivo conocimiento del hebreo, del árabe, del griego, del latín, amén de lenguas como el inglés, el francés y el alemán. Y ello tampoco garantizaría necesariamente el éxito. ¡Podrían resultar tontos!

Inglaterra, Francia o Alemania no tienen un problema tan grave a la hora de desentrañar su historia. España es el país culturalmente más complicado de Occidente. No es un mérito, es un hecho. Y podría ser una gran ventaja.

No sería difícil empezar iniciando a los jóvenes españoles, como creo haber propuesto antes, en los rudimentos del árabe, toda vez que este idioma ha dado más de 5.000 palabras al castellano, muchas de uso diario, y decenas de miles de topónimos. Todavía apenas hay nada en este sentido. Por algo será. *Ojalá* —¡quiera Alá!— que la situación cambie cuando el país, como don Quijote, recobre la cordura.

Entretanto España y Portugal ofrecen al curioso mil rincones por descubrir, mil excursiones, mil sorpresas. ¿Para qué ir siempre fuera en busca de lo nuevo cuando aquí, esperando, hay más de lo que cualquiera pudiera necesitar? Ahora mismo, por ejemplo, yo quisiera poder salir pitando de Madrid camino de Soria para examinar las ruinas de Tiermes, para mí todavía vírgenes; o hacia Las Médulas, en León, igualmente aguardando su turno (lo cual es una vergüenza, lo reconozco); visitar por vez primera los restos fenicios de Abul, al sur de Lisboa; o las minas de mercurio de Almadén en Ciudad Real... Querría ser libre como un pájaro —preferentemente un cernícalo, así llamado por su hábito de *cernirse* para mejor escrutar el territorio que tiene debajo— en disposición de volar en cualquier momento y en cualquier dirección a la búsqueda de tantos lugares aún sin hollar por estos pies, para inspeccionar sus particularidades, hablar con sus gentes... y, por supuesto, probar los productos locales.

Nada de ello sería un aliciente, un acicate, si no fuera por el Padre Sol ibérico. Sé que algunos dirán que es un tópico. Vale. Pero es un tópico que, por una vez, no miente. Las palabras de Max Estrella que encabezan el prólogo del libro siguen dando, para mí, en el ajo. En efecto, ¿qué sería de «este corral» sin sol? No sería la misma España, desde luego.

Tampoco me puedo quitar de la cabeza el último verso de Antonio Machado, ya citado, encontrado en el bolsillo de su gabán después de muerto en el exilio de Collioure: «Estos días azules y este sol de la infancia.»

Qué palabra más hermosa *azul*, ahora que lo pienso, otro regalo árabe al léxico español.

Y que no me digan que en el norte y el noroeste del país el sol es otro. Allí, es cierto, el tiempo es más variable, pero siempre vuelve con fuerza la luz para hacerle la competencia a sirimiris, boiras y cielos encapotados. No es como en Inglaterra e Irlanda con su clima de verdad miserable, deprimente. Tomaron nota los «curiosos impertinentes» del siglo XIX, tomé nota yo y toman nota los muchos millones de turistas de hoy. Sin su sol, sin la certidumbre de su retorno tras unos días de lluvia o tormenta, la península y sus habitantes serían distintos. ¿Son plenamente conscientes del privilegio que ello supone? Creo que sí, aunque a veces se maldiga (levemente) del calor excesivo de la canícula.

Siempre con el clima, para quienes se afanan por adquirir una aceptable pronunciación inglesa —tarea nada fácil— no les vendrá nada mal recurrir a los famosos (en el mundo anglosajón) y muy divertidos versos de la canción *The Rain in Spain* (1955) —«La lluvia en España»—, interpretada por Rex Harrison en la película *My Fair Lady*:

The rain in Spain
Stays mainly in the plain...

Se trata de la repetición rimada, cinco veces, del diptongo «ai», con la cual el professor O'Higgins intenta conseguir que Eliza Doolittle pierda su deleznable acento *cockney*, o sea del este de Londres. Lo desternillante, para quienes estamos familiarizados con la meteorología peninsular, es que la lluvia en España en absoluto «se queda principalmente en el *plain*» (llanura), o sea la Meseta, sino en las zonas más montañosas del norte (con alguna excepción sureña insólita como Grazalema). Lo que *queda* en la *llanura* de España es la intensidad de la luz, como bien sabían don Quijote y Sancho (¿me equivoco al tener la seguridad de que no llueve una sola vez en la novela?).

No hay lugar de Europa donde queme tanto el sol como en el centro de la Península Ibérica. Para compensarlo, en ninguna parte tampoco es tan grata la sombra que proporciona la vegetación que hermosea, en plena paramera castellana, las orillas de sus ríos. Lo sabía Garcilaso de la Vega, cuya *Egloga III* contiene una maravillosa evocación del Tajo a su paso bajo las venerables murallas toledanas:

Cerca del Tajo, en soledad amena,
de verdes sauces hay una espesura,
toda de hiedra revestida y llena,
que por el tronco va hasta la altura,
y así la teje arriba y encadena,
que el sol no halla paso a la verdura;
el agua baña el prado con sonido
alegrando la vista y el oído.

Unos versos más adelante el poeta insiste sobre la intensidad de los rayos que, pasados los meses invernales igualmente excesivos, calientan las tierras mesetarias:

Secaba entonces el terreno aliento
el sol subido a la mitad del cielo.
En el silencio solo se escuchaba
un susurro de abejas que sonaba.

¡Qué evocación más genial, con su cuidadosamente orquestada sucesión de eses, del silencio solo roto por el zumbido de las abejas! Aunque, para quien visita en verano las riberas toledanas del Tajo, el sonido más característico que lo acribilla es el aserrar monocorde de las cigarras, desconocido en las islas británicas o el norte de Europa. ¡Por algo se llaman cigarrales las célebres fincas de recreo de Toledo!

Pero no es cuestión de elogiar únicamente el sol de España, con su permanente garantía de luz a raudales. A mí también me encantan sus lluvias, sus tormentas —que suelen ser tormentas de verdad, no unos vagos intentos—, sus nevadas, su tramuntana, su levante, sus mares con cierta frecuencia turbulentos. Son climas contundentes, con cambios bruscos según la zona del territorio que toca, climas para todos los gustos, incluidos «miniclimas» inesperados, como el del valle del Jerte.

En Bilbao me aseguran que, cuando el sirimiri empieza a cansar de verdad, hay alivio garantizado trasladándose unos ochenta kilómetros hacia el sur al otro lado de no recuerdo qué montaña. ¡Qué país! ¿A veces hay riadas desastrosas? Cierto. Y puede producirse un terremoto serio, como ocurrió en la localidad murciana de Lorca no ha mucho. Dicen que en Granada hay temblores cada día, aunque no suelen notarse. España, como escribió Eugenio Montes en su reseña del corto surrealista de Buñuel y Dalí, *Un perro andaluz*, no es Francia, «no es un jardín, ni el español es jardinero. España es planeta... Los Cristos en España sangran. Cuando salen a la calle van entre parejas de la Guardia Civil».[1]

Debo añadir, ya que se ha mencionado el país vecino, que lucha dentro de mí una perpetua guerra francoespañola. A veces lleva la ventaja Francia, a veces España. Ambas, su lengua y su cultura, me son necesarias. Cuando siento la comezón de pisar la primera, cruzo la frontera, pido una cerveza o un vino y me lo dan sin tapa, tengo ganas de volver en seguida a casa. Y cuando compruebo lo que ya sabía, es decir que allí hay poca gente en los cafés a las diez de la noche, echo rabiosamente de menos la bulliciosa calle española y su interminable ruido, tema al que volveré. El conflicto es irremediable.

Si dejamos los paisajes españoles y pasamos al paisanaje, que actualmente suma unos 47 millones y medio de almas, ¿quién se atrevería a generalizar acerca de él, a identificar posibles denominadores comunes? Yo solo me arriesgo a comentar algunas características, positivas y negativas, que me han llamado la atención a lo largo de tantas décadas.

No tengo la menor duda en afirmar, para empezar, que el rasgo español que más me ha atraído, y que me sigue atrayendo, es la *sociabilidad compulsiva* de la gente. Los españoles no pueden estar mucho tiempo en casa sin salir, es una necesidad perentoria estar con otros, hablando, gesticulando, riéndose, comunicando a los demás lo que han estado pensando, viendo, escuchando y mirando.

Esta práctica tan arraigada se desarrolla de preferencia, claro, en los bares y cafés, a cualquier hora del día o de la noche. Y le facilita grandemente al extranjero poder entrar en contacto, de la manera más natural, con los nativos. Digo y afirmo que resulta mucho menos complicado para un foráneo entablar una conversación en tales locales que en un pub de Londres. Aquí todo el mundo habla animadamente con todo el mundo. No hay esnobisimo, exclusión social. Lo apreciaban los viajeros del siglo XIX, con Richard Ford a la cabeza. Y lo aprecian hoy día. Y algo más: la mencionada institución española de la tapa o el aperitivo con la copa es única. Crea convivencia, empatía, *bonhomie*. Si existe en otro lugar del mundo, quiero que alguien me diga dónde.

Luego está *la ración*. España es el único sitio del universo, si no me equivoco, donde la gente come antes de irse a casa a comer. Me parece genial.

Hay otra costumbre generalizada que me impresiona: la de invitar al prójimo a tomar algo. A mí me encanta que me inviten, y poder hacer lo mismo, sin estar siempre pensando en «el coste».

Más cosas positivas. Pienso que, en general, los españoles son tolerantes. Después de la masacre de los trenes en 2004 no hubo en el cercano barrio de Lavapiés, donde vivo, una reacción hostil contra los inmigrantes, muchos de ellos procedentes de países árabes. Lavapiés, añado, es una de las localidades más vivas de España, con su abigarrada mezcla de etnias, culturas e idiomas.

Luego, el *eye contact* («contacto ocular»). Los españoles no suelen tener problema alguno a la hora de mirarte a los ojos. Me parece muy importante, pues vengo de una sociedad deficiente en este aspecto (quizás hoy ya no tanto). ¿Me lo estoy imaginando cuando creo percibir que la mujer de este país es aún más adepta a la hora de mirar de frente que el varón? Muchas veces he recordado al respecto el verso de Baudelaire donde evoca, en su poema «Parfum exotique», a unas damas «*dont l'oeil par sa franchise étonne*» («cuya mirada asombra por su franqueza»). ¡Bienvenida sea la mirada *franca* de la española!

Es verdad que de vez en cuando uno tropieza con un español tímido, pero me atrevería a decir que bastante menos que en Inglaterra o Irlanda. Al ser tan sociables, tan abiertos, tan *físicos* los españoles, me han ayudado muchísimo a sentirme más libre, menos cohibido.

Tengo que decir que en mi experiencia los españoles no suelen ser buenos escuchadores. El asunto está en proyectarse socialmente, en comunicar lo que uno piensa, en hablar. La noción de la conversación para *aprender* no es frecuente. Raras veces he visto a alguien apuntar algo, por ejemplo la recomendación de un libro o una película.

Es decir, que aquí escasea demasiado el diálogo preconizado en una de sus coplas por Antonio Machado:

Para dialogar,
preguntad, primero;
después... escuchad.

En una página de *Juan de Mairena*, el poeta desarrolla no sin humor el tema. «En España no se dialoga porque nadie pregunta, como no sea para responderse a sí mismo —dice Mairena a sus alumnos—. Todos queremos estar de vuelta, sin haber ido a ninguna parte. Somos esencialmente paletos. Vosotros preguntad siempre, sin que os detenga ni siquiera el aparente absurdo de vuestras interrogaciones. Veréis que el absurdo es casi siempre una especialidad de las respuestas.»[2]

Esto no lo digo yo, lo dice Antonio Machado a través de su *alter ego*. ¿El lector está de acuerdo con él? Yo creo que preguntar y luego escuchar y sopesar la respuesta es una de las bases de la sabiduría.

Y ahora unos pleitos concretos.

EL RUIDO NACIONAL

Según la Organización Mundial de la Salud, España es el segundo país más ruidoso del mundo, siendo el primero Japón. Pero hay una gran diferencia entre ambos estruendos. Amigos que han visitado a los nipones me aseguran, como ya mencioné, que el de allí procede sobre todo de máquinas, no de sus habitantes. Con lo cual España resulta ser la comunidad humana cuyas voces producen más decibelios. ¡Olé!

No sé qué posición ocupa Portugal en el *ranking*. Me consta, de todas maneras, que es un país mucho menos ruidoso que España. Los lusos hablan sin gritar, el idioma en sí es más suave y no les gusta la algarabía de los turistas que les visitan desde el otro lado de la frontera.

Es cierto que las conversaciones españolas suelen generar un estruendo que asusta a los extranjeros, en primer lugar, creo, a los franceses, que han perfeccionado el arte de decir todo lo que quieren sin levantar la voz. Lo comentó hace poco el escritor galo Frédéric Beigbeider: «Habláis muy alto. Como los americanos. ¿Qué necesidad hay de gritar todo el rato?»[3]

Iciar Bollaín, por su parte, lo ha satirizado con mucho humor en su reciente película *El olivo*, donde un grupo de españoles arma un pandemónium de tacos y gritos en un tranquilo café francés.

La palabra *algarabía* es árabe. El castellano tiene otros términos «ruidosos» de igual procedencia: *alarido, alborozo, alboroto, algazara, albórbola.* No conozco la opinión al respecto de los especialistas, pero tengo la impresión de que el árabe es rico en términos expresivos de distintas variedades de estrépito humano (así como el idioma de los esquimales en los de las diferentes categorías de nieve). A lo mejor el ruido español viene de aquellos antepasados. Sea como sea se trata de un país vociferante, y el ruido que emiten sus habitantes, tanto hombres como mujeres, es a menudo atronador, como si el hablar bajo de verdad, o el cuchicheo, fuera físicamente imposible.

Cuando Juan Pablo II visitó estos pagos en 1982 le sorprendió la incapacidad de los españoles para guardar silencio. Le organizaron una misa al aire libre en la Castellana, con asistencia multitudinaria. El ruedo de la gente hablando animadamente antes de su llegada fue atronador y no bajó del todo durante el acto. «El Papa también quiere hablar», le oí decir, ansioso de seguir leyendo su sermón.

Hace unos días otro pontífice, Francisco, les recomendaba a los españoles, se supone que con conocimiento de causa, que escuchasen al prójimo: «Así que si usted me pide un consejo para los españoles, dialoguen. Si hay problemas, dialoguen primero.»[4]

A los españoles les cuesta callarse un momento, su vitalidad es tan desbordante como, en palabras de Javier Marías, su «pasión por el gregarismo».[5] El término deriva del latín *grex*, rebaño, y gregarios son, sin lugar a dudas, los naturales de este país. Cuando se juntan, y es lo que más les gusta, el alborozo puede ser intolerable para oídos sensibles. Los debates televisivos lo demuestran, quizá en especial los de La Sexta Noche, donde el periodista Eduardo Inda suele ser el alborotador número uno, con sus constantes, autocomplacientes y tonitronantes interrupciones. La Sexta, además, trivializa aún más los debates con el uso sumamente molesto, por lo menos para mí, de una musiquilla de fondo que, subiendo y bajando, nunca se quita del todo y banaliza entrevistas serias, por ejemplo en *Al Rojo Vivo* y *El Intermedio* haciendo más difícil seguir los razonamientos del invitado.

—Los españoles hablan *muy golpeado* —me dijo un día en Málaga la actriz mexicana Silvia Pinal, protagonista de *Viridian*a, la magnífica película de Buñuel (que tanto irritó al régimen franquista... y al Vaticano). Y añadió—: ¡Siempre pensamos que van a llegar a las manos!

Yo le conté lo que escribió sobre el asunto Richard Ford hace tantos años: que en Cádiz había «más ruido a bordo de una barca de pesca que en todo un acorazado inglés». Se rio.

El 24 de mayo de 2016 expresó su punto de vista sobre la barahúnda nacional, en una carta dirigida al director de *El País*, un vecino de Arganda del Rey, Enrique Chicote Serna. El hombre estaba hasta el gorro de sus compatriotas: «Durante el día, cuando llega el buen tiempo la gente se saluda a gritos y en las terrazas de los bares las risotadas se confunden con los chillidos de los niños, formando una mezcla decibélica insufrible. Y cuando llega la noche, al dormir con las ventanas abiertas por el calor, los ladridos de los perros, el chirrido del camión de la basura y los acelerones de los moteros colaboran para que uno se levante ojeroso, desquiciado y con un deseo obsesivo: que llegue una borrasca.»

No es una exageración, he padecido situaciones así durante años, a veces con la desesperación más absoluta. No creo que una borrasca sea la solución.

El castellano tiene en sí —menos algunas pronunciaciones «periféricas»— una fonética bastante áspera. Tengo la convicción de que las cuerdas vocales del varón ibérico vibran con más intensidad que las de cualquier otro hablador de idiomas románicos. He observado y escuchado a hombres de pequeña estatura, cuyas voces, incluso cuando están charlando normalmente, se oyen a cientos de metros. Ya no voy nunca a cenas multitudinarias porque sé por experiencia el sufrimiento que me espera: el ruido de fondo y circundante será tan terrible que no podré entender nada de lo que me están diciendo desde el otro lado de la mesa, como si tuviera los oídos llenos de algodones. Un espanto.

Es fácil comprender que, con adultos tan ruidosos, los niños españoles necesitan aprender muy pronto a levantar la voz, pues, si no lo hacen, nadie les hará caso.

En los restaurantes se pone con frecuencia la televisión o música «ambiental», con lo cual la albórbola aumenta y hace aún más difícil conversar a gusto con quien uno tiene enfrente o al lado. Es como si todo se diseñara para que en este país nadie pudiera comunicarse de manera tranquila con el prójimo.

El ruido se ha incrementado masivamente con la llegada del móvil y su sucesor, el tremebundo *smartphone*, que permite a su usuario imponerse a voces en cualquier lugar donde se encuentre, pese a estar rodeado de personas que no tienen ningún interés en escuchar sus intimidades o los asuntos de su despacho. En este sentido fue un alivio inmenso cuando Renfe introdujo por fin, en 2015, el coche silencioso del AVE, donde el móvil está prohibido:

Desde el momento de enterarme de la aparición del coche silencioso me apunté. Qué maravilla: poder viajar en paz, leer, escribir, reflexionar sosegadamente. Pero cual no sería mi sorpresa al descubrir que en casi cada viaje había un pícaro infiltrado que porfiaba en utilizar el maldito aparato, aunque con la concesión de bajar un poco la voz. No sé cuántas veces he tenido que protestar, puesto que nadie más lo hacía. En tales casos la reacción del reo varía, desde la furia contenida —máxime al constatar que quien le llama la atención es un «guiri»— hasta la excusa de que no se había dado cuenta de que se encontraba en dicho coche.

Antes de la llegada de este, Renfe llevaba años tratando inútilmente de conseguir que quienes quisieran utilizar el móvil saliesen a la plataforma. Era divertida de verdad la advertencia: «Les rogamos que bajen el volumen de sus teléfonos móviles, utilizándolos solo en las plataformas» (con una traducción inglesa igualmente inane que decía: «*We ask you to turn down the volume of your mobile phones*»). Vaya eufemismo. Resultaba que el culpable del ruido no era el usuario sino el móvil actuando casi con independencia de su dueño.

La epifanía del coche silencioso del AVE (imitando con inteligencia el antecedente europeo) es una revolución. Enhorabuena, Renfe. Parece ser, además, que ahora algo se está moviendo también, quizás a imitación, en el mundo de la hostelería. El 4 de septiembre de 2016, en las noticias de la Primera Cadena de RTVE, nos informaron de que en Madrid algunos restaurantes, deseosos de evitar, o por lo menos de minimizar, el «efecto café», van a ser silenciosos. ¿Efecto café? Sí, el efecto que se produce cuando alguien penetra en uno y, como hay mucho ruido, tiene que hablar alto para hacerse entender, con el resultado de incrementar el estruendo circundante.

Tengo delante un artículo publicado hace 30 años por el escritor y médico Domingo García Sabell. Se titula «Hablando a gritos» (*El País*, 14 de noviembre de 1986). El culto y afable gallego, con quien tuve el placer de departir en distintas ocasiones, se queja de que en España «se gritan hasta las confidencias». ¿Su diagnóstico? «Andamos a la búsqueda del asombro de los demás» y se alza la voz mirando al tendido, «esperando la tácita ovación del público». La consecuencia, en su opinión (de acuerdo con Antonio Machado), es que en España el diálogo —el diálogo auténtico— «apenas si se produce». ¿Y cómo se puede producir, si «un yo vocifera y otro yo le responde, y ninguno de ellos se entiende»?

Menos mal —comenté en un artículo de 2007— que algunos

ayuntamientos ya reaccionaban contra tales abusos, en primer lugar, como era de esperar, en Cataluña, donde siempre ha habido más civismo que en el resto del Estado. Entre dichas corporaciones el tripartito de Badalona, que, según acababa de leer, iba a redactar, siguiendo el ejemplo de Barcelona, Mataró y L'Hospitalet, una ordenanza específicamente destinada a la lucha contra el ruido y otros desmanes medioambientales, con la creación de un cuerpo especial de agentes encargados de perseguir a los grafiteros, los coches discoteca y las motos demasiado estridentes.

Pese a tales iniciativas, que han sido imitadas en otros lugares, me parece que va a ser muy difícil que los españoles, en general, dejen de ser tan ruidosos.

Entretanto les hacen la competencia unos seres aún más alborotadores: los loros argentinos, esas malditas cotorras verdes que han invadido el país desde Cádiz a Bilbao, ocupando parques y alamedas, espantando pájaros más pequeños como los gorriones y buscando de preferencia los cedros vetustos, en cuyas tupidas copas pueden construir, sin que nadie los vea, sus nidos multifamiliares. En Málaga, donde apenas hay ejemplares de tales árboles, han optado por poblar las palmeras, para asombro de los turistas de los cruceros. El ruido que montan es infernal. En la Comunidad de Madrid viven 12.000, según la SEO BirdLife, 5.000 de ellas en la capital. En El Retiro las urracas, nunca muchas, proporcionaban antes un ruido de baja intensidad, para mi oído incluso simpático. Ahora lo tapa la escandalera de las cotorras, que cada año se multiplican sin que, al parecer, el Ayuntamiento levante un dedo para erradicarlas, que es lo que procede. ¿Notan su algarabía quienes transitan por el espacio o practican allí sus ejercicios de distinta índole? Yo diría que apenas, tan provistos van de auriculares y tan atentos a la pantalla de sus *smartphones*.

La España no señalizante... y el legado de Giner de los Ríos

El lector que ha tenido el detalle de seguirme hasta aquí sabe que la falta de señalización adecuada de lugares y monumentos me parece otra de las lacras de este país.

Quiero añadir dos casos que me han llamado últimamente la atención: uno toledano y otro madrileño.

Toledo tiene una de las estaciones de ferrocarril más hermosas de una península donde no escasean. La conozco bien y la adoro. Inaugurada en 1919, restaurada en 2005, es de estilo neomudéjar. La conecta con Madrid en treinta minutos el tren rápido AVANT, que en 2010 transportó a más de millón y medio de pasajeros. Muchos turistas sacan fotografías del *hall*, embellecido con vidrieras multicolor, antes de iniciar su visita a la que fue ciudad romana, capital del reino visigodo, floreciente localidad árabe y judía (hasta el año 1085, cuando la tomaron los cristianos) y sede, en el siglo XII, de una de las empresas culturales más extraordinarias de Europa: la Escuela de Traductores, en la cual eruditos musulmanes, cristianos y hebreos colaboraban vertiendo textos clásicos griegos al latín y al árabe.

Ni dentro de la estación de ferrocarril ni a la salida hay cartel alguno, indicando al visitante que puede acceder rápidamente al centro por uno de los breves recorridos peatonales más fabulosos de España. La mayoría acude, por ello, al bus turístico o a la parada de taxis situada delante del edificio, persuadida, en el caso de estos, por el hecho de que el trayecto al Zocodover, la plaza principal de la ciudad, solo les va a costar el precio fijo de cuatro euros y medio.

Entretanto en la calle, al otro lado del paso cebra, y apenas visible desde la acera de la estación, hay una placa alentadora. Demuestra que hubo un tiempo en que quienes regían los destinos de

Toledo tuvieron en cuenta al turista deseoso de entrar a pie en la afamada Ciudad Imperial:

El problema es que el simpático hombre del bastón no va a reaparecer. Ya se fue para no volver. No hay ni segunda placa, ni tercera. No hay ninguna. Nuestro alemán o australiano, buscando en vano otra indicación orientativa, debe o bien seguir a ciegas por la acera o preguntar a alguien (que he sido yo en más de una ocasión) si va correctamente encaminado. Nadie ha pensando en guiarle con paso seguro hacia uno de los panoramas más asombrosos y dramáticos de todo el país: el del puente que cruza el Tajo, efectivamente —la única y solitaria placa no miente—, a unos diez minutos de la estación.

Ningún rótulo explica al visitante que se trata del famoso puente de Alcántara —pero no confundir con el otro del mismo nombre que vimos río abajo, no lejos de Portugal—, ni proporciona dato alguno sobre su historia. Y eso que, en su origen, fue romano —su arco central lo sigue siendo—; que fue destruido hacia el siglo IX; que lo reconstruyeron los árabes; y que lo repararon los cristianos al «reconquistar» la ciudad en 1085.

Habiéndolo atravesado, el turista se encuentra con que justo enfrente, al otro lado de la ronda, hay un arco de herradura. Nada indica que conduce a una sucesión de 172 anchos escalones que permiten subir tranquilamente, disfrutando a cada vuelta nuevas perspectivas, hasta la anhelada plaza de Zocodover.

El proyecto peatonal, meritorio en su intención, se quedó, pues, truncado, malogrado, hecho trizas. Nadie pensó en el seguimiento. ¿O quizás en su momento hubo más placas que luego se cayeron y no fueron reemplazadas, por la falta de mantenimiento periódico que es otra plaga española?

Sea como sea, el resultado final del caso que voy comentando es que cada año decenas de miles de turistas utilizan innecesariamente el taxi y el bus para llegar desde la estación de Toledo al casco histórico, perdiendo así una de las aventuras más estupendas que puede ofrecer España.

¿Hace falta añadir que tampoco hay señalización en el sentido inverso para los que gozarían llegando a su tren por el mismo fascinante camino?

Habría que saber a quiénes, en el Ayuntamiento toledano, les corresponde atender un asunto de resolución tan fácil, tan poco costosa y tan beneficiosa para la ciudad y sus visitantes. Y para la Cultura con mayúscula.

¿O es que hay intereses inconfesables en no hacerlo, quizá no ajenos a los de los aludidos taxis y buses turísticos?

En cuanto al segundo caso, esta vez madrileño, hace falta regresar a la Plaza de Oriente, donde ya hemos indagado brevemente acerca de la presencia allí de algunos reyes godos.

En el centro del espacio se erige un monumento ecuestre espléndido, muy admirado y fotografiado por los turistas. Tiene dos inscripciones. La que mira hacia el Palacio Real reza: «Reinando Isabel Segunda de Borbón Año de 1844.» La otra, orientada hacia el Teatro Real, informa: «Para gloria de las artes y ornato de la capital erigió Isabel Segunda este monumento.»

Es, en efecto, ornato de la ciudad. Pero ¿quién es el personaje que monta el fogoso caballo? En vano buscará nuestro curioso impertinente una respuesta en las inmediaciones. Una vez más la España no señalizante se ha olvidado del visitante, del turista, de la persona deseosa de saber y aprender. No hay cartela informativa explicándole que se trata de Felipe IV (rey de España a partir de 1621) y que su autor, el escultor italiano Pietro Tacca, utilizó para su trabajo un diseño de Diego Velázquez, nada menos, y tuvo el asesoramiento de... ¡Galileo Galilei! Y te preguntas: ¿cómo es posible que a nadie se le haya ocurrido exponer algo de esto a la gente que visita este monumento situado en el corazón de una de las plazas más conocidas y más concurridas del país?

«Cosas de España», diría Richard Ford.

Al arriesgarme a formular comentarios como los que anteceden, tengo siempre muy presente, otra vez, a Antonio Machado. El poeta-filósofo fue producto, como se sabe, de la Institución Libre de Enseñanza —libre, es decir, de la influencia de la Iglesia católica—, colegio privado mixto que emprendió en 1876 la aventura pedagógica más original y valiosa de la España que entonces se quería europea y abierta al mundo. Lo crearon Francisco Giner de los Ríos, Manuel Bartolomé de Cossío —el gran especialista en El Greco— y otros pedagogos y catedráticos progresistas, hartos de ser perseguidos por los reaccionarios de siempre. La ILE, cuyos hijuelos más preclaros serían el Instituto-Escuela y la famosa Residencia de Estudiantes, ponía el énfasis sobre la responsabilidad personal del individuo, el civismo, el diálogo, la tolerancia, el respeto al medio ambiente y el sueño de una España tranquila y culta. Sus instalaciones siguen hoy —milagro de la supervivencia, dado el odio que le profesaba el franquismo— en la calle del general Martínez Campos de Madrid, aunque afeadas por una nueva estructura horrenda. Allí se alberga la Fundación Francisco Giner de los Ríos y se montan periódicamente exposiciones.

Giner murió en febrero de 1915. Vale la pena visitar, además de la Institución Libre, su tumba en el Cementerio Civil de Madrid, donde yace al lado de tantos compañeros y afines. Machado le dedicó una elegía inolvidable. Francisco J. Laporta ha recordado hace poco que, para aquel maestro preclaro, «el oficio de enseñar era la más importante empresa nacional».[6]

Cien años tras la muerte de Giner, el civismo preconizado por la ILE no caracteriza todavía, ciertamente, a los españoles. Los síntomas del *in*civismo son ubicuos, empezando con la falta de respeto hacia los espacios públicos. Sin ir más lejos, el tic de arrojar papeles, latas y colillas al suelo denota un desprecio absoluto por el medio ambiente. Hace muchos años Pedro Laín Entralgo señaló que ningún español recoge jamás un papel del suelo, y mucho menos si lo ha tirado allí otra persona. ¡Van a pensar que es gillipollas, marica, imbécil o todo junto! «Una papelera es un objeto rodeado de papeles»: creo que la ocurrencia fue de José Luis Coll. No cuesta ningún trabajo comprobar la exactitud de la definición. El lugar preferido para ejercer tal desprecio, por lo menos en mi barrio, es el alcorque (otra buena palabra árabe) de los árboles. No hay uno que no reciba cada día y cada noche su cuota de latas de cerveza vacías, colillas y demás desperdicios, para que allí los recoja el barrendero.

Quien tal vez más se ha indignado, y se indigna, con la suciedad de Madrid es Javier Marías, la ciudad —escribió en 2014— «más guarra de Europa, una pocilga repugnante». Acababa de pasar por Palermo, con su fama de localidad «descuidada y ruinosa». En ella no encontró nada «comparable a la guarrería de aquí».[7]

Quizá la mayor muestra de la desidia medioambiental de los madrileños (secundados por ciudadanos procedentes del resto del territorio) se produce en la Puerta del Sol durante la celebración tradicional del Año Nuevo. El 1 de enero de 2016 RTVE informaba que aquella madrugada se recogieron en ella 18.000 kilos de basura.

Tengo que añadir que García Lorca no era ajeno a desprenderse de una colilla tirándola al suelo, y ello ¡hasta en la Residencia de Estudiantes! Una vez lo sorprendió *in flagranti* el director, Alberto Jiménez Fraud, quien, sin proferir una palabra, la recogió y depositó en un cenicero. Dice la historia que el granadino se ruborizó violentamente. Espero que sí.

Convengamos en que la cosa pública, la *res publica*, la tiene complicada por estos pagos. El Partido Popular, nada más acceder otra vez al poder en 2011, con mayoría absoluta, se encargó de suprimir la asignatura de Educación para la Ciudadanía, elaborada por los socialistas e imprescindible —me parece evidente— en un país donde escasea tanto la sensibilidad cívica. ¿Qué se puede esperar de una derecha así?

Se necesita en España, de una vez por todas, un gran pacto nacional sobre Educación para que el currículum no esté en peligro de ser cambiado por cada nuevo Ejecutivo en aras de su ideología particular. Para no seguir, como siempre, con el tejer y destejer gubernamental endémico, denunciado ya por Mariano José de Larra hace casi doscientos años como uno de los grandes males de la patria. Tejer y destejer que trae consigo, inevitablemente, la discontinuidad de la cultura española lamentada por Manuel Azaña. Que haga falta tal pacto es tan obvio que hoy casi nadie, incluida la derecha moderada —que por suerte hay—, lo niega. Veremos si se logra en 2017 ahora que el PP, perdida su mayoría absoluta, preconiza con fervor de converso el diálogo.

Mencioné antes la falta de mantenimiento periódico. Que se me perdone si reincido brevemente. Es evidente que tal desidia le cuesta mucho dinero a las arcas públicas. Más económico resulta siempre *mantener* un edificio o una instalación —repintar una verja, por ejemplo— que esperar hasta que se oxide o desplome. Además, ¿no dice el refrán «más vale prevenir que curar»?

Un ejemplo: los bolardos instalados en las calles de Madrid para impedir que aparquen los coches en las aceras. Buena política, pero ¿para qué gastar dinero público en ellos si no se van a cuidar y, en su caso, reparar o reponer? Pues no, cuando se rompe uno o se quita intencionadamente, lo normal es no hacer nada, por lo menos donde yo vivo:

Los bolardos instalados alrededor de los árboles para protegerlos de los coches también desaparecen a menudo para no volver nunca. Y con ellos los árboles mismos. Ello da lugar a espectáculos lamentables que a nadie le parece importar:

¿No ha mejorado nada la conciencia medioambiental española? Claro que sí. Las cacas de los perros ya se tienen que recoger y creo que la mayoría de sus dueños respetan la ley. La gente utiliza cada vez más los contenedores. Pero todavía se acumula mucha mierda real y metafórica en las calles. Todavía falta mucho civismo. Incumbe, ante todo, recordando a Francisco Giner de los Ríos y la ILE, educar a los más jóvenes en el amor a nuestro entorno y la obligación de cuidarlo.

PICARESCA, CORRUPCIÓN

Es corriente, en la España actual, con la Gürtel, las «tarjetas *black*» y tantos escándalos más, escuchar a la gente decir pestes de los políticos, banqueros, empresarios y ricos. ¡Qué pícaros, qué ruines y corruptos! ¡Qué sinvergüenzas! Resulta menos habitual el reconocimiento de que el problema tiene hondas raíces, desde hace siglos, en el pueblo mismo, en los genes del español corriente y moliente.

En 1994, el escritor Jorge Semprún recibió en Francfort el Premio de la Paz, el más prestigioso que concede Alemania. En su discurso de agradecimiento habló de su terrible experiencia en Buchenwald. «Alemania ha vivido los dos totalitarismos —dijo—, el nazi y el estalinista, por eso tiene ahora la obligación de explicar a las nuevas generaciones lo que pasó y de luchar por el futuro.»

Semprún dedicó buena parte de su intervención a la situación española de entonces. «La corrupción ha sido algo intrínseco en la historia de España —declaró sin ambages—, un país que no tuvo una reforma protestante y que desprecia la cultura del trabajo. Luego, hemos tenido 40 años de dictadura, la más corrupta y corruptora que ha existido en España. Y, después, la transición, que en sí fue muy positiva pero que trajo la amnistía y la amnesia. Nadie ha preguntado a nadie cómo se enriqueció.»[8]

Me pareció muy interesante la alusión al protestantismo. Muchas veces he pensado que no le vendría nada mal ahora a España, ya que no la tuvo entonces, una inyección de ética calvinista.

Luego vino lo más fuerte. Dijo Semprún, para extrañeza de no pocos de sus oyentes: «De lo que ha sucedido en la historia de España no es responsable Felipe González, pero sí de la corrupción en el PSOE, al no haberla atajado inmediatamente cuando se produjo el caso Juan Guerra.» También, según la crónica de Rosa Mora que sigo, el ex ministro de Cultura de González le acusó de haber dilapidado el resultado de los comicios de 1993 al no haber puesto en marcha (con la mayoría absoluta que se lo habría permitido) los cambios prometidos.[8]

Yo recuerdo muy bien los inicios de aquel proceso de decadencia, cuando, por falta de cuadros profesionales solventes, el PSOE se vio invadido de mediocres y *parvenus*. Aquellos polvos trajeron los lodos actuales, de los cuales, en absoluto, se puede echar toda la culpa al PP (Roldán, por ejemplo, con su falso currículum universitario no comprobado por el Gobierno del PSOE, no era precisamente un diputado popular).

Me ha interesado mucho un comentario sobre el marasmo ético actual debido a una lectora de *El País*: «Criticamos ferozmente la corrupción y el amiguismo de las altas esferas de nuestro país sin darnos cuenta de que son el reflejo de una sociedad en la que se valora la picardía por encima de la honestidad —escribía Jennifer Sánchez el 25 de noviembre de 2016—. Esa cultura de "tonto el último" tan arraigada en España nos lleva a pensar que, en realidad, no está tan mal utilizar los medios que estén a nuestro alcance en beneficio propio, simplemente se trata de ser espabilado...» Tras unas consideraciones sobre el *Lazarillo de Tormes* y la *Celestina* —con el *Guzmán de Alfarache* y *El buscón* de Quevedo los clásicos textos de referencia—, la misiva terminaba: «Casos de corrupción política como los que continuamente se reproducen en nuestro país serían impensables en otras sociedades en las que este tipo de actitudes son totalmente reprobables. Aquí nos quejamos de lo que otros hacen, pero repetimos el mismo esquema en nuestras acciones cotidianas, siempre tratando de buscarle el truco a cualquier sistema...»

Creo que Jennifer Sánchez no va descaminada. Hay una enorme permisividad en España hacia quienes se saltan las reglas y logran defraudar el sistema fiscal. Recordemos la famosa «cultura del pelotazo». Los pícaros incluso suscitan admiración. Si no fuera así, ¿cómo explicar que el PP, con tantos y tantos casos flagrantes de corrupción, siga obteniendo, en cada nueva consulta, más votos?

Así lo entiende el escritor y columnista de *El País*, Julio Llamazares, para quien el problema de España es más moral que político («Que me explique, si no, alguien cómo se puede entender que la cuarta parte de los españoles apoye con su voto al partido con más escándalos de corrupción de la historia de la democracia española»).[9]

Otro gran columnista, Gregorio Morán, tiene claro que la tolerancia de la corrupción tiene una honda raigambre en la psique española, y que es un error culpar exclusivamente a los de arriba. «A estas alturas de la película —empezaba una de sus estupendas "Sabatinas intempestivas" en *La Vanguardia* (16 de julio de 2016)—, a nadie le cabe la menor duda de que la sociedad española es tan cómplice ante el delito económico que ocupará un puesto elevado en la lista de países corruptos, con una buena mayoría de ciudadanos indiferentes.»

¿Una «buena mayoría» de ciudadanos *indiferentes* ante la corrupción? Es una alegación tremenda y no sé hasta qué punto verificable.

No es sorprendente, de todas maneras, que para otro articulista, José Ignacio Torreblanca, la corrupción demasiado tolerada sea «el mayor obstáculo que enfrenta España en estos momentos... la verdadera enemiga del progreso y de la libertad del país».[10]

Animales

El problema moral al cual se refiere Julio Llamazares se refleja también en la falta de sensibilidad de muchos españoles hacia los sufrimientos de los animales, entre ellos los miles de perros abandonados en las carreteras del país cada verano con la consigna de que «se busquen la vida».

¿Y los festejos anacrónicos con su componente cruel? La situación ha mejorado desde 1991 cuando, según un pormenorizado reportaje de *El Mundo*, «ciudadanos españoles, "europeos", torturan, mutilan y asesinan a los animales en 80 localidades de las 14 comunidades autónomas». Entre las víctimas, una vaquilla emborrachada, arrastrada y, para remate, despeñada (Illana, Guadalajara); gallos decapitados en distintas localidades (como los de *Las Hurdes*, el documental de Buñuel rodado en 1933); una cabra arrojada desde la torre de la iglesia de Manganeses de la Polvoresa (Zamora); y el toro de Canet (Valencia), que, apaleado por una multitud que «le mete palos por el ano», es atado con una cuerda a la cabeza «de la que tiran en todas las direcciones».[11]

Llamazares desprecia a sus compatriotas maltratadores de animales y ha sido uno de los mayores detractores del bárbaro festejo del Toro de la Vega, en Tordesillas, «ese espectáculo prehistórico por el cual ya solo deberían expulsarnos de las comunidades europeas».[12] Espectáculo defendido visceralmente por quienes creen que las tradiciones, por cavernarias que sean, son intocables, y suprimido por fin, contra viento y marea, en 2016.

Añado que, si no me equivoco, el gremio de los toreros «legítimos» nunca levantó su voz, ni tampoco ningún espada individual, contra el repelente trato acordado a la víctima anual de Tordesillas. Y eso que, procediendo de ellos, que tienen el máximo interés en reivindicar la dignidad de su profesión, el rechazo habría tenido, hace ya tiempo, un peso decisivo.

TACOS

Me di cuenta por primera vez —antes de conocer España— al leer *Por quién doblan las campanas*. Era evidente que a Hemingway le encantaban los tacos ibéricos, tacos que traducidos al inglés me resultaban chocantes en extremo, máxime por su mezcla de elementos escatológicos y sagrados. «Me cago en la Virgen», «me cago en la leche de tu madre», «me cago en la hostia» y hasta «me cago en Dios». ¿Cómo era posible que se profiriesen tales blasfemias en un país de larga tradición católica, romana y apostólica?

Cuando empecé a estudiar el idioma y a escuchar a los españoles hablando en directo, y no traducidos al inglés, comprobé sin tardanza que el escritor no exageraba. Y comencé a ir apuntando tacos oídos en la calle, en los bares, en cualquier sitio. Descubrí con asombro que el mayor elogio que podía salir de la boca de un buen macho español era que algo le pareciera «de puta madre». O sea algo que, como el *summum* de la perfección, combinara las excelencias de la autora de sus días con las de una prostituta.

Un día, en Calanda, tierra de Luis Buñuel, oí a alguien decir: «Me cago en la hostia de canto.» Le pregunté a un amigo: «¿Por qué de canto, no entiendo?» Me contestó: «Para que caiga por los dos lados.» Me quedé de una pieza.

Cagarse en la hostia era ubicuo. Pero frecuente también aliviarse en el copón, el sagrado cáliz. Apenas me lo podía creer.

En relación con la hostia, casi me morí de risa ante la reacción al respecto de la protagonista de *La tesis de Nancy*, la hilarante novela de Ramón J. Sender. Y es que la ingenua rubia yanqui le asegura, en una carta a una amiga en Estados Unidos, que los españoles son profundamente católicos. ¿Cómo se nota? Pues en que a cada paso se les oye decir a alguien que «le van a dar una hostia». ¡Qué generosidad!

El otro día, en una placeta de Chueca, había una joven madre sentada a una mesa con su bebé en un carrito al lado. Charlaba con unos amigos y le oí decir, con la más absoluta naturalidad: «Le mandé a tomar por culo.» Es otra frase que se oye por doquier y en cualquier momento. No se le da importancia alguna, pero tomar por culo es tomar por culo. Y a mí, ex protestante que soy, me choca que sea una expresión considerada normal incluso por las mujeres.

Apenas hace falta mencionar las expresiones de turno protagonizadas por —además de las omnipresentes e insustituibles «putas»— «maricas», «maricones» (y «mariconadas»), «pollas», «cojones», «coños» y demás términos del género.

Ha sido maravilloso, a lo largo de los últimos años, tan sembrados de corruptelas, oír las grabaciones telefónicas de los implicados y darse cuenta de exactamente cómo hablan entre ellos cuando creen que nadie más les escucha. ¡Qué pobreza expresiva! ¡Qué letanía de clichés! ¡Qué derroche de tacos mil veces gastados!

De todos los grandes escritores españoles actuales, a quien quizá más le duele todo esto es al ya citado Javier Marías, cuya columna habitual en la última página de *El País Semanal*, «La zona fantasma», constituye una crónica implacable en torno a la chabacanería, mediocridad e incivismo imperantes. Muchas veces leyéndola he pensado «si yo escribo esto me echan». En la titulada «Grosería nacional impostada» (18 de septiembre de 2016) declaró Marías que, «si atendemos a su cine, a sus programas de televisión y radio, a su prensa escrita, España es el país peor hablado de cuantos conozco». Recordaba a continuación que Camilo José Cela fue «un pionero de la zafiedad que hoy impera en España, y en eso (ya que no en su literatura) en verdad creó escuela».

Recuerdo muy bien las barbaridades que profería Cela en público.

Luego Marías desarrolló la interesante tesis según la cual quienes se especializan en proliferar tacos, mujeres incluidas, son los que tienen la necesidad de demostrar que son «duros». Es decir, quienes no los sueltan con naturalidad sino para impresionar a los demás. Para demostrar que «tienen cojones».

Lo más terrible de la España actual, sin embargo, es, a mi juicio, el olvido en que se mantiene, cuatro décadas después de la muerte del dictador, a las víctimas todavía insepultas del franquismo.

«UN MONTÓN DE PERROS APAGADOS»

El muerto al hoyo y el vivo al bollo.

Refrán español

España sigue obrando el milagro de que el pasado no exista, ni el más reciente.

JAVIER MARÍAS, 2015[13]

Un país que no respeta su propia historia (encerrada en gran parte en los archivos, públicos y privados) es un país que no se respeta a sí mismo.

ÁNGEL VIÑAS, 2016[14]

El 28 de julio de 2006 el Gobierno de José Luis Rodríguez Zapatero aprobó el proyecto de la llamada Ley de Memoria Histórica, elaborado por una comisión presidida por la vicepresidenta, María Teresa Fernández de la Vega.

La finalidad de la iniciativa era hacer justicia, por fin, a las víctimas de la represión franquista, la gran asignatura pendiente de un país que todavía mantenía en cunetas y fosas comunes a alrededor de unos 130.000 «rojos» desaparecidos y fusilados durante y después de la Guerra Civil.

El texto del proyecto decepcionó profundamente a las familias de los inmolados, a las asociaciones que las representaban, a Izquierda Unida, a Amnistía Internacional e incluso al ala más progresista del propio PSOE. No solo porque trataba a los dos «bandos» involucrados en la contienda como si hubiesen sido iguales —sin tener adecuadamente en cuenta que fue provocada por una sublevación fascista contra el poder republicano legalmente constituido—, sino porque dejaba las exhumaciones en manos de asociaciones privadas en vez de encomendarlas al Estado.

Yo seguía absorto y preocupado los debates parlamentarios correspondientes.

Era difícil no achacar la claudicación del Gobierno a una manifiesta falta de valentía política, a un deseo de evitar una confrontación grave con el PP. También a la influencia de la «vieja guardia» del PSOE (González, Guerra, Jáuregui, etc.), opuesta a una ley demasiado radical. Esto en un país donde, *terminada la guerra*, la dictadura, aparte de otros flagrantes desmanes, había ejecutado, hasta 1945, a unas 50.000 personas. En un país donde se había perpetrado un Crimen de Lesa Humanidad.

Sobre quienes habían depositado sus esperanzas en el proyecto de ley cayó como un rayo jupiterino el hecho de que no contemplara la anulación de los sumarísimos franquistas, carentes de toda legalidad. ¿Cómo podía considerar el Gobierno que la reparación moral —que sería otorgada por el Parlamento en cada caso y publicada en el BOE— fuera la fórmula «más razonable y sensata»? ¿No entendía que solo con la anulación de los sumarísimos se conseguiría la restitución jurídica de la inocencia y honradez de los sacrificados? Era una cuestión de justicia, de decencia.

Las familias insistían en que no aceptarían ninguna reparación económica, ni de ningún otro tipo, que no estuviera acompañada previamente por tal reconocimiento jurídico de sus seres arrebatados. En cuanto a las fosas comunes, lo tenían claro: si no se encargaba de abrirlas el propio Estado en presencia de un juez, como era su obligación, el procedimiento, en absoluto, ofrecería las garantías necesarias.

Era evidente que el debate previo a la promulgación de la Ley de Memora Histórica iba a ser enconado, dadas tanto la actitud del PP, radicalmente hostil a la iniciativa, como las reivindicaciones de Izquierda Unida. Dentro del PSOE había también voces críticas, como hemos dicho. Una de las más ponderadas fue la de Luis Yáñez-Barnuevo, que comentó la proyectada legislación en una carta a *El País* (30 de agosto de 2006):

> Personalmente, espero que sea mejorada sustancialmente y que el Grupo Parlamentario Socialista sepa negociar con los grupos minoritarios con amplitud de miras, porque conceptos como «los dos bandos enfrentados», tal como aparece en el proyecto, son inaceptables desde el punto de vista democrático e histórico.
>
> No se puede ni debe poner al mismo nivel a los facciosos golpistas con el Gobierno legítimo y democrático de la República, por muchos errores que cometiera, contra el que aquellos se alzaron provocando una larga y sangrienta guerra y una larguísima dictadura.

Entretanto le tocó entrar en liza a quien iba a encarnar la lucha jurídica por los derechos de los vencidos y sus familiares, el hoy mundialmente conocido y reconocido Baltasar Garzón.

Ocurrió así. El 15 de diciembre de 2006 el Decanato de los Juzgados Centrales de Instrucción de la Audiencia Nacional turnó al

Juzgado n.º 5, entonces el de Garzón, distintas denuncias fechadas el día anterior y presentadas por Asociaciones por la Recuperación de la Memoria Histórica y por particulares. Ello dio lugar a la incoación por Garzón de las Diligencias Previas de Procedimiento Abreviado n.º 399/2006. A las denuncias indicadas siguieron otras muchas en fechas sucesivas. Todas ellas «por presuntos delitos de DETENCIÓN ILEGAL basadas en los hechos que se describen en las mismas, fundamentalmente por la existencia de un plan sistemático y preconcebido de eliminación de oponentes políticos a través de múltiples muertes, torturas, exilio y desapariciones forzadas (detenciones ilegales) de personas a partir de 1936, durante los años de Guerra Civil y los siguientes de la posguerra, producidos en diferentes puntos geográficos del territorio español».*

No cuesta trabajo alguno imaginar la reacción de la derecha ante el panorama que se abría. Como si ya no fuera suficiente elaborar una indeseable Ley de Memoria Histórica, ahora se presentaba la posibilidad de un proceso judicial para poner en el banquillo al régimen anterior. Garzón era ya el Diablo, la misma encarnación del Mal. Y había que pararle, como fuera, los pies.

Para mí, al contrario, y para muchos, el juez era un nuevo don Quijote, un desfacedor de entuertos heroico en lucha contra quienes porfiaban en desconocer el espíritu de la Justicia Universal.

El 8 de octubre de 2007, el Parlamento aprobó el proyecto de ley elaborado por el Gobierno. Al día siguiente titulaba el diario *Público*: «Acuerdo en el Congreso para la Ley de la Memoria. Justicia histórica. Todos los partidos, menos PP y ERC, pactan la Ley de la Memoria Histórica. Es la primera vez que una norma asume la condena del franquismo.»

* Auto de Garzón fechado el 16 de octubre de 2008, en *Garzón contra el franquismo. Los autos íntegros del juez sobre los crímenes de la dictadura*, Madrid, *Público*, 2010, p. 21.

Habiendo pasado por el Senado el proyecto se convirtió en ley a finales del año.

No tardaron en hacerse manifiestas sus graves limitaciones.

En julio de 2008 —cuatro meses después de ganar otra vez el PSOE las elecciones—, Garzón pidió al Gobierno la creación de una Comisión Nacional sobre la Desaparición de Personas durante la Guerra Civil y la dictadura de Franco. Comentando la iniciativa en *El País* (10 de julio), el historiador Julián Casanova le recomendó al Ejecutivo que le hiciera caso al juez. Aprovechó para señalar que, varios meses después de aprobada la Ley, «nadie ha movido un dedo ni siquiera para cambiar los nombres de las calles dedicadas a los militares golpistas o a dirigentes fascistas».

No se crearía nunca aquella Comisión.

Entre los muchos artículos críticos y desconsolados aparecidos durante esos meses me impresionó profundamente el de Manuel Rivas, «Garzón, Antígona y la memoria histórica» (*El País*, 7 de agosto de 2008).

Me sigue impresionando. Hizo muy bien el escritor gallego en comparar la actitud de la derecha española hacia las víctimas del franquismo con la del rey Creonte en *Antígona*, la conmovedora tragedia de Sófocles en la cual el tirano condena a muerte a su propia hija por desobedecer la orden de dejar sin enterrar el cadáver de su hermano. ¿En qué consistía, en la España de hoy, preguntaba Rivas, la herencia de aquel despiadado monarca? Y continuaba: «Es esa voz, también concertada, que ante la Antígona española un día le dice displicente: "¿Para qué andas removiendo los huesos?" Otro día: "¿A quién le importa esa zarandaja de la memoria histórica?" Y al siguiente, aunque estemos hablando de asesinados y de familias que quieren darles sepultura honorable: "Para eso, ni un duro."»

Rivas culpaba a la derecha de practicar una intencionada «amnesia retrógrada» en relación con la criminalidad franquista, amnesia asumida «por un sector importante de la opinión, de parte de la Iglesia e incluso del estamento judicial». A su juicio, tal actitud no solo era altamente nociva para estos, sino para el país en su conjunto. «La derecha renovada —insistió— debería dar ese paso moral de despegarse definitivamente del complejo de Creonte.»

El escritor terminaba aseverando que la nueva España necesita asentarse en una «memoria democrática», y que conocer y asumir la verdad de lo ocurrido bajo el franquismo era la única manera de construir un país decente. De ahí la inmensa importancia del «giro decisivo» dado por Baltasar Garzón al solicitar información sobre la represión a los ministerios de Defensa e Interior, así como a las asociaciones privadas que estaban trabajando a favor de la recuperación de la memoria.

Otro comentario devastador sobre la reacción del PP ante la iniciativa de Garzón procedía de Ángel Viñas, de toda la actual promoción de historiadores españoles quizás el más brillante y el más reputado internacionalmente. Se titulaba «El miedo al conocimiento histórico» (*El País*, 5 de septiembre de 2008). La actuación del juez estaba teniendo «efectos fulminantes», escribió Viñas, entre quienes estaban empeñados en impedir el conocimiento de la represión franquista. «No es para menos —siguió—. A los 33 años de que el general Francisco Franco pasara a ese estado en que sus responsabilidades como gobernante habrán sido juzgadas por Dios, aunque todavía no por la Historia, Garzón ha emplazado a la maquinaria administrativa a que dé los pasos que permitan estimar si procede abrir algún tipo de procedimiento llamado a arrojar luz sobre el capítulo más sórdido del antiguo régimen.» ¿Por qué era incapaz la derecha española actual, pretendidamente democrática, de encarar la verdad? ¿Por qué tal renuencia? ¿Por qué tantas trabas puestas a la investigación? ¿Por qué tanto archivo todavía cerrado a cal y canto? Además, ¿no hacía España el ridículo, con tal posicionamiento, ante el mundo civilizado? «¿Es que acaso tenemos genes que nos hagan incapaces de afrontar nuestro pasado? —reflexionó el historiador—. Los sudafricanos, los chilenos, los argentinos, los rusos, por poner unos cuantos ejemplos, han dejado ya en pañales a quienes nos enorgullecíamos de una transición presentada como modélica.»

Viñas recordó a sus lectores el papel desempeñado por Garzón en el «acoso» a Pinochet, «un alma de la caridad en comparación con Franco». Y formuló otra pregunta: «¿Sabe nuestra derecha política y judicial algo de los avances que en los últimos 20 años se han hecho, por ejemplo, en Rusia para lidiar con los horrores del estalinismo? Con dificultades, sí, pero sin pausa. Me atrevo a afirmar que el nivel de su conocimiento, tanto allí como en Occidente, gracias a la labor de investigadores rusos, británicos, norteamericanos, franceses, alemanes, japoneses, etcétera, es muy superior al que los españoles tenemos sobre los horrores del franquismo.»

Nunca olvidaré el desdén y la rabia desencadenados en los medios de comunicación de derechas contra Garzón al conocerse, primero, la providencia del 25 de septiembre de 2008 con la cual iniciaba diligencias documentales sobre las víctimas del régimen anterior, y luego sus autos del 16 de octubre y 18 de noviembre del mismo año.

Ocho años después estamos prácticamente en las mismas. Perseguido Garzón por una jauría de enemigos de su propia profesión, suprimida su tentativa reparadora y finalmente expulsado de la carrera judicial con la excusa de la «ilegalidad» de las escuchas de la trama Gürtel, todo le volvió a resultar más fácil a la derecha. Nada más ganar Mariano Rajoy las elecciones de 2011, con mayoría absoluta, cerró la oficina de atención a los familiares de los inmolados y desaparecidos establecida en la Moncloa por Rodríguez Zapatero. Era toda una declaración de intenciones. Rajoy tuvo la sensatez política de no poner en marcha un procedimiento para anular la Ley, pero en la práctica la inutilizó. Incluso se jactaría, sin inmutarse, de no haber gastado ni un solo euro de dinero público en ayudar a quienes querían buscar a sus seres queridos.

En septiembre de 2013 visitó España el Grupo de Trabajo de la ONU sobre las Desapariciones Forzadas o Involuntarias. Su tarea: evaluar la situación de las víctimas del franquismo. El informe correspondiente, enviado al Gobierno de Mariano Rajoy en julio del año siguiente, fue extremadamente crítico. Trasladaba 42 «recomendaciones» al Ejecutivo, con un plazo de 90 días para explicar cómo las pensaba implementar, y le recordaba el compromiso contraído por España en materia de Derecho Internacional. Entre dichas «recomendaciones» figuraban las de respetar íntegramente la Ley de Memoria Histórica, de abrogar la preconstitucional Ley de Amnistía de 1987, de proceder en seguida a la retirada de símbolos fascistas alrededor del país y de trasladar a sus respectivas familias los restos de Franco y José Antonio Primo de Rivera, conservados en el Valle de los Caídos. Escudándose tras la referida Ley de Amnistía, el Gobierno respondería, tomando su tiempo, que no se consideraba en la obligación legal de asumir lo recomendado por el grupo de trabajo.[15]

Así las cosas, apenas nos pudieron sorprender los ruines comentarios sobre las víctimas del régimen franquista de algunos destacados colaboradores de Mariano Rajoy, entre ellos los diputados Pablo Casado y Rafael Hernando.

A principios de enero de 2015, en un mitin del PP, el primero despotricó, refiriéndose genéricamente a las izquierdas: «Son unos carcas, están todo el día con la guerra del abuelo, con la fosa de no sé quién, con la memoria histórica.» Su exabrupto fue muy divulgado por los medios, mejor dicho, por *algunos* medios (por otros nada). Puso los puntos sobre las íes una carta publicada el 19 de enero en *El País*. «¡Qué crueldad! —escribía Fernando del Castillo Martín—. ¿Cómo un político puede decir esas cosas tan inhumanas? La derecha pudo enterrar bien a sus muertos de la Guerra Civil, incluso les puso sus nombres en lápidas públicas. Ahora, algunos desalmados como este se quejan y se ríen cuando la izquierda únicamente quiere dar digna sepultura a aquellos que fueron enterrados como perros.»

Al leer la última frase de la breve misiva recordé, con estremecimiento, los versos en los que, hacia el final del *Llanto por Ignacio Sánchez Mejías*, Lorca insiste en la irrevocabilidad de la desaparición del torero amigo:

Porque has muerto para siempre,
como todos los muertos de la Tierra,
como todos los muertos que se olvidan
en un montón de perros apagados.

El «clip» de la intervención de Pablo Casado fue reproducido asiduamente por La Sexta, sobre todo en *El Intermedio*, de modo que lo vieron millones de televidentes.

Diez meses después fue entrevistado por Juan Cruz en *El País.* Había tenido tiempo más que suficiente para reflexionar sobre sus palabras. ¿Estaba arrepentido? «La frase no es adecuada —contestó—. Decir que "los de izquierdas son unos carcas" no es adecuado porque no lo son. Ni los de derechas tampoco. Carcas son las carcas.» Cruz, como el avezado periodista que es, no se dio por satisfecho. Insistió. ¿Por qué lo había dicho? Respuesta: «Porque fue un mitin en el que se estaba diciendo que la ley era equivocada por reabrir heridas. Probablemente no me expresé bien porque evidentemente eso no es verdad. Los políticos hablamos demasiado rápido.» Ah, de modo que tuvo la culpa el contexto —un mitin en que el PP insistía en que la Ley de la Memoria Histórica *reabría heridas*—, y además las circunstancias exigían hablar con excesiva rapidez. El periodista volvió a la carga. ¿Era «imprescindible decir algo que no es cierto»? «No, es un error —repuso Casado—. Por cierto, lo han dicho mil veces de nosotros y no ha sido noticia. ¡Pero en diez años de vida política solo me pueden sacar esa frase!»

Esta manera de disculparse a medias, y a menudo ni eso, es una característica de la derecha española, especializada en el «donde dije digo, digo Diego». ¿Cuántas veces no le hemos oído a uno de ellos escabullirse con un «ah, si usted se siente ofendido/a, pues, le pido disculpas». Lo cual viene a significar: «Si usted es tan torpe como para pensar que yo le he ofendido, pues, ahí van estas palabras de desagravio.»

En cuanto a Rafael Hernando, es el autor de la quizá mayor vileza pronunciada últimamente por un militante del PP contra las familias de las víctimas. «Quienes se afanan en buscar a su padre fusilado —dijo en la tertulia televisiva *El Cascabel*—, solo lo hacen cuando alguien les da una subvención.» La torpeza de Casado era una nimiedad en comparación con lo proferido por su compañero de partido. Para Julio Llamazares, Hernando era «un individuo que en cualquier otro país democrático de Europa sería extraparlamentario por sus ideas».[16]

Pero una vez más nadie del PP protestó, nadie criticó a Hernando, nadie se disoció de él, por lo menos públicamente. Y es que, insisto, la línea oficiosa, por no decir oficial, del PP en este terreno, desde la aprobación de Ley de la Memoria Histórica (y antes, claro) hasta hoy, es que cualquier intento por buscar a las víctimas del franquismo es un deliberado intento de *reabrir heridas*. Heridas que, claro, nunca se han podido cerrar.

Sendas declaraciones de Casado y Hernando se pueden ver, escuchar y comprobar en el excelente documental *La desmemoria de España*, colgado en YouTube.

A mí me interesaba mucho conocer, en vísperas de los comicios de diciembre de 2015, la actitud de Ciudadanos en relación con la Ley. El 17 de noviembre el Gran Wyoming entrevistó en *El Intermedio* a Albert Rivera, que en distintas ocasiones se había mostrado algo escurridizo al respecto. Ante las conmovedoras secuencias filmadas de unas ancianas empeñadas, antes de morir, en localizar a los suyos, declaró que, de participar en el Gobierno, atendería las reclamaciones de las familias. «Un país se mide por la dignidad con la que trata a sus muertos», dijo exactamente. Luego propuso la formación de un pacto nacional para resolver la situación. El 11 de diciembre le pregunté públicamente, en un desayuno del Forum Europa celebrado en el Hotel Ritz de Madrid, si se ratificaba en lo prometido en *El Intermedio*. Dijo que sí.

Más recientemente se ha encargado Esperanza Aguirre de repetir la calumnia del PP. «Polémica por la memoria histórica», titulaba *El País*, el 28 de julio de 2016, una nota de su sección madrileña. «Esperanza Aguirre confesó el martes —relataba— que le hubiera gustado "torpedear" la Ley de la Memoria Histórica. Ayer matizó sus palabras y dijo que ella cumple "con todas las leyes", pero calificó la norma como "un siniestro intento de reabrir heridas de la Guerra Civil que llevaban muchos años cerradas".»

No puedo ni quiero ocultar el más absoluto desprecio que me produce una persona capaz de decir esto, juntando tanta maldad y tantas insidias en solo quince palabras.

En las fechas en que escribo, a finales de 2016, Jorge Martínez Reverte, a quien debemos muy importantes libros sobre aspectos de la Guerra Civil, está promocionando el último de ellos, *De Madrid al Ebro.* Acaba de escribir, en su columna de *El País*, que en sus reuniones de estos días con o sin periodistas siempre sale alguien que pregunta «por la licitud de las reclamaciones sobre enterramientos». Y comenta, no sin desaliento:

> Mala España esta. ¿Cómo se puede preguntar todavía si alguien tiene derecho a enterrar bien a quien fue mal enterrado? Y lo pregunta casi siempre gente que va a la iglesia.
>
> Se comprenderá que yo, al menos, tenga hecho un lío lo de mis muertos y los del país. ¿Hay alguien que sepa recuperar con un cedazo las cenizas entre la arena, o entre las aguas del Mediterráneo? Igual de difícil parece convencer a algunos de nuestros católicos de la necesidad de enterrar bien a los muertos.[17]

Yo tenía la ingenua esperanza, ya lo he dicho, de que, celebrados los comicios de diciembre de 2015, Podemos, después de su negación a colaborar con el PSOE, iba a facilitar, con su abstención, la formación de un Gobierno PSOE-Ciudadanos. Estimaba, de acuerdo con Fernando Vallespín, que la propuesta de Pedro Sánchez y Albert Rivera creaba un espacio «sobre el que poder tejer un acuerdo [...], un "consenso entrecruzado" [...], un proyecto en común».[18] Además me parecía, quizá aún más ingenuamente, que el tal proyecto abría un pequeño resquicio para que se tomara por fin la decisión de crear la Comisión sobre la Desaparición de Personas durante la Guerra Civil y la dictadura de Franco pedida, en su momento, por Garzón.

Pero Podemos se negó a abstenerse y pasó lo que pasó. Me cuesta mucho trabajo perdonar a Pablo Iglesias y los suyos por su falta de magnanimidad y de visión. Y aquí estamos, en los albores de 2017, después de un año de Gobierno en funciones, con Mariano Rajoy otra vez presidiendo el Ejecutivo y sin que todavía se haya producido cambio alguno en su actitud hacia la Ley de la Memoria Histórica. No solo eso, sino que el rey Felipe VI, en su discurso navideño institucional, ha tenido a bien decirnos textualmente: «Son tiempos para profundizar en una España de brazos abiertos y manos tendidas, donde nadie agite viejos rencores o abra heridas cerradas.»

¿Suena familiar, no? Que la alusión iba por las cunetas de las víctimas del franquismo nos pareció a muchos indudable. A la Asociación por la Recuperación de la Memoria Histórica (ARMH) le faltó tiempo para presentar una queja ante el Defensor del Pueblo y anunciar que le iba a mandar al monarca los informes al respecto de la ONU, uno de ellos el enviado en julio de 2014 al Gobierno de Mariano Rajoy, así como el de la Convención Internacional para la Protección de Todas las Personas contra las Desapariciones Forzadas. Para la ARMH, lo dicho por Felipe VI, aconsejado obviamente por el Gobierno, era «contraria a los derechos de las víctimas del franquismo», con un carácter político «que no le corresponde a un jefe del Estado no electo y que tiene el deber de representar a toda la sociedad».[19]

A la hora de redactar estas líneas La Zarzuela no ha dicho ni pío al respecto, tampoco el Gobierno. Apuesto a que no lo harán nunca y que prevalecerá el mutismo más absoluto sobre el gravísimo golpe asestado por las palabras del monarca a los derechos de las víctimas del franquismo.

Tal insensibilidad me produce una profunda indignación.

Pero, pensándolo bien, ¿qué se podía esperar de una familia real cuyo Premio Príncipe (ahora Princesa) de Asturias tiene su sede en una vía pública de Oviedo que lleva el nombre de uno de los mayores criminales de la Guerra Civil, el general Juan Yagüe, autodeclarado responsable de la masacre de miles de «rojos» en Badajoz? ¿Se concibe en Alemania una calle con designación de Himmlerstrasse? Leo en la prensa que dicha vía ovetense será una de las que reciba pronto otra denominación. Pero ¿hacía falta esperar tanto tiempo? ¿No hay vergüenza?

CHILE Y PORTUGAL: EJEMPLOS A SEGUIR

Ángel Viñas ha señalado que entre los países que sí han hecho los deberes en relación con las víctimas de sus dictaduras figura Chile.[20]

He visitado la casa en Santiago, utilizada por la siniestra Dirección de Inteligencia Nacional (DINA) para interrogar, torturar e iniciar el proceso de desaparición forzada de personas desafectas al golpe de Pinochet. Situada en el número 38 de la pequeña calle de Londres, no lejos del Palacio de la Moneda, pasaron por sus dependencias más de dos mil secuestrados. Por lo menos, 96 de ellos fueron asesinados, «desaparecieron», o murieron a consecuencia de las torturas infligidas. Declarado Monumento Nacional en 2005, Londres 38 ha sido transformado en un espacio de memoria, reflexión y debate que hoy visitan masivamente chilenos y extranjeros con ansias de verlo con sus propios ojos.

Chile, además, ha creado, también en Santiago, el Museo de la Memoria y los Derechos Humanos. El propósito: dar visibilidad a las violaciones de los derechos humanos cometidas por los militares y sus cómplices, dignificar a las víctimas y sus familias y promover el estudio y la deliberación en torno a lo sucedido. A través de un enorme acopio de objetos, documentos y archivos en diferentes soportes y formatos, y una innovadora propuesta visual y sonora, el museo permite seguir paso a paso el golpe de Estado, la represión consiguiente, la resistencia, el exilio y las políticas de reparación. Uno sale, si bien abrumado por la evidencia de tanta maldad y abyección, reconfortado por las muestras de valentía y entereza ante la adversidad también recogidas. Y lleno de admiración hacia un país capaz de asumir la obligación de investigar, con rigor científico, los horrores de su pasado inmediato.

Me consta que en Chile se comenta con asiduidad y asombro el trato acordado al juez Garzón por sus compañeros de profesión, así como la renuencia del Estado español a afrontar los crímenes del franquismo. Las preguntas son insistentes. ¿Cómo se puede explicar que, casi cuarenta años después de la muerte del dictador, sigan todavía en fosas comunes y cunetas más de 130.000 víctimas de aquel nefasto régimen? ¿Cómo que la búsqueda y rescate de las mismas se quede exclusivamente en manos de asociaciones privadas con apenas medios y ahora, con Rajoy, con ningún apoyo estatal? ¿Dónde están la ética, la piedad? ¿Cómo puede España mantener la cabeza erguida en una Europa donde los alemanes sí han limpiado su territorio de símbolos fascistas y encarado con arrojo y hondo dolor la monstruosidad del hitlerismo y de los campos de exterminio? ¿España ha perdido absolutamente la vergüenza y la nobleza?

Hemos visto que en Francia ha habido un noble cambio de actitud en relación con el trato dado a los refugiados republicanos españoles, cambio simbolizado por el museo creado en medio del antiguo campo de concentración de Rivesaltes. Portugal también ha hecho los deberes. Me ha impresionado, en una visita reciente a Lisboa, el Museu do Aljube («Museo del Aljibe») RESISTÈNCIA E LIBERDADE, situado en el centro de la ciudad, a dos pasos de los restos del anfiteatro romano, en el mismo edificio donde el régimen fascista de Salazar (1925-1974) torturaba a sus víctimas.

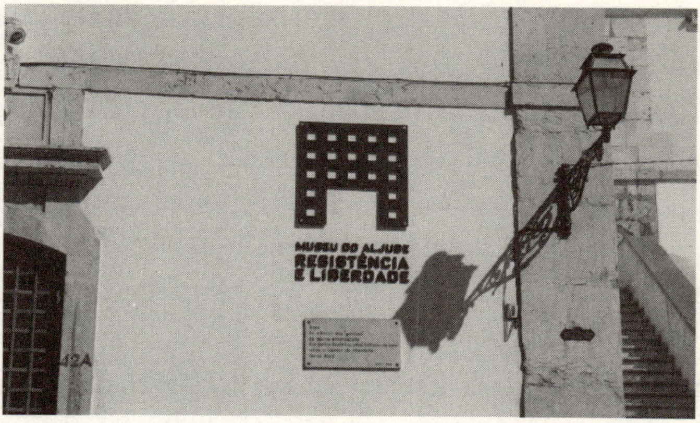

SIN MEMORIA NO HAY FUTURO declara un cartel en la entrada del edificio. Para garantizar que no prevalezca el olvido, el museo despliega ante los ojos (y oídos) del visitante una estremecedora e implacable sucesión de vídeos, fotografías, poemas, paneles y testimonios, e incluso algunas de las celdas infames, que dan fe de los crímenes del régimen brutal impuesto en el país vecino, más longevo que el de Franco.

No hay en Madrid nada comparable a los museos de Santiago de Chile y Lisboa. ¿Habrá? En agosto de 2016 se anunció que el Comisionado de la Memoria Histórica del Ayuntamiento, dirigido por Francisca Sauquillo, nombrada por la alcaldesa Manuela Carmena, se planteaba proponer uno. Pero, que yo sepa, todavía no hay resultados concretos.[21]

Quiero terminar añadiendo que no he perdido la esperanza de que el PP rectifique, máxime cuando va a ser difícil que vuelva al poder con mayoría absoluta y que ahora tiene que estar más dispuesto a escuchar a los demás. Me confirma en mi relativo optimismo lo ocurrido en Málaga, donde, debido a la decencia de su alcalde, el popular Francisco de la Torre, el partido no se ha opuesto a la exhumación de los miles de «rojos» fusilados en el cementerio de San Rafael. Allí se ha construido un Parque de la Memoria y un monumento con los nombres de las más de 5.000 víctimas de aquella barbarie. Estuve presente en su inauguración, el 11 de enero de 2014, y me impresionó el discurso del alcalde, así como su dignidad al escuchar los abucheos proferidos por algunos. Salí del recinto con la convicción de que, si el resto del PP fuera capaz de seguir su ejemplo, se podría resolver rápidamente la gran asignatura pendiente de la democracia española.

Y con la convicción, también, de que, si no se hace, el país nunca será el que debería.

Por algo España —la España actual, la España de 42 años después de la muerte de Franco— me produce una mezcla de amor y tristeza.

EPÍLOGO

Lavapiés, domingo 5 de febrero de 2017

Bajo por la mañana a la papelería de Alicia, la más acogedora del barrio, y me compro *El País, Abc*, *El Mundo* y *La Razón.* Quiero saber qué dicen el último día que me queda para componer este breve epílogo, ya en pruebas el libro y por ende irremediable.

Me viene al dedillo la fecha porque anoche fue la gala de los premios Goya, que siempre interesa por los comentarios de los profesionales acerca de la falta de apoyo oficial al cine español, específicamente del PP. El presentador, Dani Rovira, estuvo genial en este sentido al dirigirse al actual encargado de Cultura, Íñigo Méndez de Vigo, sentado enfrente: «Les vamos a dedicar el mismo tiempo que ustedes dedican a la cultura y al cine en sus discursos... Así que ya está.» Las cámaras de RTVE —¿obedeciendo órdenes superiores?— no nos mostraron la reacción del ministro, de quien un *primer plano* en aquel instante nos habría venido de perlas. Hace algunos días, Mariano Rajoy, preguntado por su valoración de las películas españolas del momento, había contestado: «No las he podido ver, para mi desgracia no voy al cine. Leo novelas.» Según *El Mundo,* Roberto Álamo, protagonista de *Que Dios nos perdone*, comentó que le parecía «surrealista que el presidente del Gobierno diga que no ve cine español porque lee libros, como si leer fuese bueno y ver cine español, malo». Y como si las dos actividades fuesen incompatibles. Otros actores y directores, entre ellos Alejandro Amenábar, Penélope Cruz, Pedro Almódovar y Daniel Sánchez Arévalo, se expresaron en términos similares. Para este último, lo dicho por Rajoy era «deprimente». Estoy de acuerdo.

El lector de este libro sabe que, para mí, un Gobierno que desprecia la cultura e ignora a escritores, actores y otros creativos no merece respeto.

El Mundo también informa que, si bien asistieron al acto Pablo Iglesias y Alberto Rivera, no hubo representantes del PSOE. Y te preguntas: ¿cómo es posible?

Y ya que estamos con la cultura, ¿qué tal acabó el famoso Año Cervantes, ya pasado a mejor vida? «Más cantidad que calidad», se titulaba el reportaje al respecto de Jesús Ruiz Mantilla en *El País* del 26 de enero. Era la opinión de «algunos implicados y expertos» consultados. Entre ellos Darío Villanueva, de la RAE, para quien «hemos pecado de cierta dispersión» y «hemos cubierto los objetivos, pero poco más».

Resulta que, bien avanzado 2016, el rey Felipe VI, a la vista de la esmerada preparación y de la envergadura de la celebración mundial de Shakespeare, llegó a preocuparse por tanta improvisación y decidió tomar cartas en el asunto. Hace una semana cerró el IV Centenario en un acto celebrado en el Palacio Real. Y dijo: «Si algo ha demostrado este año de conmemoración es [...] que Cervantes vive. Y vive más que nunca [...]. La sociedad que queremos construir para quienes vengan después de nosotros no puede renunciar y debe aspirar, por encima de todo, a ser en ese sentido una sociedad cervantina. Especialmente en la libertad y el diálogo, pero también en la nobleza y generosidad de espíritu, para continuar la permanente e inacabada tarea de construir una sociedad mejor» (*El País*, 31 de enero de 2017).

Muy bien: el jefe de Estado nos indica que España debe aspirar a ser una sociedad cervantina. Se supone que, con ello, está recomendando que sus súbditos lean el *Quijote*, se impregnen de su talante e interioricen las conversaciones de hidalgo y escudero. Pero en España, según todas las estadísticas, se lee poquísimo... empezando con la novela más famosa del mundo, que irónicamente tiene mucho que ver con la lectura.

Para que sea cervantino el país, será necesario, en primer lugar, un gran y duradero pacto nacional sobre la educación, estén quienes estén en el poder. Veremos si los políticos son capaces. ¿O creen que España, a estas alturas, puede permitirse el lujo de no tener un sistema educativo público de primera fila, a salvo de vaivenes partidistas y para poder sobrevivir en un mundo altamente competitivo? ¿Creen que se puede seguir machacando a los investigadores, para que no tengan más remedio que irse fuera (ver el artículo de Cayetano López, «La ciencia española, maniatada», *El País*, 24 de enero de 2017)? El PP en el poder ha sido un desastre para la educación y la cultura españolas. No creo que ningún científico me lleve la contraria. Así las cosas, yo volvería a invocar el espíritu de la Institución Libre de Enseñanza: si España aspira a ser una gran nación, hay que empezar dando la máxima importancia a la educación, algo solo posible si se valora, en todo lo que se merece, la profesión pedagógica, como ocurre en Francia.

La prensa subraya esta mañana la suicida desunión que está desgarrando a la izquierda española. No es para menos. Por un lado, Pablo Iglesias *versus* Iñigo Errejón, con Vistaalegre II a la vuelta de la esquina (no parece que vaya a ser nada alegre). Por otro, el defenestrado Pedro Sánchez —ya en campaña para intentar recuperar el liderazgo del PSOE— *versus* la gestora que optó por permitir que Rajoy siguiera en el poder, y también contra Susana Díaz (por ahora soterradamente), que todavía no ha dicho si será candidata en las primarias de mayo aunque hay que suponer que sí.

En cuanto a Podemos, la imagen, transmitida hace algunos días por la televisión, de Iglesias y Errejón discutiendo entre sí en sus escaños durante un pleno del Congreso, me recordó en seguida la famosa pintura de Goya, *Duelo a garrotazos* o *La riña,* en que dos personajes dirimen sus discrepancias a bastonazo limpio. En *El Mundo* que tengo delante comenta Lucía Méndez: «Los activistas han cambiado el sistema político español, en efecto, pero también se han devorado a sí mismos.»

El resultado es que, según el barómetro que hoy publica *Abc,* el PP no solo sigue siendo el partido preferido en intención de voto sino que sube. Según dicha encuesta, si hubiera ahora elecciones, el PP y Ciudadanos lograrían juntos 178 escaños, o sea mayoría absoluta. La inseguridad en el campo socialista no podría ser más aguda, e incluso se habla de la posibilidad de una escisión. Además, pende sobre su cabeza la espada de Damocles: Rajoy ha dicho que lejos de él convocar elecciones anticipadas, pero la opción —«comodín» lo ha llamado Josep Ramoneda (*El País*, 12 de enero de 2017)— es real y se podría ejercer en la coyuntura considerada por el de Pontevedra más oportuna, con resultados quizá desastrosos para el PSOE.

No por nada se muestra contentísimo el PP con el espectáculo de autodestrucción que está ofreciendo la oposición.

Los cuatro periódicos de hoy tienen mucho que recoger y opinar sobre el Principado. «Rajoy relanza la inversión en Cataluña para combatir el independentismo», informa *El País*. Si es así me parece que de poco le va a servir la medida a estas alturas, cuando el *procés* soberanista se acelera día a día. ¡Haber construido mucho antes, cara a Cataluña, una política dialogante, creativa, imaginativa!

Yo, mientras, me reafirmo en mi sueño de la República Federal como única solución inteligente al problema de la España «no amalgamante» de Richard Ford. ¿Por qué los independentistas catalanes no aceptan, de entrada, tal proyecto, abrazado por el PSOE, contribuyendo a que sea realidad y dejando para más adelante una posible separación del conjunto? ¿Por qué no optar por una solución de compromiso sensata, máxime en vista de que solo la mitad, más o menos, de los catalanes parece estar ahora a favor de la ruptura?

Entretanto, y ya que el PP habla tanto de la «nueva cultura» de pactos —pactos pedidos por quizá siete de cada diez españoles—, quiero reiterar mi opinión de que es imprescindible resolver cuanto antes el asunto pendiente y lamentable de las cunetas del franquismo. El Estado no puede dejar abandonados allí los restos de quizá 130.000 víctimas. Y mucho menos con el argumento, repetido *ad nauseam* por el PP, de que recuperarlos y darles decente entierro sería «reabrir heridas». Al contrario, significaría el cierre definitivo de estas y la única reconciliación de verdad.

¿Por qué no emprender la aventura —ya que el Rey nos anima a ser cervantinos— de hacer de España un país culto, tranquilo, dialogante, orgulloso de su mezcla de sangres, magnánimo, estudioso, inventivo y puente entre Oriente y Occidente? ¿O es que hay que estar de acuerdo con Larra y llegar a la conclusión de que tejer y destejer será aquí la norma eterna?

Yo, por mí, me niego a perder la esperanza.

NOTAS

1. Curiosos impertinentes

1. Robertson, pp. 338-339.
2. Calvo Serraller, p. 139.
3. Krauel Heredia, «Peregrinación británica a la Alhambra», pp. 80-82.
4. Robertson, pp. 109-128.
5. *Ibid.*, p. 82.
6. *Ibid.*, p. 345.
7. Mitchell, p. 27.
8. Robertson, pp. 133-134.
9. Lockhart, pp. xix-xx.
10. Besas, pp. 117-118.
11. Osácar, p. 17.
12. Gibson, *El erotómano*, pp. 52-54.
13. Krauel Heredia, «Peregrinación británica a la Alhambra», p. 81.
14. Díaz López, p. 90.
15. Citado por Díaz López, p. 89.
16. Gamonal, p. 116.
17. *Ibid.*, p. 115.
18. *Ibid.*, p. 119.
19. *Ibid.*
20. *Ibid.*, p. 120.

2. Atisbos de Ibería

1. García y Bellido (ed.), *La España del siglo primero de nuestra era*, p. 131.
2. García Bellido (ed.), *España y los españoles hace dos mil años*, p. 51, nota 2.
3. *El País*, Madrid, 20 de septiembre de 2016, p. 4.
4. Pellicer Catalán, pp. 95 y 97.
5. Olmos, «La Dama de Galera (Granada)», pp. 222-224.
6. Olmos, «La metamorfosis de un símbolo», p. 83.
7. Olmos, «La Dama de Galera (Granada)», pp. 217.
8. *Ibid.*, pp. 228-229.
9. *Ibid.*, p. 229.
10. *Cien años de una dama* (catálogo, 1997, véase bibliografía), p. 169.

3. Hispania la romana

1. Koch, *passim*.
2. Jorge Martínez Reverte, «Adiós, Cataluña», *El País*, 28 de septiembre de 2015.
3. Citado por César Antonio Molina, pp. 13-14.
4. AA.VV., *Atlas ilustrado de la España romana*, p. 93.
5. Saramago, «Mi iberismo».

4. Breve interludio hispanogodo

1. Desgrugillers-Billard, ed. de Isidore de Seville, *Histoire des Goths*, p. 11.
2. Cito de la edición de Cristóbal Rodríguez Alonso, pp. 168-171.
3. *Ibid.*, p. 259.

5. En torno al *Quijote*

1. Francisco Rico citado por José Luis Vega, «¿Qué "*Quijote*" era el "*Quijote*" de Menard?», *El País*, Madrid, «Babelia», 30 de enero de 2016.
2. Azorín, pp. 99-100.
3. *Ibid.*, p. 112.

4. Winston Manrique, «Tras los nuevos pasos de don Quijote», *El País*, Madrid, 4 de enero de 2015, p. 28.
5. Azorín, p. 147.
6. Francisco Rico, nota 2, p. 35, en su edición del *Quijote* (1998, véase bibliografía).
7. Eisenberg, pp. 5-9.
8. Fuentes (2007), pp. 166-170.
9. Eisenberg, p. 7.
10. Francisco Rico, nota 3, p. 35 en su edición del *Quijote* (2014, véase bibliografía).
11. Harvey, p. 7.
12. Alberto Manguel, «Shakespeare no es Cervantes», *El País*, Madrid («Babelia»), 16 de abril de 2016, p. 3.
13. Martín de Riquer, nota 9, p. 967, en su edición del *Quijote* (véase bibliografía).
14. Harvey, p. 7.
15. *El País*, Madrid, 6 de abril de 2016, p. 12.
16. Francisco Rico, nota 2, p. 103, en su edición del *Quijote* (2014, véase bibliografía).
17. *El País*, Madrid, 30 de noviembre de 2015.
18. *Ibid.*, 15 de marzo de 2016.
19. Francisco Rico, «Lectores y detractores del *Quijote*», *ibid.*, 12 de julio de 2015, p. 9.
20. *Ibid.*, Madrid, 6 de febrero de 2016 («Madrid»).
21. Jesús Ruiz Mantilla, «"Que los ingleses se queden a Cervantes: lo tratarán mejor"», *ibid.*, 28 de enero de 2016, p. 34.
22. *Ibid.*, 19 de febrero de 2016.
23. Jesús Ruiz Mantilla, «El director de la RAE reclama al Estado un "gesto trascendente" para el Año Cervantes», *ibid.*, 25 de febrero de 2016, p. 36.
24. Vicente G. Olaya, «Javier Rodríguez Palacios, alcalde de Alcalá de Henares. "Ni Gobierno ni Comunidad nos dan dinero para los actos de Cervantes"», *ibid.*, 28 de febrero de 2016.
25. César Antonio Molina, «Una proposición para acabar con el Premio Cervantes», *ibid.*, 2 de febrero de 2016, p. 32.
26. Francisco Rico, «El *Quijote* en la Feria», *ibid.*, 11 de junio de 2016.

6. Aquel año en Granada

1. García Lorca, *Epistolario completo*, p. 245.
2. Gautier, pp. 219-220.
3. Ganivet, II, pp. 377-378.

7. Por Cataluña y aledaños fronterizos

1. Pauwels y Dalí, p. 9.
2. Pedro Laín Entralgo, «¿Qué es España?», *El País*, 17 de octubre de 1994, p. 16.
3. Xavier Vidal-Folch, «Espanya, Espainia, España», *ibid.*, 8 de diciembre de 2015.
4. Fernando Garea, «Dirigentes del PSOE apoyan una tercera vía para Cataluña», *ibid.*, 8 de septiembre de 2015, p. 19.
5. Pedro Sánchez, «Siempre hay tiempo si hay voluntad», *ibid.*, 25 de septiembre de 2015, p. 13.
6. Soledad Gallego-Díaz, «Urge saber quién», *ibid.* («Ideas»), 15 de enero de 2017, p. 8.
7. *Don Quijote* (2015), p. 1019, nota 9.
8. *Ibid.*, p. 1033, nota 76.
9. Llamazares, p. 193.
10. *Ibid.*
11. *Don Quijote* (2015), p. 1053, nota 24.
12. *Vida secreta de Salvador Dalí*, p. 327.
13. Palau i Fabre, pp. 60-61.
14. Citado por Joan Josep Tharrats, *Cent anys de pintura a Cadaqués*, Barcelona, Ediciones del Cotal, 1981, p. 98.
15. *Vida secreta de Salvador Dalí*, p. 326; Dalí en Descharnes, *The World of Salvador Dalí*, p. 49.
16. García Lorca, *Epistolario completo*, p. 296.
17. *Ibid.*, p. 318.
18. Gibson, *Ligero de equipaje. La vida de Antonio Machado*, p. 679.
19. *Ibid.*
20. *Ibid.*, pp. 679-680.
21. *Ibid.*, p. 680.
22. Jordi Soler, «La Europa mohosa», *El País*, 25 de febrero de 2014.
23. Carlos Yarnaz, «Francia asume su más oscura memoria», *ibid.*, 16 de octubre de 2015, p. 8.

24. Borràs, p. 272.
25. Xavier Vidal-Folch, «Si hubiese Gobierno», *El País*, 24 de julio de 2015.
26. Josep Ramoneda, «¿Negociar o suspender?», *ibid.*, 29 de diciembre de 2016, p. 19.
27. José María Ridao, «¿Qué pasa en España?», *ibid.*, 29 de enero de 1998, p. 14.
28. Xavier Vidal-Folch, «Cataluña es una nación», *íbid.*, 11 de septiembre de 2015.

8. España amor, España tristeza

1. Eugenio Montes, «Un Chien andalou (film de Luis Buñuel y Salvador Dalí, estrenado en La Studio des Ursulines, París)», *La Gaceta Literaria*, Madrid, 15 de junio de 1929, p. 1.
2. Antonio Machado, *Obras completas*, edición crítica de Oreste Macrí, Madrid, Espasa-Calpe, 1989, II, p. 2088.
3. Frédéric Beigbeder, en el suplemento *ICON* de *El País*, núm. 33, noviembre de 2016, p. 202.
4. «Entrevista exclusiva con el papa Francisco», *El País*, 22 de enero de 2017.
5. Javier Marías, «Escenas veraniegas», *El País Semanal*, 20 de septiembre de 2015.
6. Francisco J. Laporta, «El maestro de la educación interior», *El País*, Madrid, 18 de febrero de 2015, p. 29.
7. Javier Marías, «Guarrería», *El País Semanal*, 21 de septiembre de 2014.
8. «Semprún señala que "la corrupción ha sido algo intrínseco en la historia de España"», *El País*, 9 de octubre de 1994, p. 32.
9. Julio Llamazares, «La peste», *ibid.*, 2 de julio de 2016.
10. José Ignacio Torreblanco, «Teorema de la imposibilidad», *ibid.*, 23 de mayo de 2015, p. 2.
11. Patricia Matey, «¿Quiénes son los animales?», *El Mundo*, Madrid, 15 de agosto de 1991, p. 16.
12. Julio Llamazares, «Sálvame», *El País*, 25 de septiembre de 2014, p. 64.
13. Javier Marías, «Tiene dinero, es intolerable», *El País Semanal*, 8 de marzo de 2015, p. 74.

14. Ángel Viñas, «Archivos para la historia», *El País*, 22 de diciembre de 2016.
15. *Informe del Grupo de Trabajo sobre las Desapariciones Forzadas o Involuntarias*, Naciones Unidas, Asamblea General, 2 de julio de 2014; Natalia Junquera, «La ONU urge a España a asistir a las víctimas del franquismo», *El País*, 31 de julio de 2014, p. 18; Dan Hancox, «The Ghosts Spain Tries to Ignore», *New York Times*, 8 de diciembre de 2016.
16. Julio Llamazares, «La verdad», *El País*, 26 de octubre de 2015, p. 2.
17. Javier M. Reverte, «Mis muertos», *ibid.*, 2 de diciembre de 2015, p. 2.
18. Fernando Vallespín, «Disenso entrecruzado», *ibid.*, 4 de marzo de 2016.
19. eldiario.es / EUROPA PRESS, 25 de diciembre de 2016.
20. Ángel Viñas, «Archivos para la historia», *El País*, 22 de diciembre de 2016.
21. «El Comisionado de la Memoria Histórica se plantea proponer un museo del franquismo», *ibid.*, 9 de agosto de 2016.

PRINCIPALES FUENTES UTILIZADAS

1. Catálogos en orden cronológico

Los iberos, Madrid, Ministerio de Cultura, 1983.

La imagen romántica del legado andalusí, Barcelona / Madrid, Lunwerg, 1995.

Cien años de una dama [la de Elche], Ministerio de Educación y Cultura, 1997.

San Isidoro, Doctor Hispaniae, Sevilla / Cartagena / León, Cabildo Colegial de San Isidoro, Caja Duero, etc., 2002.

La Necrópolis ibérica de Galera (Granada). La colección del Museo Arqueológico Nacional, Madrid, 2004.

Recópolis. Un paseo por la ciudad visigoda, Alcalá de Henares, Museo de Arqueología Regional, 2006.

Hispania Gothorum. San Ildefonso y el reino visigodo de Toledo, Toledo, Museo de Santa Cruz, 2007.

Los curiosos impertinentes. Pintores británicos de la España romántica del siglo XIX, Zaragoza, Diputación Provincial, 2010.

Fragor Hannibalis. Aníbal en Hispania, Alcalá de Henares, Museo Arqueológico Regional, 2013.

Richard Ford. Viajes por España (1830-1833), edición a cargo de Francisco Javier Rodríguez Barberán, Madrid, Real Academia de San Fernando / Fundación Mapfre, 2014.

Mujeres de Roma. Seductoras, maternales, excesivas, Madrid, Caixa Forum, 2015

Los Escipiones. Roma conquista Hispania, Madrid, Museo Arqueológico Regional, 2016.

Lusitania romana. Origen de dos pueblos / Lusitânia romana. Origem de dois povos, Mérida, Museo Nacional de Arte Romano, 2015.

Lusitânia romana. Origem de dois povos, Lisboa, Museu Nacional de Arqueologia, 2016.

Lusitania romana. Origen de dos pueblos, Madrid, Museo Arqueológico Nacional, 2016.

El arte de saber ver. Manuel B. Cossío, la Institución Libre de Enseñanza y El Greco, Madrid, Fundación Francisco Giner de los Ríos/Instituto Libre de Enseñanza, 2016.

2. Otros libros y artículos

AA.VV., *Atlas ilustrado de la España romana*, Madrid, Susaeta, sin fecha [¿2014?].

AA.VV., *Guía del Museo Arqueológico Nacional*, Madrid, Ministerio de Educación, Cultura y Deporte, 2013.

Abascal, Juan Abascal, «Ataecina», en *Religiões da Lusitânia. Loquuntur saxa*, catálogo de la exposicion en Lisboa, 2002. El artículo está colgado en Internet.

Apiano, *Sobre Iberia y Aníbal*, introducción, traducción y notas de Francisco Javier Gómez Espinosa, Madrid, Alianza, 1993.

Asín Palacios, Miguel, *Contribución a la toponimia árabe de España*, Madrid-Granada, Consejo Superior de Investigaciones Científicas, etc., 2.ª ed., 1944.

Azorín (José Martínez Ruiz), *La ruta de don Quijote*, edición de

José María Martínez Cachero, Madrid, Cátedra («Letras Hispánicas»), 3.ª ed., 1992.

Besas, Peter, *The Written Road to Spain. The Golden Decades of Travel: 1820-1850*, Madrid, 1988.

Borràs Betriú, Rafael, *La guerra de los Planetas. Memorias de un editor*, 2 tomos, Barcelona, Ediciones B, 2005.

Brandariz, César, *Cervantes decodificado. Las raíces verdaderas de Cervantes y de don Quijote y los tópicos que las ocultan*, Madrid, Martínez Roca, 2005.

—, *El hombre que hablaba «difícil». ¿Quién era realmente Cervantes?*, Madrid, Ézaro, 2011.

Calvo Serraller, Francisco, «Los viajeros románticos franceses y el mito de España», en *La imagen romántica del legado andalusí* (catálogo, 1995, véase arriba), pp. 139-143.

Carracedo, Sergio, «Cervantes era judío y de León», artículo colgado en Internet.

Cervantes, Miguel de, *Don Quijote de la Mancha*, texto y notas de Martín de Riquer, 3.ª edición con anotación ampliada y un índice onomástico y de situaciones, Londres, Toronto, etc., George G. Harrap & Co. Ltd., 1950.

—, *Don Quijote de la Mancha*, edición del Instituto Cervantes, dirigida por Francisco Rico, Barcelona, Instituto Cervantes / Editorial Crítica, 2 tomos, 1998.

—, *Don Quijote de la Mancha,* edición de Francisco Rico, Madrid, Alfaguara, 2015.

Chateaubriand, François-René de, *Les Aventures du Dernier Abencérage* [con *Atala* y *René*], París, Classiques Garnier, 1962.

Dalí, Salvador, *Vida secreta de Salvador Dalí*, Figueres, Dasa Ediciones S.A., 1981.

Descharnes, Robert, *The World of Salvador Dalí*, Nueva York y Evanston, Harper and Row, 1962.

Díaz López, Juan Antonio, «Modelos literarios y estéticos de los viajeros románticos ingleses. De la teoría a la praxis», en *La imagen romántica del legado andalusí* (catálogo, 1995, véase arriba, Sección 1), pp. 85-94.

Diego Romero, Sabino de, «Miguel de Cervantes Saavedra sí desveló cuál era el lugar de don Quijote de la Mancha», artículo colgado en Internet por la Sociedad Cervantina de Esquivias.

—, *Catalina, fuente de inspiración de Cervantes*, Sevilla, Punto Rojo Libros, 2015.

Eisenberg, Daniel, «La actitud de Cervantes hacia sus antepasados judíos», ponencia sin fecha colgada en Internet,

Ford, Richard, *Granada. Escritos con dibujos inéditos del autor*, texto español e inglés, traducción y notas de Alfonso Gámir, Granada, Publicaciones del Patronato de la Alhambra, 1965.

—, *Manual para viajeros por Andalucía y lectores en casa. Granada, Ronda, Gibraltar, Málaga, Jaén, Almería*, traducción de Jesús Pardo, revisada por Bernardo Fernández, Madrid, Turner, 2.ª ed., 1981, pp. 92-164.

Fuentes, Hermenegildo, *Don Quijote de Cervantes. De la Mancha a Sanabria*, Madrid, Rehyma Artes Gráficas, 1983.

—, *El libro del esplendor. Don Quijote de la Mancha ¿y Cervantes de Sanabria?*, Molina de Segura (Murcia), Nausícaä Edición Electrónica, 2007.

Gamonal Torres, Miguel Ángel, «Imagen romántica y fotografía: monumento, ciudad y costumbrismo en los primeros años de la fotografía en España», en *La imagen romántica del legado andalusí* (catálogo, 1995, véase arriba, Sección 1), pp. 115-123.

Ganivet, Ángel, *Obras completas*, Madrid, Aguilar, 2 tomos, 1962.

García Bellido, Antonio (ed.), *España y los españoles hace dos mil años, según la «Geografía» de Strabón*, Madrid, Espasa-Calpe («Colección Austral»), 1945, 4.ª ed., 1968.

—, *La España del siglo primero de nuestra era (según P. Mela y*

C. Plinio), Madrid, Espasa-Calpe («Colección Austral»), 1947, 4.ª ed., 1982.

García Lorca, Federico, *Obras completas,* edición de Miguel García-Posada, Barcelona, Galaxia Gutenberg/Círculo de Lectores, 4 tomos, 1996.

—, *Epistolario completo*, al cuidado de Andrew A. Anderson y Christopher Maurer, Madrid, Cátedra («Crítica y Estudios Literarios»), 1997.

Garzón, Baltasar, *Garzón contra el franquismo. Los autos íntegros del juez sobre los crímenes de la dictatura*, prólogo de Carlos Jiménez Villarejo, Madrid, *Público*, 2010.

Gautier, Théophile, *Voyage en Espagne*, París, Charpentier, 1899.

Gibson, Ian, *El erotómano. La vida secreta de Henry Spencer Ashbee.* Traducción de Luis Murillo Fort, Barcelona, Ediciones B, 2002.

—, *Ligero de equipaje. La vida de Antonio Machado*, Madrid, DeBolsillo, 2016.

Harvey, Leonard Patrick, *The Moriscos and Don Quijote*, discurso inaugural de la toma de posesión de la cátedra Cervantes de la Universidad de Londres, 1974 [copia impresa sin indicación editorial].

Irving, Washington, *Cuentos de la Alhambra*, traducción, prólogo y notas de Ricardo Villa-Real, introducción de Andrés Soria, Granada, Miguel Sánchez, Editor, 1980.

Isidore de Séville, *Histoire des Goths, des Vandales et des Suèves,* traducido del latín por Nathalie Desgrugillers-Billard, Clermond-Ferrand, Éditions Paleo, 2010.

Isidoro de Sevilla, *Las historias de los godos, vándalos y suevos de Isidoro de Sevilla*, estudio, edición crítica y traducción de Cristóbal Rodríguez Alonso, León, Centro de Estudios e Investigación «San Isidoro» / Archivo Histórico Diocesano / Caja de Ahorros y Monte de Piedad de León, 1975.

Jacobs, Michael, *La Alhambra*, con fotografías de Francisco Fernández, Palma de Mallorca, Editorial Cartago, 2000.

Koch, John T., «A Case for Tartessian as a Celtic Language», *Acta palaeohispanica* X, *Palaeohispanica* 9 (2009), pp. 339-351. Artículo colgado en Internet.

Krauel Heredia, Blanca, *Viajeros británicos en Andalucía de Christopher Hervey a Richard Ford (1760-1845)*, Universidad de Málaga, 1986.

—, «Peregrinación británica a la Alhambra», en *La imagen romántica y el legado andalusí* (catálogo, 1995, véase arriba, Sección 1), pp. 79-84.

Kurtz, William S., «Lo céltico en el contexto de la arqueología europea», *Cuadernos Emeritenses*, núm. 9 (1995), Mérida, Museo Nacional de Arte Romano, 1995.

Lapesa, Rafael, *Historia de la lengua española*, Madrid, Escelicer, 3.ª ed., 1955.

Lockhart, J. G., *Ancient Spanish Ballads: Historical and Romantic*, Edimburgo, William Blackwood, 1823.

Llamazares, Julio, *El viaje de don Quijote*, prólogo de Jean Canavaggio, ilustraciones de Jesús Cisneros, Madrid, Alfaguara, 2016.

McGaha, Michael, «Is There a Hidden Jewish Meaning in Don Quixote?», *Bulletin of the Cervantes Society of America*, 24. 1 (2004), pp. 173-188. Artículo colgado en Internet.

Mitchell, David, *Here in Spain*, Fuengirola, Lookout Publications, 1988.

Molina, César Antonio, *Sobre el iberismo y otros escritos de literatura portuguesa*, prólogo de José Saramago, epílogo de Ángel Crespo, Madrid, Akal, 1990.

Moralejo Álvarez, Juan José, «Conimbriga y otros topónimos en *briga*», artículo publicado en *Lingüística indoeuropea, griega y latina*, pp. 185-195, colgado en Internet.

Muñoz Molina, Antonio, *Todo lo que era sólido*, Barcelona, Seix Barral, 2013.

Navagero, Andrés, *Viaje por España (1524-1526)*, Madrid, Turner, 1983.

Olmos, Ricardo, «La metamorfosis de un símbolo», en *Cien años de una dama* (catálogo, 1997, véase arriba, Sección 1), pp. 83-89.

—, «La Dama de Galera (Granada): la apropiación sacerdotal de un modelo divino», en *La Necrópolis ibérica de Galera* (catálogo, 2004, véase arriba, Sección 1), pp. 213-237.

Osácar, Eugeni, «La imagen romántica de España en la Gran Bretaña del XIX», en *Los curiosos impertinentes. Pintores británicos de la España romántica del siglo XIX* (catálogo, 2010, véase arriba, Sección 1), pp. 15-18.

Palau i Fabre, Josep, *Picasso i els seus amics catalans*, Barcelona, Aedos, 1971.

Pauwels, Louis y Salvador Dalí, *Les passions selon Dalí*, París, Denoël, 1968.

Pellicer Catalán, Manuel, «La colonización fenicia en Portugal», *SPAL* 7 (1998), pp. 93-105. Artículo colgado en Internet.

Riley, Edward, *Cervantes's Theory of the Novel*, Oxford, Clarendon Press, 1962.

Robertson, Ian, *Los curiosos impertinentes. Viajeros extranjeros por España desde la accesión de Carlos III hasta 1855*, Madrid, Serbal/CSIC, 1988.

Rodríguez, Leandro, *Don Miguel Judío de Cervantes*, Santander, Editorial Cervantina, 1978.

Sánchez Montes, Ana Lucía, Sebastián Rascón Marqués y Joaquín Gómez-Pantoja, *Complutum, ciudad romana*, Ayuntamiento de Alcalá de Henares, 2.ª ed., 2014.

Saramago, José, «Mi iberismo», prólogo a César Antonio Molina,

Sobre el iberismo y otros escritos de literatura portuguesa (véase arriba), pp. 5-9.

Trancón Pérez, Santiago, *Huellas judías y leonesas en el Quijote. Redescubrir a Cervantes*, Sevilla, Punto Rojo Libros, 2014.

ÍNDICE ONOMÁSTICO

ÍNDICE

Autopistas y autovías actuales